DEZ MULHERES FILÓSOFAS

ARMIN STROHMEYR

DEZ MULHERES FILÓSOFAS

e como suas ideias marcaram o mundo

Tradução de
KRISTINA MICHAHELLES

1ª edição

EDITORA RECORD
RIO DE JANEIRO • SÃO PAULO
2022

CIP-BRASIL. CATALOGAÇÃO NA PUBLICAÇÃO
SINDICATO NACIONAL DOS EDITORES DE LIVROS, RJ

Strohmeyr, Armin, 1966-
    Dez mulheres filósofas e como suas ideias marcaram o mundo / Armin Strohmeyr; tradução Kristina Michahelles. - 1. ed. - Rio de Janeiro: Record, 2022.

    Tradução de: Große philosophinnen: wie ihr denken die welt prägte
Inclui bibliografia
ISBN 978-65-5587-393-1

    1. Mulheres - Filosofia. 2. Filósofas - História. 3. Filosofia - História. I. Michahelles, Kristina. II. Título.

21-73728
                                       CDD: 109.082
                                       CDU: 1-055.2(09)

Camila Donis Hartmann - Bibliotecária - CRB-7/6472

Copyright © 2021 Piper Verlag GmbH, München/Berlin.

Título original em alemão: Große philosophinnen: wie ihr denken die welt prägte

Todos os direitos reservados. Proibida a reprodução, armazenamento ou transmissão de partes deste livro, através de quaisquer meios, sem prévia autorização por escrito.

Texto revisado segundo o novo Acordo Ortográfico da Língua Portuguesa.

Direitos exclusivos de publicação em língua portuguesa para o Brasil
adquiridos pela
EDITORA RECORD LTDA.
Rua Argentina, 171 – 20921-380 – Rio de Janeiro, RJ – Tel.: (21) 2585-2000, que se reserva a propriedade literária desta tradução.

Impresso no Brasil

ISBN 978-65-5587-393-1

Seja um leitor preferencial Record.
Cadastre-se em www.record.com.br
e receba informações sobre nossos
lançamentos e nossas promoções.

EDITORA AFILIADA

Atendimento e venda direta ao leitor:
sac@record.com.br

Para Friedhelm e Miriam

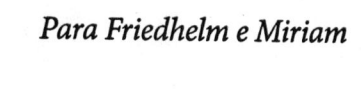

Sumário

Prefácio 09
O espanto

A escolástica 11

Heloísa (c. 1099-1164) 15
A lógica do amor

O misticismo, enquanto visão de sabedoria divina 41

Hildegarda de Bingen (1098-1179) 45
Scivias: conhece os caminhos do Senhor

Discussões sobre *O romance da rosa* 67

Cristina de Pisano (c. 1364-c. 1430) 71
O livro da cidade das damas

O Iluminismo 93

Émilie du Châtelet (1706-1749) 97
Discurso sobre a felicidade

Romantismo e Neorromantismo   **123**

Ricarda Huch (1864-1947)   **127**
O homem do futuro a partir do espírito romântico

A fenomenologia   **147**

Edith Stein (1891-1942)   **151**
Filósofa da fenomenologia, mártir, santa

Filosofia dos deveres para com o ser humano   **169**

Simone Weil (1909-1943)   **173**
Ativista socialista, filósofa, mística

Filosofia política   **199**

Hannah Arendt (1906-1975)   **203**
Engajamento filosófico na era do totalitarismo

O existencialismo   **227**

Simone de Beauvoir (1908-1986)   **231**
Liberdade e emancipação

Filosofia da responsabilidade em um mundo globalizado   **255**

Jeanne Hersch (1910-2000)   **259**
Liberdade e responsabilidade

Posfácio à edição brasileira   **285**
E as filósofas brasileiras? Esboço de uma história
Por Nastassja Pugliese

Bibliografia selecionada   **313**

Prefácio
O espanto

Este livro não pretende contar a história da filosofia. Ele é uma coleção de perfis de mulheres filósofas. Nem todas essas mulheres deixaram uma vasta obra filosófica, criaram um sistema ou fundaram alguma escola. Filosofia é amor pela sabedoria, pelo pensamento, e no começo de todo pensar há o espanto.

 Aristóteles disse que o espanto (*thaumazein*), o assombro, é a origem do filosofar, uma vez que, impelido pelo espanto a filosofar, o ser humano passa a questionar criticamente coisas e conteúdos comumente considerados naturais, revelando-os como simples opiniões. A partir do espanto filosófico, a pessoa que pensa colhe coisas "espantosas" e chega a novas e "inauditas" conclusões. Até Platão, o discípulo mais conhecido de Sócrates, em seu ensaio *Theaitetos* (*Teeteto*) qualificou o espanto como o início de toda filosofia, ao afirmar que "o espanto é a postura de um homem que ama verdadeiramente a sabedoria e não há outro ponto de partida da filosofia além desse". O espanto filosófico, no entanto, não é um fim em si mesmo. A discrepância entre meras opiniões e novas descobertas questiona as coisas e produz ciência na busca por iluminar e esclarecer as conexões — gerando, em última análise, a própria ciência. Nesse sentido, a filosofia é uma ciência, e o método de lançar luz sobre meras opiniões, preconceitos e clichês acabou por batizar toda uma era com o nome "Iluminismo".

Desde sempre, a filosofia como questionamento de meras opiniões também teve um impulso emancipatório, no sentido de libertar o ser humano de sua relação de dependência, mesmo que esta tenha sido produzida por ele mesmo. Não admira que, desde há muito, as mulheres também se sentissem estimuladas a se espantar, a questionar e a pensar em termos de filosofia. No entanto, salvo algumas exceções na Antiguidade (Aspásia de Mileto ou Hipátia de Alexandria, das quais não se conservaram textos escritos), as mulheres despontam relativamente tarde na filosofia (e mesmo Platão só fala dos homens que amam a sabedoria!). Isso se explica pelas restrições de liberdade, tanto nas famílias patriarcais como nas relações sociais em que viviam, com acesso reduzido à cultura e ao conhecimento. É um círculo vicioso: a falta de liberdade e a ignorância condicionam o pensamento não livre, o qual, por sua vez, impede a libertação por meio do questionamento. Só muito lentamente as mulheres começaram a se libertar na esfera do pensamento, a partir da escolástica na Alta Idade Média, embora suas condições de vida ainda continuassem limitadas por muito tempo. A filosofia das mulheres, portanto, sempre foi também um ato de autolibertação e de emancipação. A intenção deste livro é lançar luz sobre esse caminho longo e penoso, ao mesmo tempo intelectualmente estimulante e divertido, a partir de retratos exemplares.

A escolástica

O declínio do Império Romano do Ocidente no ano de 476 e a balbúrdia política e cultural das migrações produziram a ruptura de um discurso filosófico milenar. Numerosos escritos literários, jurídicos, filosóficos e científicos de autores gregos e romanos se perderam no Ocidente latino na esteira da destruição de bibliotecas e academias. E foi justamente a Igreja, a mesma instituição que olhava com desconfiança e até recusa para o conhecimento pagão transmitido pela Antiguidade, que se tornou guardiã e salvadora de parte desse saber antigo. Os conventos dos novos Estados que se formaram no Ocidente guardavam cópias dos velhos documentos, além de produzir textos novos para fins de ensino das línguas clássicas grega e latina. Os ensinamentos da Antiguidade nunca se perderam ao longo dos séculos, tendo sido cultivados pelos Pais da Igreja, entre eles teólogos notáveis, como Orígenes, Ambrósio e Agostinho, que os inseriram no novo discurso cristão-filosófico.

Essencialmente, em todos os séculos da época pós-Antiguidade houve um confronto entre platonismo (com o movimento neoplatônico) e aristotelismo. No platonismo, os filósofos cristãos enxergam um caminho para a percepção religiosa de Deus, baseados na esperança de ver Deus e de se fundir com ele. A busca pela verdade do platonismo cristão é sempre a busca por Deus. Deus é a verdade, como revelou a Sua palavra, como se lê no Velho e no Novo Testamentos.

Já o aristotelismo tem um papel inicialmente insignificante na cultura cristã do Ocidente (os escritos de Aristóteles, por outro lado, circulavam no espaço bizantino e árabe). O debate e a reflexão sobre os escritos lógicos de Aristóteles, transmitidos pelo filósofo e tradutor Boécio (que viveu até por volta do ano 526), reacendem o interesse pelos "fatos" (incluindo aqueles relatados pelos profetas, os apóstolos e os Pais da Igreja). Esses "fatos" são sistematizados e submetidos a um exame cético com ajuda da dialética — *sic et non*, ou seja, sim e não. Não por acaso, a obra que é provavelmente a mais importante do escolástico Abelardo chama-se *Sic et non*.

Pedro Abelardo (conhecido na França como Pierre Abelard) viveu entre 1079 e 1142 e se tornou fundador e primeiro representante significativo da escolástica, a doutrina sistemática das "escolas" (do latim *schola*). Ela se vale dos ensinamentos das Sete Artes Liberais (gramática, dialética, retórica, aritmética, geometria, astronomia e música), que não por acaso incluem também as ciências naturais, a fim de, com ajuda de todo o espectro de conhecimento e do saber, pensar sobre a verdade filosófica e teológica. As ferramentas para esse processo do conhecimento são o discurso dialético — sim e não, pró e contra, tese e antítese — e a investigação de antigos axiomas na busca de seu teor de verdade. A escolástica ousa dar um passo decisivo, usando a capacidade de investigação (dada ao homem por Deus) por meio da razão (*ratio*), da dúvida e do ceticismo. A escolástica — totalmente mergulhada em uma visão de mundo medieval, que não conhece nem tolera dúvidas sobre a existência do bom Deus e sobre o teor de verdade absoluta da palavra revelada por Ele por profetas, evangelistas e Pais da Igreja — não pretende, de forma alguma, questionar ou mesmo implodir essa visão do mundo e de Deus. Trata-se mais de um nível aprofundado de conhecimento daquilo que é verdadeiro e bom, de uma relativização, uma sistematização e uma soma dos dogmas filosófico-teológicos. Dessa forma, o ensino da filosofia escolástica se dá — no sentido figurado e, também, no literal — no âmbito da Igreja, ou seja, em conventos ou em escolas catedrais. No entanto, como questionadora de dogmas, a escolástica colherá, desde sua fundação, não só partidários entusiastas, mas também uma resistência ferrenha. Filósofos que extraem seu pensamento e sua visão do mundo e de Deus do platonismo rapidamente farejaram heresia e uma intelectualização dos mistérios na escolástica de Abelardo. É o que explica não só a profunda oposição entre Abelardo e Bernardo de Claraval, bem como a condenação de Abelardo ao "silêncio eterno" e a sua prisão no exílio monástico ao final de sua vida. Mas tudo isso não deteve o avanço triunfante do método escolástico em todas as áreas da ciência na Alta Idade Média. O avanço da escolástica já não podia mais ser detido. Embora as obras de seu fundador Abelardo tenham sido condenadas em Roma e ostensivamente lançadas à fogueira, havia muito tempo já circulavam cópias. Abelardo podia ser condenado ao silêncio, mas seus escritos já circulavam pelo mundo, gerando intermináveis debates escolásticos entre discípulos e seguidores, sempre com o fim de descobrir a verdade por meio do discurso crítico, da justaposição de sentenças, prós e contras, *sic et non*, e, assim, tê-la diante dos olhos, clara e pura.

Ao lado de Abelardo também estava uma mulher, Heloísa. Foi sua amante e esposa, mas, antes de tudo, sua discípula. Embora não se tenha conservado nenhum de seus escritos filosóficos independentes, as cartas que ela escreveu revelam que era uma pensadora inteligente, dona de um intelecto agudo, que causava desconforto, era surpreendentemente informal e nem um pouco dogmática.

Heloísa (c. 1099-1164)
A lógica do amor

No ano de 1142, Pedro, o Venerável (Pedro de Montboissier), erudito e respeitado abade do mosteiro de Cluny, manda algumas cartas para a abadessa do mosteiro do Paracleto (Le Paraclet), em Nogent-sur-Seine. Seu nome: Heloísa. O abade começa expressando os seus sentimentos à respeitada religiosa, pois poucas semanas antes, no dia 21 de abril, morrera no priorado de Saint-Marcel-de-Chalons o fundador da escolástica na França, Pedro Abelardo, segundo muitos, o filósofo mais famoso do seu tempo. Heloísa e Abelardo eram amigos. Mais que isso, eram amantes, e abertamente, diante dos olhos de todos. Não eram só os contemporâneos que sabiam do relacionamento. A história deles foi várias vezes transmitida e recontada por gerações e gerações. Heloísa e Abelardo se transformaram no símbolo do casal amoroso trágico. Até hoje, amantes felizes e infelizes peregrinam até o túmulo do casal no cemitério parisiense de Père Lachaise. Sim, pois os restos mortais jazem em um só túmulo. É assim que Heloísa e Abelardo estão unidos, pelo menos na morte. E seus nomes são sempre citados de uma só tacada na lista dos grandes e famosos (homens e mulheres) do mundo.

Mas Heloísa não foi apenas amante de Abelardo. Foi uma interlocutora de igual para igual do grande filósofo da escolástica. Pedro, o Venerável, já sabia disso. Em uma de suas cartas à abadessa erudita depois da morte de seu amado, exalta o amor que ela dedicava à sabedoria, e, sendo um homem pio da Igreja, louva também a sua capacidade de renúncia:

> Como verdadeira filósofa, abandonastes a lógica pelo evangelho, as ciências naturais pelo apóstolo, Platão por Cristo e a academia pelo mosteiro. [...] Como uma lâmpada, deveis queimar e iluminar ao mesmo tempo. Sois discípula da verdade, mas no ministério cujo encargo vos foi confiado, sois ao mesmo tempo professora da humildade.

Em outra carta, ele lamenta que a conversa estimulante com Heloísa só possa acontecer por carta e que ela não seja a abadessa do convento feminino de Cluny:

> Faria bem a mim continuar esta conversa, tão encantado que estou com a vossa erudição, tanto me atrai o hino de louvor que tantas pessoas entoaram pela vossa piedade. Se ao menos tivesse sido do agrado de Deus que a nossa Abadia de Cluny pudesse contar convosco!

Mas quem foi Heloísa? Muita coisa se dissipou na névoa da história. Ela não nos deixou tratados filosóficos. No entanto, quando examinamos as cartas e os documentos conservados, verificamos, por entre essa névoa, um contorno palpável que revela uma personalidade histórica para além de todo o romantismo em torno da amante de Abelardo, uma prioresa e abadessa intelectual com formação filosófica e teológica, que agia com sabedoria e responsabilidade e, não por acaso, colheu o respeito e a admiração de seus contemporâneos. Apesar disso, o destino de Heloísa está de tal maneira entrelaçado com o de Abelardo, que é preciso narrar a vida de ambos para conseguir reconstituir as circunstâncias dessa fatídica relação e de suas consequências.

UMA JOVEM SEDENTA PELO SABER

Não se conhece a data exata do nascimento de Heloísa. Sabemos muito pouco acerca de sua origem. Veio ao mundo por volta do ano de 1099 na região do Loire, e sua mãe se chamava Hersendis. O nome do pai é desconhecido. Hersendis fazia parte da alta aristocracia. Mais tarde, tornar-se-ia prioresa da Abadia de Fontevraud, um dos principais mosteiros do país. Naquele tempo, não era algo raro que homens ou mulheres casados, e que podiam até ter filhos, fossem morar em conventos e mosteiros. Esse era um passo que muitas vezes correspondia a um genuíno anseio religioso. Além disso, ingressar em uma ordem religiosa também significava certa segurança social, principalmente para pessoas solteiras, viúvas ou que haviam sofrido algum duro golpe do destino, impelidas a buscar proteção e uma base para a sobrevivência atrás dos muros de um convento. Desconhecemos os motivos que levaram Hersendis a se dedicar a uma ordem religiosa. O que se sabe é que ela teve uma filha, Heloísa, a quem entrega a seu irmão Fulbert para que esta fosse educada. Fulbert era canônico em Paris, homem piedoso e próspero que vivia na ilha do Sena, próximo à Catedral de Notre-Dame (à época, uma construção menor e bem mais simples da igreja gótica que conhecemos hoje). Fulbert era um homem generoso, que ofereceu à sobrinha a melhor educação e formação que uma moça poderia receber naqueles tempos. Desde criança, Heloísa demonstrou um intelecto agudo e inclinação para a filosofia. O tio encorajou essa vocação e claramente tinha muito orgulho da sobrinha. Talvez até nutrisse uma pequena paixão por Heloísa, dona de uma extraordinária beleza e elogiada por seus contemporâneos. Assim como outros cônegos de Notre-Dame, Fulbert não vivia em um mosteiro, e sim em uma das várias casas canônicas da ilha, um conjunto dentro do labirinto de becos, provavelmente cercado por um muro, distinguindo-se, assim, das casas dos artesãos, dos comerciantes e dos trabalhadores que povoavam o distrito ainda pequeno da cidade amuralhada.

Por volta de 1116, para atender à sede de conhecimento de sua inteligente sobrinha, Fulbert contrata para ela, como tutor, o filósofo mais famoso de seu tempo, Pedro Abelardo. Mais do que isso: por motivos de praticidade, Abelardo vai morar na casa de Fulbert. Portanto, está disponível o tempo todo. O filósofo não apenas é inspirado pelo amor à sabedoria, mas também dotado de espírito de cálculo. Não quer se limitar a ensinar à bela Heloísa somente lógica e dialética, mas também outras coisas. E seu plano vai funcionar...

ANOS DE APRENDIZAGEM DE UM MESTRE

Pedro Abelardo nasceu em 1079 em Le Pallet, na Bretanha, perto de Nantes. Era filho do cavaleiro Berengar e de sua mulher, Lucia. Quando jovem, renunciou ao seu direito de primogenitura e ao título de cavaleiro marcial em benefício de seus irmãos mais novos, Raul e Dagoberto, e recebeu sua herança em dinheiro. Abelardo tinha outros planos de vida: queria estudar. Segundo a categorização clássica da Antiguidade, a formação abrange as Sete Artes Liberais (*septem artes liberales*), compostas do *trivium* (gramática, retórica e dialética ou lógica) e do *quadrivium* (aritmética, geometria, astronomia e música). No final do século XI, porém, o foco estava na filosofia e na teologia, sendo a filosofia — pela qual se entendia, então, lógica e dialética — considerada apenas uma arte a serviço da ciência da fé. Não havia, então, universidades enquanto instituições reais ou estatais, com professores nomeados, mas eruditos isolados, que ensinavam em suas casas e em seus aposentos particulares. Geralmente, eram clérigos que viviam em casas canônicas ou como monges e abades em mosteiros, onde reuniam os discípulos ao seu redor. Embora não houvesse qualquer instituição acadêmica que respaldasse esses eruditos, a fama deles logo se espalhou por todo o Ocidente cristão por meio de seus escritos e de suas cartas, bem como pela propaganda boca a boca. Assim, não admira que jovens vindos de toda a França e de outros países europeus acorressem com o objetivo de se tornarem discípulos de um desses filósofos, mediante pagamento de estada, alimentação e mensalidade. Naquela época, ainda não eram realizadas palestras clássicas sobre determinado campo do conhecimento, mas eram realizadas *lectiones* filosóficas e teológicas, discussões e debates sobre determinada proposição, cujo teor de veracidade era verificado com base em meios lógicos e dialéticos a partir de tese, antítese e síntese, sendo discutido em toda a amplitude de seu significado. Essa doutrina de sabedoria, que se revela por meio das ferramentas da razão e não é barrada pelas crenças tradicionais, foi o pilar da nova escolástica, da qual Pedro Abelardo logo seria um dos primeiros e melhores representantes.

Com a bênção do pai, que também tinha uma inclinação para a filosofia, Abelardo deixa sua casa para ir estudar com os eruditos mais conhecidos da França. Primeiro, caminha até Loches, onde leciona o erudito Roscelin de Compiègne. Abelardo recebe treinamento nas Sete Artes Liberais, sendo que, como ele próprio admite, a geometria e a aritmética, a música e a astronomia o interessam muito pouco. Já o *trivium* arrebata completamente o jovem estudante. Acima de tudo, são os autores antigos, como Platão, Aristóteles e Cícero, que ampliam seu pensamento e afiam seu estilo. Depois de temporadas em Angers e Tours, Abelardo se muda para Paris, uma cidade que, embora sede da realeza, estava longe de ser o centro intelectual e cultural da França (o território do rei se restringe essencialmente à região da Francia, hoje Île-de-France).

Em Paris, que à época mal se estendia para além das duas ilhas do Sena, alguns eruditos se estabeleceram à sombra da Catedral de Notre-Dame e dos mosteiros vizinhos, e sua reputação e fama irradiavam para muito além dos limites da cidade. Um deles era Guilherme de Champeaux, e Abelardo quer muito ser seu discípulo. Mas logo surgem desavenças com o mestre. Abelardo, como demonstra todo o seu comportamento posterior, não só era detentor de uma mente brilhante e de uma razão afiada. Tinha também uma boa dose de autoconfiança, beirando a arrogância. Nas disputas dialéticas com Guilherme, não apenas deixa o mestre em apuros com a sua hábil argumentação, mas assume também a atitude de quem se entende mais inteligente do que ele, e mesmo imbatível. Mais tarde, Abelardo admitiria isso abertamente em uma longa carta (sem se arrepender):

> Frequentei a sua escola durante algum tempo e, no início, era benquisto, mas logo passei a incomodá-lo, porque tentava refutar algumas de suas afirmações, sendo que algumas vezes ousei atacá-lo com contra-argumentos, ocasiões em que eu estava em uma posição de visível superioridade. Mesmo os meus colegas mais brilhantes ficavam indignados, ainda mais porque eu era o mais jovem e tinha começado minha formação mais recentemente. E assim começou a longa cadeia de meus sofrimentos, que ainda não chegou ao fim.

FAMA CRESCENTE

Em 1102, aos 23 anos, Abelardo já se considera pronto para proferir palestras e reunir à sua volta um grupo de discípulos. Não quer ir a Paris, onde ainda reina o grande luminar Guilherme, com quem rompera publicamente. Prefere outra cidade real, Melun. Abelardo recorda:

> Vislumbrei outro cenário para meus futuros feitos, Melun, local de grande significado enquanto residência real. Meu mestre (Guilherme) percebeu a minha intenção. Para manter a minha escola o mais longe possível da dele, enquanto eu ainda a frequentava, utilizou-se, às escondidas, de todos os meios para tentar impedir que eu estabelecesse minha própria escola, além de tornar impossível para mim o local eleito [Melun]. Mas ele se tornara inimigo de alguns senhores influentes do país, que me ajudaram a levar adiante o meu plano. Assim, foi precisamente a sua hostilidade aberta o que me rendeu a confiança da maioria.

Um dos "senhores influentes" que protegem o jovem Abelardo é Robert de Melun, inglês de origem, que estudara em sua cidade natal e depois fora lecionar teologia em Paris. Levados pelo interesse na novidade, não demora para que alguns discípulos abandonem Guilherme de Champeaux, passando a seguir Abelardo até Melun. Quando também ali afloram intrigas e inimizades contra o novo docente, Abelardo transfere o seu centro de atividades para Corbeil. Ele atrai cada vez mais estudantes, sua reputação como bom dialético cresce e se espalha de boca em boca ou, como ele mesmo descreve: "E assim a minha fama ia crescendo a cada dia que passava, devido à minha autoconfiança [...]".

A doutrina e a pesquisa tomam conta de Abelardo. De dia, dá aulas para um crescente número de estudantes. À noite, lê tratados filosóficos e teológicos e redige seus próprios escritos. É incansável, parece não ter mais vida privada e recalca qualquer vida amorosa. Em algum momento ao longo daqueles anos, sofre um colapso intelectual e físico — um *burnout*, ou síndrome do esgotamento profissional, como diríamos hoje. Abelardo abandona seus estudantes e volta para o seio de sua família em Le Pallet, a fim de recarregar a energia e se preparar para os desafios futuros.

E estes são efetivamente enormes. Abelardo não retorna mais para seus discípulos em Corbeil. Ruma para Paris. Faz o papel do arrependido e pede que Guilherme de Champeaux lhe dê os retoques finais na arte da retórica. Algo ingênuo, Guilherme crê no estudante arrependido e o aceita de volta. Mas logo recomeçam as desavenças. Abelardo não quer se submeter e realmente parece superar o mestre na maior parte das disciplinas. Novamente reúne os próprios estudantes ao seu redor, e Guilherme se retira, resignado, para Châlons-en-Champagne, depois de ter nomeado seu sucessor, escolhendo um de seus fiéis seguidores. Já Abelardo é chamado de volta para casa, na Bretanha, porque sua mãe, Lucia, e seu pai, Berengar, resolveram entrar em um convento para ter mais segurança na terceira idade e para fazer algo por seu bem espiritual, depois que todos os filhos se tornaram adultos e já não mais precisavam dos cuidados paternos. Abelardo, na condição de filho mais velho, apressa-se a voltar para Le Pallet, organiza os assuntos familiares e retorna em 1114 para Paris, onde aceita um cargo de professor de dialética e teologia na escola de Notre-Dame. Depois de humilhar e vencer publicamente Anselmo de Laon, antigo mestre de Guilherme, em um debate aberto sobre um trecho complicado da Bíblia (tendo se preparado durante apenas uma noite), Abelardo passa a ser visto pelos estudantes de Paris como "a estrela" entre os eruditos. Mal consegue dar conta da quantidade de discípulos que desejam assistir às suas aulas. O monge beneditino Fulco de Deuil, um conhecido de Abelardo, confirma:

> A Bretanha longínqua enviou-te [a Abelardo] suas pedras brutas para serem polidas. Os moradores de Anjou dominaram sua antiga brutalidade e começaram a te servir. Pessoas de Poitou, na Gasconha, sudoeste da França, iberos, normandos, flamengos, teutões e suevos te elogiam em uníssono e te seguem, zelosos. Todos os moradores da cidade de Paris e das províncias da Gália, perto e longe, ansiavam por te ouvir, como se não pudessem achar ciência em nenhum outro lugar.

UMA PAIXÃO E SUAS CONSEQUÊNCIAS

Abelardo tem 35 anos. É venerado, admirado e invejado por muitos. Seus numerosos discípulos (pagantes) lhe garantem um bom faturamento. Está na melhor idade, é culto, bem-sucedido e atraente (segundo ele próprio diz). Fez de sua paixão, a filosofia, sua profissão. Mas falta-lhe alguma coisa, e ele se dá conta disso cada vez mais: o amor. Falta-lhe uma mulher que lhe dê carinho, que o compreenda e o acolha, depois de tanto tempo tendo que se afirmar sobre os outros. Reprimiu essa carência durante muito tempo (o sucesso e o trabalho ajudando-o nisso) e já teve até um colapso nervoso. Agora, em Paris, na Escola de Notre-Dame, apesar de estar no zênite da carreira de um estudioso de seu tempo, apesar de toda a agitação e do sucesso de que desfruta, ele se sente vazio e insatisfeito.

Até que, um belo dia, nos estreitos becos da Île de la Cité, seu olhar recai sobre uma bela jovem. Tenta descobrir sua identidade: é a sobrinha do canônico Fulbert, Heloísa, que ainda nem completou 20 anos de idade. No bairro canônico em volta de Notre-Dame, todos se conhecem e sabem da vida uns dos outros. Assim, Abelardo descobre que Heloísa é uma jovem sedenta por conhecimento, que domina latim, conhece gramática, leu os antigos e os Pais da Igreja e se interessa por filosofia e teologia. Durante alguns anos recebeu formação das sábias freiras de Notre-Dame d'Argenteuil. Agora, voltou para Paris e deseja continuar estudando em vez de se preparar para o casamento e para uma vida de dona de casa e mãe. Heloísa almeja algo quase impensável, até mesmo censurável, para uma mulher de seu tempo: uma formação acadêmica. E seu querido tio Fulbert está disposto a lhe proporcionar isso.

Abelardo decide que quer conhecer a jovem. Mais ainda: quer dividir com ela o amor físico ao qual renunciou até aquele momento — por falta de tempo e oportunidades, e porque sentia repugnância em visitar as mulheres que se vendiam em Paris, o tal "relacionamento sujo com meretrizes". O desejo insatisfeito se torna um espinho dentro dele, como ele próprio admite: "Fui devorado pela febre da arrogância e da luxúria". Ele segue seu plano passo a passo, com muita autossuficiência, não apenas enquanto docente filosófico, mas também como homem. "Eu tinha uma boa reputação", vangloria-se posteriormente. "Fui aquinhoado com tal juventude e beleza que não precisava temer ser rechaçado caso alguma mulher, não importava quem, fosse digna do meu amor".

Abelardo montou sua estratégia como um comandante militar, beneficiando-se de sua fama imaculada enquanto cidadão e estudioso:

> Alguns amigos fizeram contato com seu tio [Fulbert], convencendo-o a me abrigar em sua casa, perto da escola, em troca de um valor que ele estabeleceria. Usei como pretexto o fato de que, como erudito, meu bem-estar físico era muito importante e poderia custar caro. Fulbert amava dinheiro, além disso, estava empenhado em ajudar sua sobrinha a progredir no seu anseio por adquirir mais conhecimento. Ao atender suas duas paixões, consegui, sem maior esforço, o que eu queria.

Além da certeza de ter conseguido um hóspede que era bom pagador e, ao mesmo tempo, o melhor preceptor de Paris para sua sobrinha Heloísa, quase de graça, Fulbert se sente ainda adulado em sua honra e vaidade com esse inquilino célebre. Sequer sonha que trouxe um lobo para dentro do aprisco onde há uma ovelha preciosa. Eufórico, Abelardo escreveu:

> Ele [Fulbert] deixou a educação de Heloísa totalmente ao meu bel-prazer e ainda pressionou para que eu empregasse todo o meu tempo livre, dia e noite, às lições, sem deixar de castigá-la caso se mostrasse preguiçosa ou desatenta.

Abelardo se muda para a casa do inocente Fulbert e ensina dialética e retórica a Heloísa, e logo depois também a arte do amor. Os dois descobrem as alegrias do prazer sensual. Para ambos, é a primeira vez. Se Abelardo castigava Heloísa porque ela era "preguiçosa" ou se isso fazia parte do jogo amoroso, isso é um segredo só dos dois. As insinuações em sua correspondência, no entanto, permitem deduzir que viveram e se esbaldaram no amor físico e na paixão sensual. Abelardo, que até então era um dialético racional e seco, comemora:

> Posso resumir: depois do compartilhamento da casa, veio o compartilhamento do coração. As aulas nos davam a oportunidade de nos dedicarmos

exaustivamente ao nosso amor, e o estudo da leitura proporcionava os esconderijos secretos que o amor desejava. Mal abríamos os livros, o amor já era assunto muito mais importante do que os ensinamentos. Havia mais beijos do que teoremas. As mãos buscavam o caminho muito mais frequentemente para os seios do que para os livros. O amor fazia nossos olhos se refletirem uns nos outros muito mais do que a leitura os dirigia ao texto. Para suscitar menos suspeita, de vez em quando havia um castigo físico, mas por amor, não por excitação raivosa; por afeto, não por ira, e que era mais saboroso do que qualquer bálsamo. No final, em nossa avidez, não temíamos nenhum grau do amor, e quando o amor inventava algo fora do comum, aquilo também era experimentado. Como nunca havíamos provado aquelas alegrias até então, saboreamos tudo isso com mais ardor, sem nos cansarmos jamais.

Nenhum dos dois saboreava apenas os prazeres físicos. Desde o início, eles têm plena consciência de que são equivalentes no plano intelectual e de que foram feitos um para o outro. É o que justifica seus atos também diante de Deus, e disso estão plenamente convictos. O seu amor pode ser pecaminoso e desonroso, segundo as convenções do código moral. Mas diante de Deus, não fazem mais do que trilhar a sua sina. Obedecem à lei do amor e, com toda a naturalidade, reivindicam para si o direito de amar. Assim, satisfazem a sua exigência de amor e de vida, apesar das convenções estreitas de seu tempo e do ideal romantizado pelos trovadores medievais, segundo o qual o amor do artista pela mulher amada nunca pode ser correspondido a fim de não a macular, o que encontra no lamento amoroso poético um equivalente sublimado. É com ironia que Heloísa alude em uma carta a essa arte dos trovadores medievais e de seus protagonistas sempre sofredores: "Qual a princesa ou a fidalga que não sentiria inveja das minhas alegrias e do meu ninho de amor?"

Naturalmente, o amor também solta a língua de Abelardo. Não é o lamento, e sim a alegria e o prazer que o fazem tomar a pena e escrever seus versos. Logo, suas canções circulam entre os estudantes em Paris, sendo levadas para outras regiões do país, recitadas e cantadas em melodias compostas pelo próprio autor ou emprestadas de outros cânticos parecidos. Não só os estudantes, também Heloísa conhece e canta essas melodias (só o ingênuo Fulbert não as conhece, ou então as ignora, porque a pensão recebida de Abelardo compensa). Heloísa celebra a repentina veia poética do amado:

> Vós escrevestes tantas poesias e cantigas de amor, as quais, com suas belas palavras e melodias suaves, foram muitas vezes cantadas, mantendo vivo o vosso nome na boca de todos. Só a doçura da melodia já impedia mesmo os mais incultos de esquecê-las. Foi essa a principal magia com a qual vós provocastes os suspiros de amor entre as mulheres. A maioria desses poemas celebrava o nosso amor, e assim o meu nome ressoava pelas regiões, despertando inveja em muitas mulheres.

É mais do que claro que Heloísa e Abelardo se tornam não apenas um casal de amantes publicamente conhecido, mas também um emblema do amor (assim como, posteriormente, Tristão e Isolda ou Romeu e Julieta, com a diferença de que estes não passaram de ficções literárias). Infelizmente, as canções de amor de Abelardo não foram conservadas. Caíram no esquecimento ao longo dos séculos. Só alguns lamentos foram transmitidos — é simbólico para a aura trágica que a sina de ambos tem na memória da posteridade.

Não demora para o relacionamento ter consequências: enquanto Heloísa — que não precisa ganhar seu pão — desabrocha no amor, Abelardo fica cada vez mais nervoso e exausto em sua dupla jornada de preceptor e amante:

> Quanto mais aquela volúpia me consumia, menos tempo eu tinha para a filosofia e para os preparativos das palestras. Ia às palestras contra a minha vontade, e o tempo que eu passava lá se tornou uma tortura, uma vez que eu precisava das noites para o amor e só tinha os dias para estudar. Durante as palestras, fui-me tornando cada vez mais relapso e insosso. No fim, já não falava mais por inspiração, e sim por puro costume. Ou seja, apenas reproduzia coisas pensadas e preparadas antes.

Os estudantes notam que seu mestre se tornara desconcentrado e relapso. Não tarda e os rumores chegam aos ouvidos de Fulbert. Ele entende que não adianta mais fazer vista grossa em nome do dinheiro do aluguel. Sente-se profundamente decepcionado com Abelardo, acredita que foi enganado e que teve maculada a sua honra como tutor, burguês e canônico. Evidentemente, quer limitar o prejuízo. Expulsa o seu inquilino de casa, mas não o denuncia junto ao conselho nem pede satisfação. Abelardo se muda para outra casa na Île de la Cité e continua lecionando. A ilha é pequena, e naturalmente Abelardo e Heloísa continuam se encontrando às escondidas. Posteriormente, Abelardo admitiria: "A ideia do escândalo já sofrido nos tornou insensíveis ao escândalo."

Mas a situação se torna mais extrema: Heloísa engravida e conta a novidade para Abelardo. Fulbert viaja, ainda sem saber de nada. Abelardo aproveita para entrar secretamente em sua casa. Preparou tudo nos mínimos detalhes. Disfarçados de monge e de freira, os dois fogem da cidade, ainda sem saber que haverão de usar aqueles trajes até o fim da vida.

UM CONTRATO DE CASAMENTO E A VINGANÇA CRUEL

Eles escapam até a Bretanha e passam algum tempo escondidos na casa dos pais de Abelardo, onde agora mora a sua irmã. Heloísa fica ali até dar à luz. Em 1117, nasce o seu filho, batizado de Astrolábio.

Longe deles, em Paris, Fulbert fica horrorizado com tudo aquilo e quase enlouquece com a traição e a honra ferida. Abelardo, sempre esperto, aproveita-se da circunstância de que o coração ferido de Fulbert não quer vingança e oferece um acordo ao canônico. Diz que vai se casar com Heloísa e que a criança será criada na Bretanha para minimizar a vergonha pública. No entanto, impõe uma condição: a de que o casamento permaneça secreto, para não arranhar sua boa reputação. Fulbert concorda, acha que assim as convenções ficam preservadas. Diante de Deus, Abelardo e Heloísa estão em uma relação legalmente correta, e diante da opinião pública, omite-se o fato. Astrolábio, o fruto daquela relação, cresceria como "bastardo" na distante Bretanha, depois seria dado a um mosteiro, encerrando-se a vergonha atrás de muros altos.

Pensou-se em tudo, menos em um detalhe: Heloísa aceitaria aquele plano? Não se sentiria magoada em seu amor e em sua honra? Os sentimentos da jovem não importam nesse acordo. Abelardo e Fulbert selam a paz, e tudo parece estar resolvido. Abelardo viaja para a Bretanha para levar Heloísa de volta a Paris. Certo de que ela concordará, fica perplexo quando ela se opõe ao plano, dizendo que não quer se casar com Abelardo. Prefere abrir mão da honra a ser uma esposa. Surpreso, Abelardo pergunta se ela não o ama. Sim, diz ela, mas por isso mesmo quer continuar sendo sua amante, em vez de ser degradada à condição de esposa. Além disso, diz que Abelardo não foi feito para o casamento:

> Imaginai a situação em que uma relação legalizada o colocaria. Quanta confusão! Alunos e babás, escrivaninha e berço! Cadernos e livros junto ao tear, pena e lápis junto ao fuso do tear! Qual o homem que conseguiria lidar com a Sagrada Escritura ou com o estudo da filosofia em meio ao choro de crianças pequenas, da cantoria da ama para acalmá-las, da ruidosa equipe de empregados masculinos e femininos? Quem consegue suportar as sujeiras dos bebês? Os ricos o fazem, dirá. Sim, sem dúvida: em seus castelos ou em suas amplas casas, há cômodos especiais, o dinheiro em profusão lhes poupa esforços, e eles não conhecem as preocupações do dia a dia. Já a situação de um filósofo é diferente da de um rico. Aqueles que buscam a riqueza, ou cuja vida está ligada às coisas deste mundo, não se dedicariam ao estudo das Escrituras ou da filosofia.

Do ponto de vista atual, parece uma postura surpreendentemente emancipada. Mas pensar por esses parâmetros seria interpretar aquela época como reflexo de padrões modernos de pensamento. Não sabermos se Heloísa de fato pensou mais na independência de Abelardo ou se pesou mais o sentimento de ser menos valorizada como esposa do que como amante. Tampouco sabemos o que afetou mais sua argumentação: um cálculo lúcido ou um instinto espontâneo. É possível que sua reivindicação tenha sido influenciada pelo ideal dos bardos e da representação do amor elevado e absoluto, embora a renúncia ao amor completo, conforme era apregoado por trovadores e bardos, pouco tenha a ver com a entrega incondicional aos prazeres da carne, como faziam Abelardo e Heloísa.

Seja como for, Abelardo disse em um texto escrito mais tarde: "Ela [Heloísa] me disse [...] o quanto preferiria a condição de amante à de esposa, ela, que preferia o amor livre a me atar com as amarras do matrimônio".

Abelardo escreveu isso em sua *Carta a um amigo*, um texto confessional e de defesa, mas não parece ter compreendido o verdadeiro sentido por trás das palavras de Heloísa naquele momento. Seja como for, ele não se importou muito com a expressão da vontade da amante e insistiu em se casar com ela. Desesperada, Heloísa tenta esclarecer o seu ponto de vista sem economizar palavras duras, contrariando até mesmo o nobre ideal dos trovadores:

> Nunca busquei nada junto a vós além de vós mesmos, Deus o sabe. Só desejava a vós, e não aquilo que era vosso: nenhum matrimônio, nenhum dote, não esperava nada disso, não almejava contentar o meu prazer e a minha vida, e sim a vossa, sabeis bem. Por mais que o nome "esposa" possa parecer mais sagrado e honrado, no meu coração o de "concubina" ou de "vossa meretriz" sempre foi mais doce. Parecia-me que, quanto mais me humilhava por vossa causa, mais desejava encontrar a misericórdia diante de vós, e menos eu queria obstaculizar vossa vocação de fama.

Mas as palavras inequívocas, as tentativas de convencimento, as súplicas ou críticas não adiantam nada: de acordo com as convenções e as leis de seu tempo, Heloísa é obrigada a se curvar à vontade do seu tutor, Fulbert. Para afastar a vergonha pública da família e de seu nome, ele concorda com a proposta do casamento. Heloísa já imagina coisas terríveis. Conhece seu tio, sabe que ele não é da conciliação, sabe de sua ânsia por vingar a vergonha que sofreu pelo fato de terem ocorrido coisas "indecentes" em sua casa e de ter sido enganado por Abelardo. E ela sabe que o amor dela e de Abelardo, que começou como um romance cortesão, acabará sendo arrastado para a lama do cotidiano. Ao mesmo tempo resignada e clarividente, adverte Abelardo: "É a única coisa que nos resta, se quisermos nos perder e ter um sofrimento que se equipara ao nosso amor". Só muito mais tarde — tarde demais —, Abelardo admitirá para si e para o mundo que a Heloísa fora dada "a luz do espírito profético".

O casamento é consumado em segredo, à noite, em uma igreja sem nome de Paris, na presença apenas do tio Fulbert. Mas este, logo após o casamento, contrariando o acordo verbal, apressa-se em contar tudo aos quatro ventos. Em sua opinião, assim resolveria a sua honra ferida.

A novidade se dissemina rapidamente em toda a cidade de Paris: entre os estudantes e canônicos, nas casas da burguesia, até mesmo nos mercados, onde os fofoqueiros se esbaldam com o caso. Mas a estratégia de Fulbert não dá certo. Quando descobre que o tio não manteve sua palavra, Heloísa se sente desobrigada de aparecer diante de todos como a mulher casada e honrada do famoso Abelardo. Ao contrário, reage com vergonha e profunda mágoa. Diz que todos os que afirmam que ela é casada são mentirosos, inclusive seu tio Fulbert. Este naturalmente reage irritado e tenta intimidar a sobrinha. E Abelardo? Em vez de acudir e ajudar sua mulher, protegendo-a de Fulbert e talvez entrando em disputa aberta com ele, tenta despistar toda a questão com elegância. Leva sua jovem esposa a um convento de freiras em Argenteuil, perto de Paris. Ali, ela não será apenas hóspede: Abelardo a obriga a se paramentar de freira (o véu, sinal de voto religioso, ela não usa por enquanto). Assim, ele estará seguro de que ela não fará mais oposição a ele e ao tio publicamente. Fulbert e sua família foram desprezados. Agora, acreditam (de certa maneira, com razão) que Abelardo só abusou de Heloísa para fins próprios, para depois, na primeira oportunidade, empurrá-la para a clausura de um convento (na época, não era incomum que pessoas casadas escolhessem a vida no convento). Recentemente restabelecida pelo casamento, a honra da família foi agora definitivamente arruinada. Nos becos de Paris, os zombeteiros riem do crédulo Fulbert, que foi esnobado por um jovem bretão (e os bretões eram considerados brutos).

Fulbert busca vingança: contrata dois capangas brutamontes e suborna o servo de Abelardo. Certa noite, enquanto Abelardo dorme profundamente, os capangas de Fulbert vão armados até sua casa, e o servo lhes abre a porta. Entram no quarto de Abelardo, dominam-no e o castram. Trata-se de um castigo arcaico, e é assim que Abelardo o entende quando escreve mais tarde: "Cortaram as partes de meu corpo com as quais eu os insultara." Abelardo é gravemente ferido, e os perpetradores escapam sem impedimentos. Gritos ecoam pela casa, as criadas correm para tentar estancar o sangramento. Contra as expectativas, Abelardo sobrevive. Agora, é um eunuco, um castrado. De acordo com o Antigo Testamento, os eunucos são uma abominação para o Senhor, a maior desgraça que se podia infligir a um homem, segundo o pensamento da época.

Mas a Idade Média não é um tempo sem lei, tampouco Paris é um lugar de anarquia. O Conselho toma conhecimento da atrocidade cometida, e o rei exige expiação do crime. Interrogado, o servo de Abelardo entrega os capangas e dá o nome do mandante. Os malfeitores são detidos e recebem o mesmo castigo aplicado a Abelardo: olho por olho, dente por dente, como manda o Antigo Testamento. Os capangas e o servo são castrados e têm seus olhos arrancados. Fulbert consegue fugir, impune: sendo cônego, pertence a um estrato superior.

O crime parece ter sido expiado. Mas a opinião pública não está pacificada. Pelo contrário: o sentimento que prevalece é de comiseração por Abelardo, mais ainda por Heloísa. Já na época, o caso de amor dos dois saiu do campo da realidade e se tornou uma lenda idealizada. O amor de Heloísa e Abelardo é um símbolo do amor trágico *per se*. Logo surgem as primeiras canções, disseminadas por cantores itinerantes. A história desse casal de amantes já na época começou a entrar na literatura com a aura romântica que perdura até hoje. Fulco, prior no mosteiro de Deuil e amigo de Abelardo, descreve o horror e a compaixão que se apoderaram de seus contemporâneos:

> Quase toda a cidade se consumiu na tua dor [de Abelardo] [...] Choram a multidão de cônegos, o nobre clero, os concidadãos; choram, é uma vergonha para sua cidade; choram ao vê-la profanada pelo derramamento do teu sangue. O que direi dos lamentos de todas as mulheres que derramaram tantas lágrimas pela perda de seu cavaleiro, como se cada uma delas tivesse perdido o seu marido ou o seu amado na guerra!

O FILÓSOFO DE DEUS

A punição que Fulbert inventou não salvou a sua boa reputação. Ao contrário: a partir de agora, todos o desprezam como mandante de um crime atroz, e a vergonha que ele pretendia vingar se transformou de maneira milagrosa em uma linda história de amor. A história se desconectou das figuras históricas e foi sublimada, com Heloísa e Abelardo sendo os heróis venerados, e ele, Fulbert, o vilão sem coração. Mesmo assim, a vida de Heloísa e Abelardo parece ter sido destruída (o que faz o brilho de sua lenda como amantes infelizes resplandecer ainda mais). Mutilado e emocionalmente abalado, Abelardo também se retira para um mosteiro — por um lado, para fugir do mundo, por outro, para expiar seu "pecado", pois é assim que ele, ao contrário de Heloísa, entende sua volúpia carnal. Embora o celibato fosse, em grande parte, sancionado naquele século, não se tornara ainda uma exigência irrevogável. Portanto, não há contradição no fato de Abelardo e Heloísa estarem casados (o divórcio na época estava fora de questão) e, ao mesmo tempo, prestarem os votos religiosos. Abelardo entra para o famoso convento de Saint-Denis, ao norte de Paris, em cuja catedral jazem os reis de França. Para pagar sua penitência, certamente um pequeno eremitério em qualquer lugar da província teria sido mais adequado, mas Abelardo não pretendia se retirar do mundo. Em vez disso, esperava poder continuar dedicando-se à ciência e ao ensino na abadia real. Não queria mais brilhar com a dialética virtuosa — e isso é novidade! —, e sim, como diz, "deixar de ser filósofo do mundo e se tornar o verdadeiro filósofo de Deus".

Naqueles anos, Abelardo redige um tratado teológico sobre a doutrina da Santíssima Trindade. Mas a sua altivez, da qual nunca se libertara, também lhe rende inimigos. É principalmente sua valorização da razão humana (*ratio*), dada por Deus, que encontra ceticismo e desconfiança por parte dos mestres da fé. Frases de Abelardo como "Só se pode acreditar naquilo que se entende" eram heréticas para a época. Os monges de Saint-Denis logo se enfastiam do irmão intelectual e muitas vezes arrogante e sugerem que ele deixe o convento. Abelardo se retira para um pequeno priorado em Maisoncelles, na região de Brie. Porém, não é fácil apagar da existência seus escritos sobre a Trindade. O tratado é levado por seus adversários, Alberico de Reims e Lotulfo de Novara, para ser examinado no Concílio de Soissons, em 1121. A audiência e o processo transcorrem conforme o esperado. O tratado é condenado por ser herético (naquele século XII, ainda se estava longe de uma Inquisição formal, tal como ocorreu três séculos mais tarde), e o autor é obrigado a lançar às chamas purificadoras seu próprio escrito (não esqueçamos que, na época, só costumava existir um único exemplar manuscrito). E, como punição, fica preso no convento de Saint-Médard.

Abelardo faz o que mandam, mas nem por isso para de falar ou de pensar. Acha novos amigos que o protegem e apoiam. Um deles é o novo abade do poderoso convento de Cluny, Pedro de Montboissier, conhecido por seus contemporâneos pela alcunha de O Venerável. Ele apoia Abelardo em seus planos e lhe oferece a Abadia de Cluny para se exilar. Mas Abelardo prefere trilhar o próprio caminho. Compra um terreno no vale pantanoso de Arduzon, próximo de Nogent-sur-Seine, onde constrói uma capela e um casebre de madeira, argila e junco. Chama o novo lugar de "Le Paraclet", o equivalente a "o lugar do Espírito Santo". Mas Abelardo não fica muito tempo sozinho naquele eremitério. Sua fama de filósofo e teólogo é inquebrantável. Logo afluem estudantes de Paris e de outras cidades a fim de ouvir as lições de seu ídolo. Assentam-se à volta do mestre e erigem uma igreja e um convento de pedra. Além de lecionar, Abelardo continua escrevendo outros textos científicos que foram conservados, como *Introdução à teologia cristã* e *Sic et non*, texto que se torna a base de toda a filosofia escolástica e no qual ele reconhece o ceticismo, a dúvida e a razão como instrumentos válidos na busca da verdade e como chaves para a sabedoria.

E Heloísa? O destino volta a reuni-la ao antigo amante e mestre. Em 1129 o abade Suger, de Saint-Denis, a quem está subordinado o convento feminino de Argenteuil, expulsa as freiras e sua prioresa, Heloísa. Suger as acusa de levar um estilo de vida frívolo. Sabedor do antigo relacionamento de Heloísa com Abelardo, talvez Suger quisesse atingir o filósofo insubordinado de Le Paraclet. Seja como for, Heloísa não vive de maneira celibatária naqueles anos. Se acreditarmos em uma carta de Abelardo, houve mais de um encontro amoroso impetuoso no convento de Argenteuil. Em uma carta para Heloísa, Abelardo escreve: "Sabeis ainda o quanto eu me deixei levar em minha paixão desmedida, num canto do próprio refeitório, pois não tínhamos outro lugar para nos retirar. Vós sabeis, digo, que o respeito por um lugar dedicado à Santa Virgem não deteve a nossa fornicação."

Abelardo convida as freiras expulsas de Argenteuil para se assentarem no território da Abadia de Le Paraclet. Assim, as freiras e a sua prioresa (e, depois, abadessa) Heloísa fundam um novo convento, que resiste durante muito tempo aos acontecimentos e só é dissolvido em 1792, quando da Revolução Francesa.

De forma alguma Abelardo e Heloísa levaram uma vida monástica lado a lado no mesmo terreno do mosteiro nos anos seguintes. Abelardo, cuja fama só aumenta, é convidado para outros conventos, e seus escritos lhe rendem elogios e reconhecimento, bem como rejeição e ódio. Ele próprio conta que, no mosteiro de Saint-Gildas, onde ficou algum tempo e chegou à posição de abade, quase foi vítima de uma tentativa de assassinato, quando confrades odiosos pingaram veneno no vinho da missa. Em outra oportunidade quase foi esfaqueado. Sobreviveu a todos os ataques e ardis e até expandiu sua atividade docente, inclusive em diversas correspondências com gente culta de sua época.

ADVOGADA DO AMOR

Entre as pessoas com quem se correspondia, destaca-se uma mulher, Heloísa, abadessa de Le Paraclet, ex-amante de Abelardo e ainda sua discípula sedenta por conhecimento. Nos anos que se seguiram a 1129, Abelardo redige uma espécie de prestação de contas para si e a posteridade, a *Carta a um amigo*, também conhecida por *Historia calamitatum mearum* [A história das minhas calamidades], em que relembra sua vida, arrependido, e admite sua paixão por Heloísa. Essa carta logo circula em dezenas de cópias, e uma delas chega às mãos de Heloísa. Inicia-se uma troca de cartas entre os antigos amantes que se manteve quase que inteiramente preservada e que, mesmo depois de praticamente novecentos anos, não perdeu nada de seu frescor tocante e iluminador.

Heloísa confessa a Abelardo que leu a história de seu sofrimento: "Duvido que alguém possa ler ou ouvir o relato de tais provações sem chorar. Quanto mais vívidas e intensas as vossas descrições, mais vívida é a dor que volta a despertar em mim."

Naquele período, Abelardo deixa o monastério de Saint-Gildas, voltando para o monte de Sainte-Geneviève, perto de Paris, onde torna a reunir um grupo de discípulos fieis. De lá, também cuida dos assuntos espirituais do convento de freiras de Le Paraclet. Redige as regras da ordem, escreve hinos, prédicas e orações e introduz uma versão do Pai-Nosso em que não se pede o *panem quotidianum*, o pão de cada dia (segundo o Evangelho de Lucas), e sim o *panem supersubstantialem*, ou seja, o "pão necessário para a subsistência", ou também o "pão essencial" — diferença pequena, mas relevante em termos teológicos, o que logo voltará a chamar a atenção de seus adversários.

A relação entre Heloísa e Abelardo, portanto, continua íntima, ainda que em outra base — entre uma abadessa responsável pelo bem-estar físico e espiritual de suas irmãs e seu amado mestre, que não apenas lhe cedeu terras e prédios, mas é também seu conselheiro para questões teológicas. Mesmo assim, Heloísa não entende o amor — base da doutrina de Jesus Cristo — apenas como amor ao próximo, como caridade. Para ela, a expressão essencial do amor divino inclui o amor erótico pleno entre duas pessoas, o amor que ela própria experimentou com Abelardo, o amor entre uma mulher e um homem. Esse tema perpassa e anima a sua correspondência com Abelardo (embora este, em suas respostas, sempre volte às questões gerais e interprete seu antigo caso de amor com Heloísa como passo em falso, e a própria história de sofrimento, como punição humana e divina adequada a um pecador penitente).

Há muito tempo Heloísa atingiu o zênite social possível para uma mulher de sua origem em sua época. Impiedosa, questiona o famoso filósofo Abelardo, que tenta se esconder atrás de opiniões teológicas e belas palavras, sobre a maneira e a essência do amor entre ambos:

> Só me dizei uma coisa, se puderdes: por que, depois de nosso ingresso no convento, que decidistes sozinho, me negligenciastes e esquecestes de tal maneira que não encontrei nem vossa presença, nem vossas palavras para fortalecer o meu ânimo, nem sequer recebi uma carta vossa para me consolar

na minha distância? Dizei, repito, se puderdes, ou então direi da minha parte o que penso e o que está na boca de todo mundo. A cobiça, mais do que o carinho, vos ligou a mim, foi mais o calor dos sentidos do que o amor, e essa é a razão pela qual todas as expressões de amor para as quais os desejos vos excitavam de repente se dissiparam quando evanesceram.

Quer dizer que Abelardo se sente um penitente e compreende o seu amor por Heloísa como pecado carnal? A abadessa Heloísa tem outro entendimento, mais elevado e puro, de seu amor por este homem, mesmo agora, no estado da castidade monacal: "Meu coração pode estar em qualquer parte sem vós, mas suplico que o abrigue convosco, e estará bem abrigado se achardes bom, se pagardes amor com amor, grandeza com coisas pequenas, sacrifícios com palavras". Ela clama até mesmo a Deus, o Altíssimo, que tudo compreende, que enviou o Seu filho unigênito para a Terra a fim de conciliar a humanidade, como advogado em sua causa: "Em nome Daquele a quem vós vos consagrastes, em nome de Deus, suplico que me devolveis a vossa presença, se for possível, ao me enviar algumas frases de consolo."

Abelardo se defende, escapa. Nunca lhe enviou uma palavra de consolo ou de simpatia, diz, porque não pensava que alguém como ela, "que mostrou a Deus todos os dons de sua graça [...] para consolar os desesperados e dar forças aos abatidos, precisasse desse tipo de ajuda". E como deveria ele, Abelardo, confortar outras pessoas, quando ele próprio se vê como o menor de todos, pecador entre pecadores, alguém que sofreu a justa punição de Deus pelo seu crime. Heloísa, a abadessa, que deveria ser um modelo de força de fé, acusa o próprio Deus de injustiça: "Para um homem flagrado em adultério pecaminoso, a tortura que sofrestes teria sido suficientemente severa, mas o que outros teriam merecido por cometer adultério, vós sofrestes por um matrimônio legal." Tal declaração devia parecer mais do que pecaminosa, francamente monstruosa, inconcebível para uma pessoa da Idade Média. Abelardo também fica horrorizado e repreende Heloísa por reprovar Deus, criticando a sua conversão, "em vez de, como seria apropriado, louvá-lo por isso".

Mas Heloísa se sente profundamente magoada e ferida em seu direito de amar. Ela se vê como advogada do amor, do direito a amar sem vínculo. É a filósofa do amor passional, do *amor*, e não de *caritas* (caridade), da qual fala a doutrina de Jesus. Em sua desilusão desmedida, transpõe as fronteiras da heresia, segundo o conceito da época, ao escrever para Abelardo:

> Se eu realmente tiver de expor a fragilidade de meu coração miserável, não encontrarei em mim nenhum arrependimento apropriado para me reconciliar com Deus. Não posso deixar de acusar a Sua impiedosa crueldade por causa da vergonha que vos foi infligida, e, longe de tentar apaziguar Sua ira pela penitência, peco pela lamúria com que resisto ao Seu regulamento.

Não, Heloísa não se arrepende do amor por Abelardo, nem pelo prazer que sentiu. Nunca deixou de ansiar pela união carnal com Abelardo:

> É possível dizer que alguém se penitencia, mesmo se flagelar o próprio corpo, se a alma se apega ao desejo do pecado e anseia ardentemente pelas velhas paixões? É fácil confessar os próprios pecados e acusar-se por eles, é fácil até sujeitar o corpo a penitências externas; mas é difícil separar a alma do anseio pelos prazeres mais doces.

A si e a Abelardo, ao mundo e a Deus ela confessa que coloca o amor, em todos os seus prazeres, acima de todo o resto, e que, até como freira, nunca abandonou os anseios de uma mulher amorosa e desejante, sem sentir vergonha disso:

> Encontrei tanto prazer nas volúpias do amor que desfrutamos juntos que não posso deixar de amar as lembranças, nem as apagar da minha memória. Não importa para onde eu vá, estão sempre diante dos meus olhos e despertam o desejo nostálgico. Suas imagens não me poupam nem durante o sono. E mesmo durante a missa, quando a oração deve ser completamente pura, meu coração está de tal forma absorvido por essas imagens que meus pensamentos se demoram mais na concupiscência do que na reza. Deveria lamentar os pecados que cometi, mas suspiro por aqueles que já não posso mais cometer.

Horrorizado, Abelardo estranha tais palavras. Para ele, penitência é renúncia. Enquanto teólogo, só pode oferecer à antiga amante uma espécie de *unio mystica* (união mística), "pois em Jesus Cristo somos um; pela lei do casamento, somos uma só carne". A teologia até pode justificar isso, mas para Heloísa não passa de um jogo de palavras escolástico, sem livrá-la de seu desejo atormentador. Abelardo, então, envia-lhe por carta uma oração para que ela peça por ambos. Termina com estas palavras comoventes:

> Vós nos unistes, Senhor, e novamente nos separastes quando o quisestes. Agora, Senhor, em Vossa grande misericórdia, completai o que tão graciosamente começastes; uni no céu por toda a eternidade aqueles que separastes no mundo por um breve período. Porque vós sois nossa esperança, nossa herança, nossa saudade, nosso consolo, ó Senhor, louvado para sempre, amém.

OS SANTOS DO AMOR

Assim termina a terna correspondência que Heloísa e Abelardo nos legaram, esse emblema do amor que já se tornou lendário quando eles viviam. O que se segue são conselhos psicológicos do teólogo para a abadessa. Segundo atestam documentos e cartas de contemporâneos, Heloísa se desincumbiu bem de sua missão de diretora de convento (o qual, em seus primórdios, era extremamente pobre, foi hostilizado e sofreu tentativas de desapropriação). Dirigiu a instituição com prudência, inteligência e disciplina, e sua reputação cresceu com o decorrer do tempo. O próprio rei Luís VI fez várias doações em 1135, ajudando Le Paraclet a sair da crise financeira e a atrair cada vez mais mulheres fiéis que vinham das cercanias e de longe.

Já os últimos anos de Abelardo foram marcados por hostilização e inquietação. Teve várias desavenças com o poderoso Bernardo de Claraval, que acusava os seus escritos de heréticos e, portanto, acusou o autor no Concílio de Sens, em maio de 1141. Abelardo compareceu, disposto a enfrentar seu acusador corajosamente, confiante em sua perspicácia teológica e em sua grande habilidade retórica. Mas Bernardo e seus seguidores refugaram diante de tal espetáculo público e preferiram um julgamento fechado, sem público, o que, por sua vez, foi recusado por Abelardo, que considerava isso injusto e indigno. Sem mais delongas, abandonou o Concílio da noite para o dia, transmitindo, assim, aos seus críticos que não os aceitava como juízes de seu livre-pensamento. Em vez disso, dirigiu-se diretamente ao *pontifex maximus*, o papa Inocêncio II. A finta termina tragicamente para ele, porque o mais elevado juiz da fé na Terra condenou Abelardo ao "silêncio eterno" e à prisão monástica. Suas obras foram queimadas publicamente em Roma como escritos heréticos.

Abelardo se retirou para a abadia de Cluny. Naquele poderoso mosteiro-sede, ao qual estavam subordinados mais de mil mosteiros e que era dirigido pelo seu amigo e patrono Pedro, o Venerável, ele pôde se sentir seguro de inimigos e captores. Passou os últimos meses de vida em um priorado em Saint-Marcel, em Chalon-sur-Saône, onde morreu no dia 21 de abril de 1142, com 63 de idade.

Heloísa prestou um último serviço ao homem que nunca deixou de amar. Em uma carta dirigida a ela vários anos antes de sua morte, Abelardo pedira: "Suplico-vos: fazei com que o meu cadáver, não importa onde esteja enterrado, seja trasladado para o vosso cemitério, para que a visita regular do meu túmulo inspire nossas filhas, antes irmãs em Cristo, a elevar frequentemente suas preces por mim ao céu." Heloísa procura Pedro, o Venerável, e pede que os restos mortais sejam trasladados para Le Paraclet, e que ele, o poderoso abade de Cluny, absolva Abelardo *post mortem*, confirmando este ato em um documento selado. Heloísa, por sua vez, afixaria este documento no túmulo de Abelardo, silenciando, assim, todos os críticos e inimigos do falecido. E pediria que, em terceiro lugar, Pedro consiga uma pensão para Astrolábio, o fruto de seu amor com Abelardo. (O destino de Astrolábio é desconhecido. Há indícios de que viveu como canônico da catedral de Nantes, na Bretanha, e não se sabe a data da sua morte.)

O abade de Cluny concede tudo à abadessa de Le Paraclet. Para ele, é mais do que o cumprimento de um dever, uma reverência diante de um falecido e diante de uma alta dignitária. É, antes de tudo, um gesto da amizade que o uniu a Abelardo, além de uma homenagem a Heloísa e ao seu amor por Abelardo. Em várias cartas a Heloísa, Pedro, o Venerável, expressa sua simpatia e seu grande respeito: "Queria mostrar-vos o lugar que tenho no coração para o afeto por vós em Jesus Cristo. Esse afeto não é de hoje, vem de longa data."

Pedro consola a venerável abadessa e grande amante, cujo amor por Abelardo respeita, com a perspectiva de um reencontro na volta de Cristo e na convicção de que o verdadeiro amor vence a morte:

> Aquele [Abelardo], ao qual éreis unida pelo vínculo da carne, depois pelos vínculos mais fortes do amor divino, com quem e sob quem vós vos consagrastes ao serviço de Deus, está hoje no abraço de Deus, e não no seu. E no dia da chegada do Senhor, ao som da voz do arcanjo, ao som das trombetas que anunciam o juiz supremo chegando dos céus, Ele o devolverá a vós em Sua misericórdia. Ele o conserva para vós.

Abelardo é enterrado na capela Petit-Moustier da Abadia de Le Paraclet, de acordo com o desejo do casal. Quando morre Heloísa, a filósofa do amor, que colocou a moral do amor puro acima das convenções de sua época, no dia 16 de maio de 1164, recebe um lugar para o seu último descanso ao lado de Abelardo. Os restos mortais são venerados como se fossem relíquias de mártires — e eles, de fato, foram mártires do amor. Em 1497, os ossos são trasladados para o coro da abadia, um evidente sinal de seu valor. Em 1621 ocorre um segundo traslado para o altar-mor. Agora, Heloísa e Abelardo jazem como santos, "em honra aos altares". Em 1780 a última abadessa de Le Paraclet ordena outra mudança para os restos mortais. Os crânios são examinados e desenhados. As ossadas são recolocadas sob o altar-mor, em um ataúde de chumbo. Poucos anos depois, em 1792, a abadia é dissolvida durante o domínio antieclesiástico de terror jacobino, e as freiras são expulsas. Mas as relíquias dos grandes amantes não são saqueadas, espalhadas ou incineradas, como as de tantos outros santos. Em vez disso, os ossos são transferidos para a igreja paroquial de Nogent-sur-Seine. Alguns anos mais tarde, é feito um plano em Paris para enterrar esses grandes nomes da nação em uma necrópole chamada Élysée. Os restos mortais de Heloísa e Abelardo ficam guardados em um museu até que o cemitério esteja pronto. Parte das relíquias se perde. Aquilo que se salvou, incluindo os crânios, está enterrado neste "elísio" sob os cenotáfios que também foram resgatados, porém gravemente danificados. Em 1814, o Elysée precisou ser desalojado para dar lugar a uma construção, e os ossos foram mais uma vez transferidos. Desde 1817, repousam em uma tumba compartilhada monumental no cemitério de Père Lachaise, em Paris. Todos os anos, o local é destino da peregrinação de pessoas do mundo inteiro, incluindo muitos casais que se sentem próximos dos grandes amantes Heloísa e Abelardo.

O misticismo, enquanto visão de sabedoria divina

Enquanto a teologia escolástica — desenvolvida no século XII na escola da Catedral de Notre-Dame, em Paris, e de lá disseminada pelos conventos e pelas primeiras universidades da Europa — defendia o primado do intelecto, da razão e da ciência na doutrina da fé, ao mesmo tempo havia (como sempre, na história da cultura humana) uma contracorrente que enfatizava a experiência individual da fé: a mística. Bernardo de Claraval, grande adversário de Abelardo, postulava: "A fé dos piedosos confia, não discute."

Em todas as religiões do mundo existiram movimentos místicos. Desde seus primórdios, a tradição judaico-cristã conhecia o conceito do sentido interno da Sagrada Escritura, segundo o qual o espírito divino permanece oculto nas letras físicas, cujo sentido místico se revela ao coração e não à razão humana. A palavra "mística" é parente da palavra "mistério". Trata-se, portanto, de desvendar um segredo e, com isso, a mensagem interna do plano de salvação de Deus para a Sua criação. Segundo a visão cristã primitiva, é o que ocorre nos três sacramentos da iniciação: batismo, confirmação e eucaristia. Segundo Bernardo de Claraval, o objetivo maior é a *unio mystica*, a união mística de amor com Deus.

Assim como, no culto judaico, é desenrolada a torá, na qual as letras físicas guardam a palavra de Deus como símbolo para a revelação do sentido místico, o misticismo cristão também anseia pela "visão descoberta" de Deus. Isso está associado ao "estar inflamado", sendo o fogo o símbolo da iluminação, o arder, colocar em brasa a palavra de Deus no coração das pessoas. É o que está expresso na parábola de Emaús. Um dia depois da Páscoa judaica, dois discípulos de Jesus que andam pelo caminho de Emaús encontram um homem que os acompanha. Durante o caminho, falam sobre sua fé e sua consternação, pois poucos dias antes, seu rabino, Jesus de Nazaré, morrera crucificado. Depois de chegar a Emaús, fazem uma refeição junto com o estrangeiro. Quando este último parte o pão como Jesus na última ceia, os discípulos reconhecem que se trata do próprio Cristo ressuscitado. Em seguida, comentam entre si: "Porventura não nos ardeu o coração quando ele, durante a jornada, falava conosco, explicando-nos as Escrituras?" (Lucas 24,32). Vivenciaram, portanto, a palavra divina em seus corações, abrindo-os a Cristo, como almejava o misticismo.

O misticismo cristão teve, ainda, seus exegetas, intérpretes e eruditos. O teólogo cristão primitivo Orígenes (185-254) também usa o tema do fogo divino que devora a culpa humana, queima e purifica o homem. Um monge sírio anônimo que viveu por volta do ano de 500, conhecido por Pseudo-Dionísio, o Areopagita, marcou o conceito da "teologia mística", cuja meta seria a união mística com o "Uno", a iluminação por meio dos três caminhos da purificação da consciência, da razão e da união da vontade humana com a divina.

Na Alta Idade Média, finalmente, o movimento místico vivenciou o primeiro ápice em reação à escolástica. Além de tendências afetivas da teologia mística (Hugo de São Vitor), existe uma vasta corrente de tendências intelectuais que ressaltam o aspecto racional da iluminação divina em lugar do puro fanatismo. Foram representantes desse misticismo intelectual Nicolau de Cusa e Mestre Eckhart; no período barroco, os espanhóis Inácio de Loyola, João da Cruz e Teresa d'Ávila; e, na Alemanha, Jakob Böhme e Angelus Silesius.

Entre os místicos da Alta Idade Média encontramos pela primeira vez uma mulher, Hildegarda de Bingen. Abençoada com a "visão de Deus", a *unio mystica*, e com grande energia e atividade, além de uma inteligência aguda, a beneditina já era venerada por seus contemporâneos. Ela não se limitou aos rótulos, legando-nos uma vasta obra como naturalista, visionária mística e escritora de cartas que tratavam de temas pastorais e também das questões políticas de seu tempo. Foi esse aspecto difuso de suas múltiplas facetas teológicas, políticas e de ciências naturais que, no final do século XX, permitiu surgirem tendências que, não raro, fizeram mau uso da figura da erudita abadessa Hildegarda como emblema de posições esotéricas e supersticiosas bastante confusas.

Hildegarda escreveu três livros sobre suas visões místicas, a fim de compartilhar a bênção da união divina com o leitor piedoso. Quando pensamos na história da emancipação feminina, é interessante notar que Hildegarda não se importava com o clero enquanto instância autorizada a interpretar as Escrituras. Refutava a acusação de heresia (contra ela e contra místicas futuras, algumas das quais acabaram sendo vítimas da Inquisição), usando como argumento o fato de que a visão não fora inventada por ela, por sua razão, e sim enviada pela graça de Deus. Logo no início do seu livro *Scivias*: (*conhece os caminhos do Senhor*), escreve: "E eu logo compreendi o significado dos livros sagrados — o Saltério, os Evangelhos e os escritos católicos do Antigo e do Novo Testamentos." A Igreja oficial não ousou se contrapor a essa audaciosa afirmação. Assim, além de fundar o misticismo feminino na Alta Idade Média (antes de místicas como Matilde de Magdeburg, Gertrudes de Helfta e Catarina de Siena), Hildegarda de Bingen, com base em seu vasto conhecimento de ciência natural, também defendeu a união entre teologia e ciência e, portanto, uma ampliação da filosofia, o amor à sabedoria, que incluísse a sabedoria divina.

Hildegarda de Bingen (1098-1179)
Scivias: conhece os caminhos do Senhor

No século XII, uma monja beneditina da região do Médio Reno causou sensação entre clérigos e leigos: Hildegarda de Bingen, freira e abadessa, venerada como santa (e até hoje ainda não canonizada pela Igreja católica), visionária, pastora, fundadora pragmática e diretora de dois conventos femininos, naturalista, pesquisadora da natureza viva e inanimada, da flora e da fauna, poetisa e compositora, prolífica escritora de cartas. Correspondia-se com cabeças coroadas e com pessoas comuns, com reis e com o imperador, abades e abadessas, eruditos e leigos, monges e freiras, dignitários e gente simples, todos à espera de conselhos, apoio e ajuda. Hildegarda raramente falava de si. Quando o fez, encontramos uma mulher inteligente, mas sem formação acadêmica. Bastante modesta, escreveu sobre os seus talentos visionários ao seu confessor e secretário de longa data, Wibert de Gembloux (não confundir com o abade homônimo do século X): "Não me ensinaram a ter visões, como escrevem os filósofos. As palavras, nessas visões, não soam como as que saem da boca das pessoas, mas são chamas faiscantes ou nuvens que se movem no éter puro."

Era Hildegarda uma filósofa? Sim e não. Não tinha formação acadêmica, não representava nenhum sistema filosófico, muito menos fundou alguma escola filosófica. Com suas opiniões e afirmações, posicionava-se em franca oposição produtiva à tendência escolástica de seu tempo (como a representada por Pedro Abelardo). Contrariava os padrões de pensamento de seu século de várias maneiras: não se ajustava, não podia ser classificada pelos padrões e pelas categorias da época, era independente, às vezes até teimosa e rebelde. Via-se como médium, eleita para colocar em palavras e transmitir aos seus contemporâneos e à posteridade as visões que lhe eram mostradas pela "luz viva". Mas nesse "ver" da verdade, da sabedoria divina (na firme convicção de Hildegarda) e sua disseminação em palavras e atos, a "profetisa da Alemanha", como logo foi intitulada, era, sim, uma filósofa no sentido mais estrito, ou seja, alguém que amava a sabedoria, sem precisar estruturá-la em sistemas complicados, mas expressando-a em imagens poéticas poderosas que até hoje não perderam nada de seu poder. Como pastora, tentava transmitir um pouco da luz interior que via às tantas pessoas que a abordavam e pediam ajuda e conselhos, por meio de palavras e do amor ativo. Nesse sentido, sua "filosofia" da piedade divina talvez tenha deixado traços mais profundos em sua época e em seu mundo do que muitos complexos sistemas de filósofos acadêmicos.

Seu talento visionário começa com um pedido da "luz viva": "*Scribe quae vides et audis*" [Escreve o que vês e ouves]. A visionária Hildegarda cumpriu fielmente essa ordem e tentou registar detalhadamente, por meio de palavras, as imagens de suas visões em três livros proféticos. Fê-lo com ajuda de secretários mais versados em latim do que ela, uma freira sem formação acadêmica. Mesmo assim, Hildegarda insistiu que a espontaneidade de suas palavras (e, com isso, de suas visões) não fosse atenuada e diluída por um latim erudito sofisticado. Seus livros — e, mais ainda, as suas cartas — atestam uma força metafórica incomum, um pensamento reto de uma mulher pragmática "sem papas na língua", nas suas visões e no dia a dia. Naturalmente, Hildegarda não era indiferente às tendências teológicas e correntes sociais de seu tempo. Mesmo assim, seus três livros visionários — *Scivias: conhece os caminhos do Senhor, Liber vitae meritorum* [Livro dos méritos da vida], *Liber divinorum operum* [Livro das obras divinas] — mostram claramente que, apesar de alguns conhecimentos intelectuais tomados emprestados aos antigos Pais da Igreja, ela se move, em grande medida, em um terreno intelectual próprio e avante de seu tempo. Ou será que Deus falou mesmo em suas visões com ela, como Hildegarda sempre enfatizou? A resposta não se baseia na razão fria, e sim na fé ardente, e aqui divergem as opiniões. Fato é que, tanto por seus escritos quanto por sua ação, Hildegarda de Bingen se tornou uma das reformadoras da fé do século XII, e as visões a ela reveladas, assim como seus escritos sobre natureza e ciências naturais, ajudaram e guiaram gerações e gerações, até hoje. Não importa o que cada um de nós acha das visões anotadas por Hildegarda: elas estão longe das imersões subjetivas de futuros místicos. Ela não teve surtos extáticos nem teve levitações em que o corpo parece flutuar contra as leis físicas da gravidade, não demonstrou glossolalia (balbuciar em línguas estranhas), não teve projeções eróticas ou mesmo histéricas. A palavra da "luz viva" que lhe foi revelada é clara, dura, imagética, mas inequívoca, expressa em um latim por vezes um tanto direto, sem artifícios, uma língua que quer revelar, e não encobrir. Nesse sentido, a "luz viva" de fato se serviu de uma mulher que foi apenas "médium", ou seja, mediadora, não uma visionária ou pensadora independente. E quão forte e carismática foi essa médium!

A primeira metade da vida de Hildegarda não indica sua futura importância. Foi uma vida passada em reclusão, clausura, humildade, ascese e autorrenegação — antes que a "luz viva" ardesse dentro dela, conduzindo-a para fora das trevas físicas e espirituais, rumo à luz do público.

RECLUSA EM DISIBODENBERG

Hildegarda nasceu em 1098, em uma época de rupturas sociais e de insegurança. No mesmo ano, um exército de cruzados sitiava a cidade de Antioquia, na Síria. No ano seguinte, os cavaleiros da Cruzada conquistam a cidade de Jerusalém e erigem na Palestina um império cristão. As primeiras guildas de artesãos surgem nas cidades ocidentais. O comércio se expande, incluindo os negócios com países distantes. O contato com outras culturas (sobretudo da Sicília, de Granada e do Oriente) incentiva as ciências naturais. O racionalismo floresce pela primeira vez e estimula a teologia. Na distante Paris, Pedro Abelardo, um dos primeiros escolásticos, ensina que a razão pode guiar a fé. Em contrapartida, surge o movimento cisterciense, com o grande Bernardo de Claraval, que pregava a fé enquanto confiança em Deus e clamava por uma nova humildade, pobreza e ascetismo. Começam a emancipação burguesa e a ascensão das cidades imperiais livres, competindo com a nobreza, cuja importância em relação ao Estado está em franco declínio. Na literatura, floresce a canção dos trovadores, a partir da poesia francesa e provençal dos *trouvères* e *troubadours*. Surgem as primeiras universidades, sobretudo a Sorbonne, em Paris, substituindo gradualmente as escolas de mosteiros e catedrais, até então os únicos guardiões do conhecimento acadêmico. E na arquitetura, as primeiras catedrais góticas, ousadamente, invadem os céus.

Hildegarda, é óbvio, mal percebe essas inovações. E é provável que não tenha escutado a gritaria dos pregadores itinerantes que atravessavam as cidades, conclamando as pessoas a pegar em espadas e estandartes e enfrentar os inimigos muçulmanos. Cresce protegida, filha de uma família nobre em um grande sítio na zona rural de Bermersheim, perto de Alzey, na região de Rheinhessen. Seus pais se chamam Hildebert e Mechthild. Como era comum na época, constituem uma família numerosa, com dez filhos. Hildegarda é a caçula, uma menina frágil e doentia. Como o sítio não rende o suficiente para garantir um dote adequado a todos os filhos, vários são conduzidos ao clero. Um irmão, Hugo, tornou-se cantor na catedral de Mainz e professor na escola da catedral. Outro irmão, Rorich, virou cônego na antiga abadia de Tholey, na atual região do Sarre. A irmã Clemencia vira freira e, mais tarde, viverá no convento de Rupertsberg, fundado por Hildegarda.

Para Hildegarda, os pais escolhem uma vida especialmente espiritual: ela se tornará reclusa, eremita atrás de muros. Naquele tempo, dos dois lados do Reno falava-se de uma reclusa piedosa chamada Jutta von Sponheim. Ela morava protegida pelo mosteiro beneditino de Disibodenberg, situado em um morro acima do vale do rio Nahe, próximo da foz do Reno. Quando Hildegarda está com 8 anos de idade, os pais a levam para Disibodenberg. Seis anos depois, é entregue à devota Jutta. Trata-se de uma despedida definitiva: Hildegarda nunca mais veria seus pais.

É uma criança especial. Se acreditarmos na biografia escrita por volta de 1180 pelos discípulos Godofredo e Teodorico, ela teve as primeiras visões ainda pequena: "Mal balbuciou os primeiros sons, dava a entender a todos, por meio de palavras e sinais, que vira rostos secretos com o seu extraordinário dom da visão, sem que os outros enxergassem qualquer coisa." Essas frases foram redigidas depois da morte de Hildegarda e já imbuídas da intenção de sublinhar a santidade e a extraordinária capacidade da grande mestra. Não há provas de que já tenha sido assombrada por visões quando criança. Mas é inquestionável que Hildegarda possuía um dom especial que não aflorou só na meia-idade.

A entrega da criança à reclusa religiosa aconteceu no Dia de Todos os Santos em 1112, durante cerimônia solene com orações e cantos, inspirada no ritual fúnebre. De certa maneira, foi enterrada viva, pois logo após ser recebida pela mestra, a única porta da pequena casa foi cimentada. Por uma pequena escotilha, Jutta e a pupila recebiam alimentos, levados por beneditinos e peregrinos piedosos que cada vez mais vinham para Disibodenberg. Fora isso, sua vida, seu pensamento e suas orações eram inteiramente dedicados ao mundo além-terrestre e à recepção do pão celestial, à hóstia consagrada, ao corpo de Jesus Cristo, a quem as reclusas dedicaram sua existência terrena.

Não é fácil imaginar como era a vida de ambas. Jutta von Sponheim, ela própria descendente de uma família nobre, deve ter sido uma mulher culta e carismática. Era pouco mais velha do que Hildegarda. Quando a menina entrou para a clausura, Jutta tinha vinte anos. Portanto, a relação entre ambas deve ter sido de irmãs. Duas outras moças entraram, e com o passar dos anos, cada vez mais famílias nobres levaram suas filhas (excedentes) para a clausura de Jutta. A reclusa não apenas ensinava suas "filhas" a ler e escrever, mas principalmente a conhecer o Saltério e as histórias e parábolas da Bíblia, além de orações, hinos e cantos. Assim, Hildegarda fruiu uma formação excepcional para os padrões da época, para os limites que havia então nos estamentos sociais e para as mulheres. Também teve aulas de latim, língua que dominava a ponto de conseguir ler, sem esforço, textos teológicos e comentários dos antigos Pais da Igreja, sendo capaz até de escrever cartas (e, depois, suas visões), embora o seu latim sempre fosse algo rudimentar. Muito jovem, Hildegarda fez seus votos e ingressou formalmente como reclusa na Ordem dos Beneditinos, junto com as outras discípulas de Jutta. Assim é que, no mosteiro masculino de Disibodenberg, surge um convento beneditino feminino, ainda subordinado àquele, mas onde também se orava e trabalhava de acordo com os princípios de São Bento (*ora et labora*).

UM FALECIMENTO E A "LUZ VIVA"

Hildegarda talvez tivesse passado sua vida inteira atrás dos muros do eremitério sem que seu nome tivesse sobrevivido, não fosse por dois eventos que iluminaram a sua vida e a reviraram: o falecimento prematuro de Jutta e sua primeira grande visão.

No dia 22 de dezembro de 1136, Jutta von Sponheim morre em seu eremitério, aos 45 anos. Quando o cadáver é despido e lavado, as discípulas descobrem uma corrente de ferro que ela usara durante muitos anos como penitência e que, com o tempo, machucara profundamente sua carne, causando um sofrimento terrível — dores que ela deve ter suportado alegremente por Jesus Cristo e em sinal de penitência. Hildegarda fica horrorizada. Mais tarde, em suas visões e representações de história natural, exaltaria a beleza do corpo humano criado por Deus, elogiando o corpo saudável, forte e intacto. A visão do cadáver de Jutta desfigurado pelas práticas da penitência deve ter sido um acontecimento marcante para a jovem.

Hildegarda passou trinta anos em Disibodenberg, dos quais 24 no eremitério. Depois que Jutta morreu, ele é aberto, num gesto razoável e necessário, pois o espaço se tornara apertado para as freiras. Hildegarda tinha 38, uma mulher madura, na fronteira da velhice, para a época. Fora a discípula predileta de Jutta e era vista pelas irmãs como a mais inteligente e prudente. Assim, foi eleita a *magistra* pelas freiras, que pretendiam fundar um convento próprio em Disibodenberg, na vizinhança do convento masculino. Mas o bispo não aprova. Os monges beneditinos de Disibodenberg se sentem importunados pelas irmãs, percebidas por eles como concorrentes. Essa relação difusa continuaria por vários anos.

Naquela época, aconteceu algo que mudaria toda a vida de Hildegarda e seria importante para toda a cristandade: em 1141 ela teve sua "visão vocacional". Foi o prelúdio de uma série de espetáculos poderosos, ricos em palavras e imagens e que durariam até a sua morte, sendo sucessivamente

HILDEGARDA DE BINGEN (1098-1179)

colocados no papel e publicados por ela — não por vaidade ou interesse pessoal, mas porque a voz da "luz viva", que ela definiu como a voz de Deus, ordenou que assim fosse feito. Durante dez anos, de 1141 a 1151, Hildegarda trabalhou no primeiro volume de suas visões, intitulado *Scivias: conhece os caminhos do Senhor*, considerado por muitos o principal trabalho da freira visionária. É um grande escrito, uma promessa de Deus à humanidade da certeza de Sua misericórdia e salvação.

No início das visões, a "luz viva" recebida por Hildegarda dá-lhe a missão divina de internalizar o que ela viu, expressá-lo em palavras e transmiti-lo às pessoas. Hildegarda é eleita profetisa, mesmo tendo sempre evitado usar esse termo que a aproxima dos pais do Antigo Testamento. No início, a inibição e os medos a deixam bastante cética em relação à sua tarefa, mas ela segue as instruções. A própria Hildegarda dá a data de sua primeira visão, que teria ocorrido no "quadragésimo terceiro ano" de sua vida, ou seja, em 1141:

> Pois vejam! No quadragésimo terceiro ano de minha vida, vi um rosto celestial. Trêmulo e muito temeroso, o meu espírito se retesou em sua direção. Enxerguei um brilho poderoso, do qual ressoou uma voz celestial que me dizia: "Ó criatura frágil, cinza da cinza, podridão da podridão, diz e escreve o que vês e ouves. Mas porque és tímida para falar e pouco hábil para expor e pouco instruída para escrever estas coisas, diz e escreve, não de acordo com as palavras humanas, nem segundo a inteligência de uma invenção humana, nem segundo a vontade de compor humanamente, mas segundo o que vês e ouves [...] segundo a vontade d'Aquele que sabe, vê e dispõe todas as coisas no segredo de Seus Mistérios. Ordeno que o transmitas, assim como o ouvinte que escuta as palavras de seu mestre e as transmite exatamente como o mestre quer e mostra e prescreve." [...] Outra vez escutei a voz celeste dizer para mim: "Transmite esses mistérios! E escreve-os, ensinando-os, e diz: aconteceu que, no ano de 1141 da encarnação de Jesus Cristo, filho de Deus, quando eu tinha 42 anos e sete meses, o céu se abriu e uma luz ardente de um brilho extremo permeou o meu cérebro e inflamou meu coração e meu peito, como uma chama que não queima, mas ilumina [...] E de repente entendi o que significavam os Sagrados Livros [...].

"*SCIVIAS:* CONHECE OS CAMINHOS DO SENHOR"

Na visão inaugural de *Scivias*, Deus-Pai se revela à médium Hildegarda e, por meio dela, à humanidade inteira. As linhas que se seguem são um bom exemplo do tom culto e cheio de imagens e da veia poética da visionária ao expressar em palavras aquilo que viu:

> Olhei e vi algo parecido com uma grande montanha cor de ferro. Sobre ela tronava o Senhor com uma luz tão maravilhosa que fiquei ofuscada. Nos dois ombros do Senhor havia sombras que pareciam asas maravilhosamente largas e compridas. Diante d'Ele, ao pé da montanha, havia um ser todo coberto de olhos, de tal maneira que nem consegui reconhecer os contornos humanos. Na frente desse ser, havia outro, uma criança, com um traje de cor clara e sapatos brancos. Sobre a sua fronte, aquele que estava sentado na montanha jorrou tal quantidade de luz que não pude ver o rosto da moça. Daquele que estava sentado na montanha também saíram muitas faíscas, que flutuavam amorosamente em torno das pessoas com uma suave ardência. A própria montanha tinha várias pequenas janelas, das quais surgiam cabeças humanas, algumas pálidas, algumas brancas. Então, aquele que estava sentado na montanha bradou com uma voz grave e penetrante, dizendo: "Ó criatura frágil, poeira da poeira da Terra, cinza da cinza, chama e diz como se alcança a libertação, que tudo restabelece, para que aqueles sejam doutrinados que, embora conheçam o teor íntimo das Escrituras, não o querem pronunciar ou anunciar."

Hildegarda não é apenas médium, eco, "alto-falante" das inspirações divinas, mas também a exegeta do próprio texto. A já citada visão inaugural de *Scivias*, por exemplo, é interpretada por ela da seguinte maneira: a montanha representa a constância do reino de Deus. O iluminado é Deus-Pai, e as asas que saem de seus ombros simbolizam a proteção suave de Deus, que abarca suas criaturas. O ser cheio de olhos aos pés do Senhor representa o temor a Deus, e a figura infantil, a pobreza de espírito, que segue os rastros do Cristo. As faíscas vivas que saem do Senhor fortalecem e protegem as pessoas que estão a caminho dele. As cabeças nas janelas da montanha revelam que

HILDEGARDA DE BINGEN (1098-1179)

Deus conhece e sabe de todos os atos humanos, quem se cansa no esforço (as figuras pálidas) e quem segue atentamente o caminho da verdade (as cabeças brancas). Em outra visão narrada em *Scivias*, a Santíssima Trindade, a única capaz de salvar a humanidade, é expressa por meio de imagens:

> Vi, então, uma luz ofuscante, e dentro dela uma figura humana azul-safira, que ardia numa vermelhidão suave de brasa cintilante. A luz clara inundou a brasa cintilante, e a brasa cintilante, a luz ofuscante. E a luz clara e a brasa cintilante inundaram totalmente a figura humana, como luz sendo em uma força e um poder [...], isso significa que o Pai, a justiça mais justa, não existe sem o Filho e o Espírito Santo, e que o Espírito Santo, que acende os corações, não existe sem o Pai e o Filho, e que o Filho, a plenitude de toda a fertilidade, não existe sem o Pai e o Espírito Santo.

Mas o mistério da salvação não está completo com a morte e a ressurreição de Jesus Cristo, filho de Deus. Há ainda uma última luta com o Anticristo, como o Evangelista João já profetizara em seu texto sobre a Revelação Divina. Sobre esse ponto final do panorama terreno, Hildegarda relata que Satã apregoará seus vícios no mercado da vida, que o mundo perderá o seu equilíbrio e que o inferno se rebelará pela última vez. Então, Jesus Cristo voltará com chagas abertas, sentado sobre uma chama, sem queimar, acompanhado por coros angelicais, para julgar cada pessoa. Então, todos os elementos passarão a brilhar, claros e alegres, "como se tivessem sido livrados de uma pele negra". A Terra se recuperará e alcançará a harmonia: "Já não era noite, era dia. O final chegou."

Scivias é um grande hino de louvor à salvação divina, estabelecida desde o início dos dias pelo conselho de Deus; com o surgimento de Seu filho Jesus Cristo, suas ações entre os homens, sua morte na cruz, sua ressurreição e sua volta no fim de todos os dias para julgar as pessoas. O juízo, no entanto, não é um ato de vingança de um Deus irado, e sim um gesto de amor e de graça. Nesse sentido, as visões relevadas por Hildegarda não são terríveis, mas destinadas a animar as pessoas, a dar-lhes coragem e fortalecê-las em seu caminho da salvação na fé em Jesus Cristo.

"LIBER VITAE MERITORUM"

É surpreendente que Hildegarda, ao contrário de outras mulheres que tinham o dom da visão (como Teresa d'Ávila, do século XVI), nunca tenha enfrentado hostilizações mais graves ou mesmo ameaças. Nunca houve tentativas sérias de calar a boca da profetisa, de silenciá-la por meio de decretos clericais ou até acusá-la de heresia. Só nos séculos seguintes foram empregados tais meios de pressão para manter as estruturas de poder eclesiásticas. A própria Teresa d'Ávila poderia atestar isso, pois seus conventos foram fechados, as revelações anunciadas por ela foram para o Índex, ela foi proibida de escrever e sofreu perseguições de tempos em tempos pela Inquisição. Só a proteção por um ou outro bispo ou autoridade da ordem impediu que fosse detida, torturada ou levada ao auto de fé.

Com Hildegarda foi diferente. Já em 1147/48 — *Scivias* ainda não tinha sido publicado, mas a notícia dos talentos visionários da freira já se espalhara pelo país —, a autenticidade de seu dom é reconhecida pelo papa Eugênio III durante o Sínodo reformista de Trier. Depois desse aval da instância suprema da Igreja, ela se sente segura para publicar as revelações redigidas nos seus pergaminhos sem se preocupar com os comentários dos acadêmicos invejosos, sobretudo dos escolásticos.

A autoridade crescente de Hildegarda também se revela no âmbito social. Como os atritos entre suas freiras e os monges de Disibodenberg não cessam, ela resolve transferir seu convento para a montanha próxima de Rupertsberg. Isso não foi ideia sua, mas uma ordem divina, recebida em uma visão. Naquela época, o morro Rupertsberg ainda era coberto por uma espessa floresta. As freiras foram obrigadas a derrubar árvores, capinar, abrir caminhos, carregar material de construção e até mesmo água potável. Tudo isso custou dinheiro, e, apesar das economias constituídas pelos dotes das irmãs e algumas doações, mais de uma vez o projeto chegou perto de ruir. Finalmente, e apesar das vozes contrárias, conseguiram se mudar em 1150. Alguns anos mais tarde, com o crescimento do convento, Hildegarda viu-se obrigada a erigir uma filial próximo a Eibingen (hoje, um bairro de Rüdesheim), na região de Rheingau. A partir de então, a abadessa precisou cuidar de dois conventos, um de cada lado do Reno, pois ambos eram independentes e confirmados pelo bispo. Várias vezes por semana, ela atravessava o rio de uma margem à outra, de barco, para dar conta de tantas tarefas. Além de autora de livros, pastora e missivista, tinha também muitas obrigações administrativas e domésticas.

Cresceu também a correspondência com os que buscavam seus conselhos ou sua ajuda: aristocratas rurais, dignitários clericais, e também cidadãos "comuns". Apesar de todas as perdas, conservaram-se até nossos dias cerca de trezentas cartas. Logo depois de terminar *Scivias*, Hildegarda volta a ter visões, o que lhe custa muito tempo e energia. No período entre 1158 e 1163, já com mais de 60 anos, ela reúne essas novas revelações, com ajuda de um secretário, no *Liber vitae meritorum* (*O livro dos méritos da vida*).

Trata-se de um grande debate entre virtudes e vícios, dividido em 35 diálogos. Naturalmente, é baseado nos compêndios de virtudes da literatura medieval. Mas Hildegarda pretende ser apenas "compiladora", e não autora. Pois, como sempre ressaltou, as afirmações mais uma vez lhe foram reveladas pela boca de Deus. Convicta, constata no fim do livro:

> E tudo isso é verdade [...]. Quem, por isso, quisesse acrescentar qualquer coisa contrária no espírito arrogante da erudição, mereceria ter as punições aqui descritas. [...] E eu ouvi as vozes das multidões dos mistérios celestiais respondendo: 'Assim seja! Amém! Que assim seja!

É o próprio Deus quem fala pela boca da profetisa na visão final, depois de anunciar a vitória do bem sobre o mal ao fim do dia: "Deus todo-poderoso, que tem poder sobre tudo, revelará Sua força no fim do mundo, quando transformará essa Terra em um novo milagre."

O livro dos méritos da vida é uma advertência aos vivos para que não abandonem o caminho do Bem. Por essa razão, devem conhecer o debate entre virtudes e vícios. Não se trata, porém, de um compêndio de horrores e sofrimentos, como vemos frequentemente nas imagens das danças macabras ou nas representações medievais do inferno. Em vez disso, apresenta e explica os prós e contras dos argumentos das personificações que surgem. Portanto, cabe ao leitor usar a sua razão (dada por Deus) e escutar as afirmações dos dois lados, como em um tribunal, avaliando e, ao final, chegar à própria conclusão, livre, sem medo ou pressões. Mas é o amor de Deus pelo mundo, o *amor saeculi*, quem zela pelas virtudes e pelos erros. Assim como o homem é a imagem de Deus, sua decisão corresponde ao bem do amor divino. É do livre-arbítrio do homem ser a favor ou contra um modo de vida purificado, e isso equivale a uma decisão de ser a favor ou contra Deus. *O livro dos méritos de vida* se dirige a um leitor maduro e sensato. Embora Hildegarda, baseada na graça e na misericórdia divinas, tenha pouca afinidade com o racionalismo sutil da escolástica de seu tempo, não exime o homem de seu arbítrio e de sua responsabilidade perante si próprio, Deus e o mundo. Nesse sentido, ela é uma representante convincente e convicta do século XII, o período do "renascimento da dinastia dos Staufer", considerado a era de um novo florescimento das ciências e das artes.

MEDICINA, CIÊNCIAS NATURAIS, POESIA E MÚSICA

Os anos da fase criativa intermediária de Hildegarda são marcados por intensa atividade na medicina, na zoologia e na mineralogia. Surgem os livros *Physica* (*Ciências naturais*) e *Causae et curae* (*Causas das doenças e métodos de cura*). Neles, amplia-se a teoria dos humores e dos elementos de Galeno e Avicena com descobertas "científicas" feitas com base em observações próprias. Ela descreve suas experiências no diagnóstico e no tratamento de doenças, compartilha as descobertas do cultivo e do uso de ervas medicinais (tem seu próprio jardim no convento, com muitas ervas medicinais, vegetais e frutas) e ousa se aventurar no duvidoso do poder das pedras preciosas. Hildegarda não se preocupa apenas com o diagnóstico e a terapia de doenças. Mais do que isso, quer educar as pessoas a adotar um estilo de vida saudável e positivo, algo revolucionário para sua época, durante a qual, tanto na visão teológica quanto no aspecto social e higiênico, não se dá a devida atenção ao corpo, e até mesmo o despreza. O corpo humano é visto como prisão pecaminosa da alma, cujas necessidades de prazer devem ser aniquiladas por meio da ascese e de punições, como a autoflagelação. Já Hildegarda enxerga o corpo humano, principalmente o saudável, como um presente precioso de Deus, do qual não é preciso se envergonhar, até porque Deus fez o homem à Sua imagem. A abadessa-pesquisadora não evita nem mesmo o tema do prazer sexual. Descreve a libido humana como algo inteiramente natural, saudável e apoiado por Deus. Diz que a união sexual entre homem e mulher é a *coniunctio caritatis*, uma conexão na caridade, moralmente boa.

Se, na botânica, Hildegarda pode confiar, em grande medida, em suas próprias observações, na zoologia ela depende de relatos transmitidos. Nesse sentido, não admira que por vezes repita equívocos de autores mais antigos. Por exemplo, inclui o grifo em seu compêndio como se fosse um ser real. Por outro lado, é surpreendente o seu alto grau de conhecimento da fauna da região do Médio Reno. Assim, lista dúzias de espécies de peixes, descrevendo sua anatomia e suas características. Pode ter se utilizado dos conhecimentos dos pescadores do Reno e do Nahe, que abasteciam o convento, como também de suas próprias observações feitas no tanque de peixes do mosteiro. Aos pesquisadores atuais, Hildegarda forneceu dados preciosos sobre a biodiversidade do século XII e sobre as perdas zoológicas até os dias atuais.

Mas ela não é apenas vidente e naturalista. Também se ocupa intensamente da música que, segundo os antigos, é uma das Sete Artes Liberais, relacionada à astronomia (reflexo da criação de Deus na "música das esferas" cósmica) e à matemática (nas complexas relações dos sons e das harmonias). De sua pena saíram cerca de oitenta composições para celebrações e orações das horas no mosteiro; hinos, sequências, antífonas, o oratório *Ordo virtutum* (*A ordem das virtudes*) e uma composição em homenagem a São Ruperto. Assim como suas revelações, seus textos musicais têm uma linguagem metafórica, e as melodias são ricas em melismas, atestando sua grande criatividade e um sentido digno de expressão e desenvolvimento musical.

ESCRITORA DE CARTAS REQUISITADA E PREGADORA INCORRUPTÍVEL

Suas numerosas cartas provam que Hildegarda não colheu êxitos apenas com seus escritos reveladores de visões e suas orientações práticas para um estilo de vida saudável, mas também com o seu jeito pragmático de ouvir as pessoas e de dar conselhos. Reis, imperadores, papas, bispos, abades e abadessas, monges e freiras, leigos ou fiéis estão entre as pessoas com quem se correspondeu, a quem ajudou com conselhos e ações, ou com quem usou, às vezes, um tom até bastante direto.

Certa vez, durante uma discussão, ela chega a repreender seu superior, o arcebispo Henrique de Mogúncia: "Ó cinza, não te envergonhas de te alçar tanto, quando deverias saber que jazes na lama?" E exorta o arcebispo Filipe de Colônia a não intimidar seus súditos "como um falcão predatório". Ao rei inglês Henrique II, envia um recado explícito: "Tereis o céu se governardes, protegerdes e precaverdes." Pede que ele se defenda do "pássaro preto" que lhe sussurra que não se torne escravo da justiça. Infelizmente, nesse caso, as advertências de Hildegarda não são ouvidas, pois Henrique II depois cerceia o poder dos tribunais eclesiásticos ingleses e, em 1170, manda assassinar, diante do altar-mor da catedral, o arcebispo de Canterbury, Thomas Becket, que protestara contra aquela medida.

Quando o imperador Frederico Barba-Ruiva desafia o papa, ela rompe a amizade, apesar de ele ser simpatizante dos seus conventos e de ter emitido uma carta protetora para eles. Quando, depois da morte do papa Adriano IV, em 1159 e da eleição de Orlando Bandinelli como papa (Alexandre III), Barba-Ruiva lança a candidatura de dois antipapas, seus partidários Ottaviano di Monticelli e Guido von Crema, a abadessa de Rupertsberg perde a compostura. Em uma carta desafiadora, ameaça o arrogante imperador: "Cuideis para que o Rei supremo não vos lance ao chão pela cegueira dos vossos olhos, que não enxergam bem como deveis segurar o cetro na mão para governar direito." Quando as tropas do imperador marcham sobre Roma em julho de 1167 e o papa Alexandre foge remando em um bote, Hildegarda escreve uma carta irada para Barba-Ruiva: "Deus diz: sou Eu quem destrói a teimosia e a rebeldia daqueles que resistem contra Mim, Eu próprio esmago. Ai desses malfeitos dos pecadores que Me desprezam! Ouve isso, rei, se quiseres viver. Senão, a minha espada te perfurará!" Barba-Ruiva sequer responde à praga rogada pela religiosa. Em 10 de junho de 1190, durante a Terceira Cruzada, o imperador se afoga no rio Sapelh na Ásia Menor — onze anos depois da morte de Hildegarda.

A abadessa de Rupertsberg enfrenta seus contemporâneos não apenas por meio de cartas, mas também pessoalmente. Durante sua longa vida, empreendeu quatro peregrinações extenuantes para a Francônia, Trier e Metz, para a região do Baixo Médio Reno e para a Suábia. Prega em conventos, igrejas, praças do mercado ou em campo aberto. As pessoas acorrem de todos os lados para ver e ouvir a celebridade de Rupertsberg, a quem Deus confiou seus segredos. Ainda que os escritos de Hildegarda tenham sido disseminados somente em conventos e nas cortes dos nobres, podendo ser estudados pelas poucas pessoas que sabiam ler, sua aura de profeta santa e curandeira experiente se espalhou de boca em boca por toda a Alemanha, entre nobres, clérigos, burgueses e camponeses.

LIBER DIVINORUM OPERUM

Para essa aura, contribui também seu terceiro livro, redigido entre 1163 e 1174, depois de a religiosa ter sido mais uma vez abençoada com visões. Seu título é *Liber divinorum operum (O livro das obras divinas)*. A exemplo de *Scivias*, este último livro da profeta, que já conta, então, 76 anos, é uma grande cosmologia. Assim como em suas revelações anteriores, Hildegarda sempre enfatiza ter sido menos autora e mais a médium que dá voz às verdades incontestes de Deus:

> Aconteceu no sexto ano, depois de eu ter ficado às voltas, durante cinco anos, com maravilhosas visões verdadeiras [...]. O início daquele ano foi o começo das visões aqui registradas. [...] Quando eu tinha 65 anos [1163], tive uma visão tão misteriosa e acachapante que o meu corpo inteiro estremeceu e começou a adoecer. [...] Apesar de esgotada por tantas doenças, eu, pobre ser frágil, comecei a escrever, trêmula.

Em suas palavras, as visões nunca são "um êxtase extenuante, mas eu as vi enquanto estava desperta, noite e dia". Mais ainda, ela quer que todos os seus livros proféticos, a partir de *Scivias*, representem uma única grande obra continuada, em que nenhum texto seja visto sem os outros, em que cada texto seja construído em cima do anterior, cada um por si verdadeiro, mas que apenas com todos juntos seja apresentada a totalidade da revelação divina:

> Pois tudo aquilo que escrevi desde o início das minhas visões, ou que vim a saber mais tarde, eu vi nos mistérios celestiais; estava acordada e consciente, e vi com os olhos internos do meu espírito e escutei com os ouvidos internos, não no sono, nem no êxtase, como já disse no prefácio de minhas visões anteriores.

Hildegarda ousa até mesmo comparar-se a outro grande profeta da Revelação, João, que recebeu e escreveu seu Apocalipse em Patmos: "Porque o Espírito Santo também alimentou o Evangelista João quando este sorveu a revelação mais profunda do peito de Jesus, quando seu sentido foi de tal maneira tocado pela divindade santa que ele revelou seus mistérios e suas obras mais recônditas, ao dizer: 'No início era o Verbo' etc."

Depois de resolver os preliminares no prólogo, a revelação mais uma vez começa com uma visão de Deus. Mas agora o Criador já não é mais um rei enorme no trono do mundo, e sim um belo jovem que personifica a *vita integra*, que chegou ao mundo por meio da Encarnação de Jesus Cristo: "Em todo o plano e no saber antecipado de Deus, o cúmulo do amor supremo foi o Filho de Deus em sua humanidade ter conduzido as pessoas perdidas de volta ao reino celestial." O amor de Deus se revela à visionária Hildegarda na figura de um homem que abraça com braços de fogo bem abertos a roda do mundo, em cujo meio está o homem, imagem de Deus, os braços abertos como seu Criador (e, assim, representando a cruz, como seu Criador), segurando em uma rede os elementos da Terra. Hildegarda — que, além de médium, é também a exegeta eleita por Deus — explica a cena assim: "Eis o homem: um ser com corpo e alma, e ele existe enquanto *opus Dei cum omni creatura*, a obra de Deus com todas as criaturas."

Precisamente por ser o homem uma criatura de Deus, criada por Ele para Sua alegria e prevista para a salvação, também deve sentir alegria em tudo aquilo que a vida na Terra lhe oferece de belo, prazeroso e bom. Mais uma vez, Hildegarda se volta contra a obrigação de ascese e a hostilização do prazer característica de seu tempo e dos mestres da fé dos primórdios da cristandade. Mais uma vez pode-se ver ali — para além do caráter de revelação do escrito — o eco das próprias experiências (em parte, repugnantes) na clausura de Jutta von Sponheim. Pois Deus criou o homem segundo a Sua imagem, amou-o e o libertou por meio da encarnação de Jesus Cristo. Por isso, não apenas é permitido ter prazer na existência humana e nos prazeres terrenos, mas também uma expressão de gratidão em relação a Deus — claro, sempre respeitando a responsabilidade diante de Deus, dos outros e da criação, porque liberdade nunca é desatada, e sim envolta por consideração e responsabilidade. E ainda que o homem na Terra seja imperfeito e carregado de culpa, foi criado para a alegria de Deus como à Sua imagem:

> Deus criou o homem de acordo com a construção do mundo e de todo o cosmo, assim como um artista tem suas formas em que produz seus vasilhames. E assim como Deus mediu o gigantesco instrumento do universo com medidas equilibradas, fez o homem em seu corpo pequeno e curto [...]. Deus o criou de maneira a que, colocando um membro ao lado do outro, nenhum ultrapasse a medida certa e o peso correto, a não ser pela determinação de Deus.

Embora o homem viva em constante revolta (pensamento ressuscitado no século XX pelos existencialistas), Deus ama Suas criaturas. Foi por amor que enviou para a Terra o próprio filho. Tornará a enviá-lo depois da catástrofe cósmica final, detonada pelo fracasso dos homens e por rebelião, para levar a um bom término e à perfeição os bons desígnios do mundo, planejados desde o início, segundo decisão divina. *O livro das obras divinas*, o final das revelações de Hildegarda, esse grande e completo compêndio dos desígnios do mundo, desde a sua criação até o Juízo Final, termina com a voz da "luz viva" que iluminara Hildegarda pela primeira vez mais de trinta anos atrás: "E mais uma vez escutei uma voz celeste que me ensinou as seguintes palavras: 'Glória a Deus em Sua obra, o homem! Para libertá-lo, Ele enfrentou as maiores batalhas na Terra.'"

A SABEDORIA DA MISERICÓRDIA

Venerada e respeitada já em vida como profeta, voz de Deus e santa, Hildegarda não se furta a recriminar seus críticos e os guardiões da fé tacanhos e autocomplacentes. A abadessa de Rupertsberg manteve uma breve correspondência com Bernardo de Claraval, considerado um fanático indomável, da qual várias cartas se conservaram. Em uma delas, sem data, Bernardo se declara impressionado pela visionária Hildegarda, mas não esconde certa reserva diante da freira que, ainda por cima, não tem formação acadêmica, e que supostamente se tornou instrumento das revelações divinas. Bernardo expressa seu ceticismo sem meias-palavras e acha que precisa repreendê-la:

> Felicitamos-te pela graça de Deus que existe dentro de ti e te exortamos a tê-la como graça e empregar toda a humildade e piedade para responder a ela, na consciência de que Deus se opõe aos soberbos, mas abençoa os humildes. [...] Dizem que buscas os mistérios celestiais e que, com ajuda da iluminação do Espírito Santo, compreendes aquilo que ultrapassa a capacidade humana. [...] Também oramos constantemente por ti, para que sejas fortalecida para o Bem, guiada para dentro e para o que é duradouro, para que aqueles que colocaram a sua esperança em Deus não se desesperem por tua causa e tropecem [...].

Hildegarda responde de maneira bem aberta e consciente de que tudo aquilo que ela representa não foi alcançado por esforço e inteligência próprios, mas apenas pelo dom e pela graça de Deus:

> Aquilo que vos foi dito sobre mim é assim: em um texto, conheço o significado interior da interpretação do Saltério, do Evangelho e dos outros livros que me foram mostrados nessa visão, ela toca o meu peito e queima a minha alma como uma chama ao me ensinar esses significados profundos; no entanto, não é em língua alemã que me são ensinados esses textos que não compreendo. Só posso ler na simplicidade, e não dividindo o texto em trechos, porque sou uma pessoa inculta para dominar uma matéria externa. Mas dentro da minha alma sou culta. Assim falo para ti, sem duvidar de

ti, mas recebendo consolo em tua sabedoria e piedade pelo fato de que há muitas fragmentações nas pessoas, quando as escuto falar.

Sua inadequação e sua autoestima se expressam na vida cotidiana prática, e simultaneamente ela tem uma "erudição interior", que menciona em sua carta a Bernardo de Claraval. É a erudição da piedade, que olha mais profundamente para os homens do que toda a erudição acadêmica e do púlpito. Isso fica claro pouco antes de sua morte, em 1178, quando um jovem nobre, excomungado por erros que desconhecemos, morre depois de ter confessado seus crimes a um sacerdote no leito de morte. O sacerdote desculpa seus pecados. Mas a excomunhão continua como punição do direito canônico.

De acordo com seu último desejo, o pecador arrependido é enterrado no cemitério do convento da abadia de Rupertsberg, em terra sagrada. A própria Hildegarda cuida para que ele tenha um enterro digno. Mas também se certifica de não deixar vestígios do túmulo, porque não quer dar motivo de crítica aos que defendem o direito da Igreja e aos fanáticos da fé. Mesmo assim, a notícia chega à catedral de Mogúncia, que reivindica a exumação do cadáver e o seu enterro em terra não sagrada, ameaçando o convento com a punição eclesiástica da interdição, ou seja, a proibição de cultos religiosos. Mas os clérigos impiedosos de Mogúncia não contavam com a força da abadessa. Ela rejeitou terminantemente a ordem e escreveu uma carta inflamada ao poderoso arcebispo de Mogúncia, que estava em Roma, relatando que o próprio Deus lhe teria aparecido em uma visão, rejeitando aquela sugestão impiedosa.

"[...] Foi quando olhei, como sempre, para a verdadeira luz. Nela, Deus me instruiu que eu jamais deveria consentir na expulsão daquele que Ele próprio tirou do seio da Igreja a fim de encaminhá-lo para a glória da salvação. Teríamos que contar com um grande perigo sombrio e ameaçador, pois a ação teria ocorrido contra a vontade de Sua verdade. Se eu não tivesse enfrentado esse temor diante do Todo-Poderoso, teria obedecido humildemente."

Ao arcebispo não resta outra coisa além de aceitar. Afinal, ele não pretendia ser acusado de estar agindo contra as ordens de Deus, muito menos brigar com a poderosa abadessa de Rupertsberg, respeitada em toda a Europa.

Hildegarda foi uma filósofa? Para Bernardo de Claraval, ela própria escreveu que tinha uma "alma culta". Isso corresponde à essência de seu ser. Era uma mulher abençoada pelo dom de receber as revelações de Deus, acreditemos ou não. Além disso, era uma mulher corajosa e pragmática que apoiou com conselhos e ações um sem-número de pessoas. Nutria um amor profundo pela sabedoria, fundamentada na piedade e na doação e que se alimentava menos do intelecto do que de um coração fervoroso.

Hildegarda faleceu no dia 17 de setembro de 1179, com a idade avançada de 81 anos, em seu convento de Rupertsberg, próximo de Bingen. Inúmeras pessoas na Alemanha e fora dela choraram sua morte. Poucos anos depois, seus discípulos Godofredo e Teodorico redigiram a biografia de Hildegarda, atendendo a urgente demanda por uma descrição de sua vida. Os autores falam de um milagroso sinal dos céus na hora da morte de Hildegarda. Isso pode ser visto como lenda, mas é muito significativo sobre como as pessoas já consideravam a recém-falecida uma mulher santa.

> Por sobre os aposentos em que a santa donzela [Hildegarda] devolveu a sua alma feliz a Deus no primeiro crepúsculo da noite no domingo, apareceram no céu dois arcos claros de cores diferentes. Eles se estenderam por um longo trecho para os quatro pontos cardeais, um indo do norte para o sul e o outro, de leste a oeste. No ponto em que os dois arcos se cruzavam brilhou uma luz clara, com a forma de uma lua. Brilhou intensamente, parecendo querer afastar as trevas noturnas da casa de morte. [...] Devemos crer que Deus queria revelar com quanta luz glorificou a sua amada no céu.

O interesse por Hildegarda não arrefeceu depois de sua morte. No século XII ainda não existia imprensa, o que torna ainda mais surpreendente a velocidade com que a fama de Hildegarda se consolidou e seus escritos foram disseminados. À custa de muito trabalho, seus livros eram copiados nos conventos, decorados com maravilhosas miniaturas e ricamente encapados, pois os contemporâneos já sabiam que não se tratava de literatura prática de teologia, e sim de revelações divinas na fala de uma religiosa santa, revelações que, proporcionalmente ao seu valor, eram preciosamente ornadas. Até hoje, apesar de guerras, revoluções, destruições de conventos, ácaros e mofo, conservaram-se dez manuscritos medievais da primeira obra de Hildegarda, *Scivias* — sendo seis deles da época da própria Hildegarda. O manuscrito original, o *Codex*, feito em 1165 no convento de Rupertsberg, foi guardado até a Segunda Guerra Mundial pela Biblioteca do Estado de Hesse, em Wiesbaden, e, depois, levado para um local supostamente seguro no Leste da Alemanha. Não se sabe o que aconteceu com ele no final da guerra. O manuscrito está desaparecido. Seria incrível, até mesmo um "milagre", se reaparecesse em um arquivo ou em uma coleção particular. Seja como for, as freiras da abadia de Santa Hildegarda, localizada perto de Eibingen, na região de Rheingau, fizeram um belíssimo fac-símile em pergaminho nos anos 1930, o que nos consola um pouco pela perda do original.

Os dois conventos originais de Hildegarda já não existem mais. Destruído pelos suecos em 1632, durante a Guerra dos Trinta Anos, o convento de Rupertsberg não foi reconstruído. As ruínas, incluindo a cripta da basílica, foram implodidas em 1857 para a construção da ferrovia de Nahetal. O convento de Eibingen, próximo da cidade de Rüdesheim, que guardava as relíquias de Hildegarda, foi obrigado a encerrar suas atividades durante o período da secularização, em 1831. As edificações foram parcialmente demolidas para dar lugar à nova Igreja católica de Eibingen. No início do século XX, com ajuda de generosas doações do príncipe Carlos de Löwenstein--Wertheim-Rosenberg, monjas beneditinas de Praga construíram um novo convento com uma basílica no estilo neorromânico, algumas centenas de metros acima do antigo convento, em meio aos vinhedos do Reno. A igreja foi toda pintada com afrescos por monges da Escola de Artes de Beuron. Até hoje, a vida beneditina ali continua seguindo a tradição de Hildegarda. Seu legado intelectual é preservado, cultivado e transmitido aos peregrinos, e produtos naturais são produzidos e vendidos com base em suas receitas. Um local de encontro e de formação, o convento é aberto ao público e oferece abrigo a hóspedes do mundo inteiro. Desde 2002 a abadia Santa Hildegarda, na região do Médio Reno, faz parte do patrimônio mundial da Unesco.

Os restos mortais de Hildegarda jazem na igreja pastoral da aldeia de Eibingen, sede do segundo convento que ela fundou. Até hoje, pessoas do mundo inteiro se dirigem ao local a fim de expressar sua gratidão e homenagear a profeta da salvação espiritual e física.

Discussões sobre *O romance da rosa*

O romance da rosa é um dos livros mais lidos e divulgados do medievo francês. Na verdade, porém, o poema épico de cerca de 22 mil versos é uma compilação de textos de dois diferentes autores. Guilherme de Lorris redigiu a primeira parte, mais curta, por volta de 1234, enquanto Jean de Meung escreveu a segunda, bem mais longa, quarenta anos depois, em 1275. Ambas foram distribuídas sob a forma de numerosos manuscritos (estima-se que por volta de trezentos), tendo sido reproduzidas depois, com o advento da imprensa, no final do século XV.

Mas as duas partes não eram só distintas em volume. Não poderiam ser mais diferentes quanto ao conteúdo. O romance alegórico trata de um jovem, o Amante, que entra no jardim do amor. Ali, quer colher a Rosa, símbolo do amor. Ferido com flechas pelo deus Amor (assim incitado ao desejo de amar), encontra várias figuras alegóricas que apoiam seu desejo ou tentam impedi-lo: Bel Accueil (Acolhimento) e Franchise (Franqueza) são seus ajudantes, Danger (Perigo), Jalousie (Ciúme) e Male Bouche (Boca Malvada, a Calúnia), seus inimigos. Enquanto Guilherme de Lorris negocia a intenção didática de invocar o ideal do amor cortês dos trovadores, restaurando seus antigos direitos — ideal pelo qual o nobre amor do poeta pela mulher casada aristocrática é sempre insatisfeito, nunca alcançado e "puro" —, Jean de Meung arrasta o amor cortês para as baixezas da luxúria carnal. Segundo ele, as mulheres não são, de forma alguma, criaturas castas e adoráveis, e sim meretrizes excitadas que não têm nada mais em mente além de satisfazer seu desejo e, assim, corromper moralmente os homens.

Jean de Meung expressou isso de maneira contundente: "*Toutes estes, sereiz e fustes / De fait ou de volenté putes.*" [Sois, sereis ou fostes todas meretrizes, pelas ações ou pelo mero desejo.] Com isso, já antecipa o mito literário da *femme fatale*, a mulher fatal, tão aludida na literatura da decadência por volta de 1900 (como em *Salomé*, de Oscar Wilde).

Mas não é contra Salomé que Jean de Meung afia suas armas, e sim contra duas pessoas que, historicamente, ainda eram bem próximas dele: Heloísa e Abelardo. Ele usa a relação de amor entre ambos (que era também um encontro intelectual) para transformá-la no caso entre duas pessoas que se guiam só pelo sexo. Retrata de maneira negativa especialmente Heloísa, e considera polêmico o fato de ela ter se tornado abadessa.

O clichê da freira desavergonhada (ampliado, depois, por Boccaccio em seu *Decamerão*) vem aqui associado simbolicamente — e de um jeito arrevesado — a fantasias sexuais masculinas, ou seja, a conquista do inatingível, que está "enclausurado". Para Jean de Meung, que se revela um verdadeiro misógino, as mulheres se reduzem a seu instinto sexual, enquanto os homens, como fortes conquistadores e bravateadores, gostam de sucumbir ao sexo. Pouco resta do elevado e puro ideal do amor cortês, conforme anunciado pelos *trouvères*, na França, e pelos *Minnesänger*, na Alemanha. Em vez disso, Jean de Meung prega a libertinagem sexual, o escapismo moral e o comunismo amoroso, quando, por exemplo, apregoa o amor como bem comum, que serve apenas para realizar o ato sexual, renegando, assim, que no amor possa existir algo como uma pessoa feita para a outra. Desse modo, a alegoria do Gênio (a potência masculina) tenta convencer o confuso Amante: "Não duvides, querido filho, que ele [o amor] tenha criado todas [as mulheres] para todos [os homens], e todos [os homens] para todas [as mulheres], cada uma para cada um, e cada um para cada uma em conjunto." Em outras palavras: de acordo com Jean de Meung, as virtudes cristãs são desnecessárias no amor. Não existe felicidade no além, só aqui. E a renúncia sexual é negativa, em termos morais e físicos. A lei da natureza exige algo diferente.

Não admira que *O romance da rosa*, que tinha muitos leitores, atraísse admiradores e críticos, ainda mais considerando a contradição entre as duas partes. A versão de Jean de Meung esquentou ainda mais o debate. Alguns viram no romance uma difamação das virtudes cristãs e uma renegação do antigo ideal do amor cortês, outros (principalmente clérigos e nobres) focaram na imagem feminina de Jean de Meung e cimentaram as próprias ideias e os clichês ao invocar uma "lei natural" como testemunha de sua condenação moral das mulheres supostamente guiadas pelo princípio do prazer (ao mesmo tempo, despertando em sua fantasia precisamente esse tipo de mulher, sem esconder a cobiça).

A discussão marcou um século inteiro, uma época em que o amor cortês e cavalheiro desaparecia, e o estamento burguês das cidades ganhava cada vez mais poder na cultura. As mulheres, no entanto, encontraram "heroicos" defensores masculinos contra Jean de Meung, como Martin Le Franc, e, no final do século XIV, também uma voz própria na pessoa de Cristina de Pisano. Essa burguesa parisiense que enviuvara aos 25 anos foi a primeira mulher que conseguiu sobreviver e alimentar sua família graças a seus escritos. Em 1399, publicou o poema *Epître au dieu d'Amour* (*Epístola ao deus do Amor*), no qual elogia a virtude das mulheres e as defende. Mas seu objetivo não era ressuscitar artificialmente um ideal de amor cortês, que, no fundo, já estava submergindo, e sim construir um novo ideal feminino contemporâneo, em que a mulher já não é mais a pessoa adorada, elevada, cantada, nobre, pura (e passiva), mas uma amiga do homem com direitos igualitários, independente, amante, companheira e mãe de seus filhos. É uma relação de igual para igual a que postula Cristina de Pisano (óbvio, vários séculos ainda haveriam de passar até essa utopia se realizar). Mas ela expressou a demanda pelo novo ideal. É um testemunho do novo humanismo emergindo no século XV, que despontava a partir da sociedade nos novos centros urbanos (principalmente nas cidades italianas, de onde provinha Cristina). E foi na soleira desse século XV que surgiu a *Epístola ao deus do Amor*. Cristina de Pisano deu o pontapé inicial. E outro feito literário que abriu uma brecha no muro dos preconceitos misóginos foi sua obra *O livro da cidade das damas* (1405).

Cristina de Pisano (c. 1364-c. 1430)
O livro da cidade das damas

Na noite do dia 16 de setembro de 1380, o rei Carlos V da França morre no castelo de Beauté-sur-Marne. Tinha apenas 42 anos de idade. No dia seguinte, mensageiros levam a notícia a Paris. A população é tomada por profunda tristeza e grande angústia. Tristeza pela perda do amado rei da dinastia dos Valois, que entrará para os livros de história com o epíteto de "o Sábio" e é considerado hoje um dos grandes monarcas da Idade Média francesa. E angústia, porque a morte do rei ocorre em uma época de extrema dificuldade para o Estado. Há décadas, França e Inglaterra estão em guerra, pois a Coroa inglesa reivindica o trono francês, e suas tropas e exércitos mercenários atravessam o país, conquistando, saqueando, pilhando, assassinando. Durante seu reinado, de 1364 a 1380, Carlos V conseguiu manter os ingleses em xeque, proporcionando uma fase de recuperação para seu país que, para piorar, sofrera um retrocesso econômico e demográfico com a grande epidemia de peste de meados do século XIV. Mas a trégua acaba de um só golpe. Enquanto o rei jaz em seu leito de morte, o conde de Buckingham e seu exército arrasam vastas regiões no norte da França. O Grande Cisma que, desde o início do século, divide a cristandade católica, tendo produzido três antipapas que brigam pelo direito à sucessão do trono de Pedro, enfraquece e deixa insegura uma sociedade cujo sentido comunitário é fortemente baseado no sentimento religioso.

O filho e sucessor do rei, Carlos VI, é um garoto frágil de 11 anos de idade. É coroado no mesmo ano, mas segue sob a tutela dos três irmãos mais jovens de seu pai, que abusam da regência para fins políticos próprios, incluindo uma conspiração com o inimigo inglês. Alguns anos mais tarde, o jovem rei desenvolverá ataques epiléticos e paranoicos, afundando cada vez mais no universo de sua loucura, enquanto, à sua volta, o reino francês entra em um vórtice de violência e confrontos com inimigos internos e externos e quase sucumbe.

Mas no final do outono de 1380 ninguém suspeita nada ainda dessa terrível virada na sina do rei e do reino. O jovem rei é coroado com pompa e ungido no dia 4 de novembro na Catedral de Reims. Uma semana depois, sob o júbilo da população, muda-se para Paris e fixa residência nos apartamentos reais do Louvre.

Existem pessoas para quem a morte de Carlos V significa um golpe do destino. Entre elas está a família do astrólogo real, o médico Tommaso de Pisano. Esse italiano proveniente de Pizzano, próximo de Bolonha, é um *homo novus*, um *self-made man*, um alpinista social, um burguês protegido pelo monarca (na época, a astrologia ainda não era separada da astronomia) e que precisa cuidar de si, da mulher e dos três filhos. O astrólogo da corte recebe um farto salário, além de outros benefícios. Mora em um apartamento em uma torre com jardim, localizado em Paris (no endereço onde hoje fica o número 32 do Quai des Célestins), e consegue até mesmo adquirir o castelo Mémorant, próximo de Melun. Mas durante a regência dos três duques, Tommaso de Pisano perde seu emprego em 1380. Não recebe mais salário e se vê obrigado a admitir para a mulher e os filhos que, durante todos aqueles anos de "vacas gordas", não guardou nenhuma quantia, mas, ao contrário, acumulou uma montanha de dívidas em decorrência de seu estilo de vida sofisticado.

Em um primeiro momento, a filha do astrólogo, Cristina, sofre consequências apenas indiretas. No ano anterior, em 1379, a jovem contraíra matrimônio com o tabelião real Étienne du Castel, o que a deixou em uma situação financeira confortável, não precisando se preocupar tanto com o declínio social do pai. Mas isso se revela um equívoco: poucos anos depois, a doença e a morte castigarão a família de Cristina, deixando-a viúva com três filhos e uma montanha de dívidas. Cristina consegue reverter esse desastre quando tenta se reinventar usando suas habilidades — não como esposa e mãe, e sim como escritora. Nasce a autora e filósofa Cristina de Pisano, a mais importante da Alta Idade Média, primeira mulher das letras capaz de viver daquilo que escreve, uma importante humanista e cronista das transformações sociais e políticas de seu tempo. A história de Cristina de Pisano parece um conto de fadas: cruel, mágica e com um final feliz. Sua obra mais importante e conhecida, *O livro da cidade das damas*, foi um marco do feminismo. Não por acaso, tornou-se conhecida nas últimas décadas do século XX por um amplo público leitor.

HISTÓRIA DE SUCESSO DE UMA FAMÍLIA DE IMIGRANTES ITALIANOS

A ascensão social e intelectual de Cristina está intimamente ligada à do pai: nascido entre 1315 e 1320, Tommaso provinha de Pizzano, cidadezinha próxima a Bolonha. Na época ainda não existiam sobrenomes como usamos hoje. Segundo o lugar de origem, ele se chamava "da Pizzano" — ou, na França, "de Pizan"). Como cidadã e escritora, Cristina manteve o nome do pai, e não o do marido. Tommaso estudou medicina e outras disciplinas na famosa Universidade de Bolonha, a mais antiga do Ocidente. Por volta de 1335 casa-se com a filha de um amigo, o médico Tommaso Mondino de Forli. O casal se muda para Veneza. Logo depois, Tommaso de Pisano já tem excelente reputação como médico e como astrólogo. Além disso, integra o Conselho da República Sereníssima. Sua fama ultrapassa as fronteiras de sua pátria. Em 1365, recebe propostas do rei húngaro Luís I e do monarca francês Carlos V.

Tommaso escolhe Paris e manda sua família de volta para Bologna. É provável que quisesse primeiro entender a situação do reino da França, há quase trinta anos em guerra com a Inglaterra. Um ano antes, em 1364, Tommaso e sua mulher tiveram a primeira filha, Cristina (depois, teriam ainda os filhos Aghinolfo e Paolo). As circunstâncias em Paris revelam-se satisfatórias e promissoras e, em 1368, ele manda vir mulher e filhos para a França. De fato, o rei Carlos V, um monarca aberto, culto e filantrópico, recebe a família inteira no Louvre. Cristina, então com 4 ou 5 anos, relatou o encontro em uma conversa fictícia com a alegoria da senhora Filosofia (e provavelmente reproduziu as reminiscências de pai e mãe):

> A mulher e a filha de seu querido mestre Tommaso, meu pai, foram recebidas com todas as honras logo após sua chegada a Paris. O misericordioso, bondoso e sábio rei fez questão de recebê-las. Isso aconteceu logo após a chegada da família em seus trajes lombardos ricamente bordados e preciosos, típicos das mulheres e das crianças de seu estamento. Em dezembro, o rei estava no castelo do Louvre quando a família apareceu diante dele, acompanhada de parentes honrados e vistosos. O rei recebeu a mulher e a família com alegria e presenteou a todos fartamente.

De fato, Carlos V é generoso. Concede diversos dotes e benefícios à família de seu conselheiro e astrólogo, e logo Tommaso já consegue adquirir um pequeno castelo perto de Melun. Pouco antes de seu falecimento, o monarca presenteia a família Pisano com uma casa com jardim, a chamada Torre Barbeau, ao lado das muralhas da cidade. Agora, Tommaso já é dono de um imóvel na capital do reino francês, e tudo indica que também conseguiu a cidadania francesa para si e sua família.

Cristina depois diria que sua infância e juventude foram "felizes". O pai lhe proporcionara uma boa formação — fato, aliás, muito mais frequente na Idade Média do que em séculos subsequentes, quando principalmente o ideário burguês marcadamente protestante reduz o papel das jovens mulheres ao de esposa e mãe. Cristina não apenas aprende a ler e a escrever com o pai. Ele a introduz também nos campos da filosofia e da teologia, nas literaturas grega e latina, e, além do italiano e do francês, ela aprende o latim, a língua dos eruditos. Naquela época, o rei, ávido por cultura, instala uma biblioteca particular em uma das torres do Louvre, que termina por ser uma das mais volumosas de seu tempo, abrangendo cerca de 1.200 manuscritos de todos os ramos da ciência (ainda antes do advento da imprensa). O próprio rei passa várias horas por dia lendo ou escutando algum leitor, e dá acesso à preciosa coleção aos seus amigos mais íntimos, entre eles, Tommaso de Pisano. Não sabemos se Cristina também lia volumes emprestados da biblioteca real. Fato é que depois, já escritora, dispõe de amplos conhecimentos, inclusive sobre a produção de livros — a arte da escrita, da ilustração e da encadernação.

Para a posteridade, a própria Cristina descreveu o seu nível de erudição como "sofrível" — possivelmente, por educação, mas talvez por não querer se comparar aos homens que tinham o privilégio de receber uma formação sistematizada na universidade. Essa modéstia é um pouco injusta em relação ao pai e às circunstâncias privilegiadas em que cresceu, quando ela escreve em *O livro de transformação da Fortuna* (1403):

> Como vim ao mundo como menina, não estava previsto que eu me beneficiasse dos conhecimentos de meu pai. Se não pude receber esse legado, isso está menos ligado a um direito do que a um costume antigo. Se reinasse Justiça, a menina perderia tão pouco quanto o menino. Mas tenho certeza de que em muitos lugares o costume dominava mais do que a justiça. Por essa razão, não pude aprender nada nem beber dessa rica fonte. Por isso, essa tradição me desagrada, pois o quanto me teria enriquecido o tesouro paterno! Mas não adianta, não pode ser, por essa mesma tradição à qual me referi — e que Deus maldiga! [...] E embora, como mulher, não tivesse direito a nada disso, minha inclinação ia nessa direção e eu queria imitar meu pai. Portanto, não pude deixar de roubar minúsculas moedinhas e trocados [do tesouro do saber] que caíam de sua enorme riqueza, que ele possuía em abundância. Embora, comparado com a minha fome de saber, tenha obtido apenas pouca coisa, e tudo só por roubo, adquirindo, dessa forma, um bem modesto, minha obra revela traços evidentes daquilo.

O volume intelectual daquilo que Cristina recebeu do tesouro de conhecimentos do pai quando criança e adolescente não deve ter sido assim tão reduzido. A verdade é que a sua juventude foi breve. Em 1379, aos 15 anos, casa-se com o filho de um camareiro, Étienne de Castel, de 24 anos. Descendente de uma dinastia nobre da Picardia, é secretário e tabelião na corte do rei e pode oferecer à mulher uma boa renda.

Todos ficam contentes com o matrimônio. Tommaso de Pisano se sente aliviado ao ver a filha em boas mãos. O casamente de Cristina e Étienne é feliz. Ela atestou repetidamente que ambos se amavam muito. Nos anos seguintes, três filhos vêm ao mundo, dois meninos e uma menina. Cristina anseia por transmitir a eles uma formação parecida com a que ela recebeu. Mas, de uma hora para a outra, a "dona Fortuna", sobre cuja ação Cristina depois escreverá um livro, interfere nos destinos do país e da família.

A RODA DA FORTUNA

Em setembro de 1380 a vida do bom e sábio rei Carlos V chega ao fim. Ainda no leito de morte, assina um decreto para extinguir um imposto que era cobrado de cada domicílio. Mas, nos anos seguintes, os regentes oprimem o povo com novos impostos e contribuições para poder financiar as elevadas despesas da corte e, sobretudo, a guerra, pois os combates entre ingleses e franceses recomeçam com toda a violência. A França arde em chamas. No interior, levantes sangrentos de vários partidos lutam pelo poder.

A família Pisano também fica em apuros. O patriarca Tommaso perde seus cargos e os subsídios financeiros, e de repente se vê obrigado a pagar impostos sobre a torre Barbeau, que fora um presente do falecido rei. O direito e a lei parecem ter sido abolidos em favor da arbitrariedade e da injustiça. Tommaso de Pisano fica amargurado. Morre por volta de 1385, deixando uma montanha de dívidas para a viúva. Cristina acolhe a mãe (seus irmãos já deixaram a casa dos pais). Ela acha que é dona de seu destino, uma vez que o marido ocupa uma posição boa e segura na corte. Mas a roda da fortuna gira sem parar. Quando acreditamos estar no auge, a roda gira e nos leva para o precipício.

Em 1388, Carlos VI assume o governo, com apenas 20 anos. Mas é um monarca frágil e sem energia, mero joguete nas mãos dos conselheiros e dos tios regentes. No dia 29 de outubro de 1389, Étienne de Castel se despede da mulher e viaja com o rei para Beauvais. Uma epidemia assola a Picardia. Não sabemos se foi uma nova onda da peste. Seja como for, Étienne não volta, vitimado como tantos outros. O rei também é acometido por uma febre misteriosa, e seus cabelos caem. Ele sobrevive, mas está mais fraco do que nunca, revelando já os primeiros sintomas de uma doença mental que, no decorrer dos anos, piora com vários surtos, tornando-o, enfim, incapaz de gerir os negócios do governo.

Aos 25 anos, Cristina é uma viúva que precisa cuidar de si e dos três filhos, de 9, 7 e 5 anos de idade, além da mãe e de dois outros parentes que moram com ela. Seus irmãos já voltaram há algum tempo para a Itália para gerir os bens herdados em Pizzano. Portanto, de uma hora para a outra, ela é chefe de família, sem qualquer proteção masculina, sem alguém que ganhe o pão de cada dia. Não existe pensão de viúva, e o salário de Étienne deixou de ser pago. Apesar da dor e do luto, Cristina tenta entender o legado do marido tabelião. Ao vasculhar os documentos, percebe que havia vários clientes devedores. Mas nem tudo é tão evidente, pelo menos não para uma mulher que, até então, jamais precisara lidar com assuntos legais ou de negócios. Ela se queixa amargamente dessa circunstância:

> Infelizmente, não é hábito que os maridos expliquem e revelem seus negócios às mulheres. A experiência me ensinou que esse costume, totalmente insensato para mulheres sábias e previdentes, pode ter consequências nefastas, e lembro ainda que foi difícil ter clareza da sua situação patrimonial.

Cristina aciona os clientes devedores — enquanto os credores de seu falecido pai continuam perseguindo juridicamente a "herdeira" — e se envolve em quatro processos simultâneos que se arrastam por mais de dez anos. Alguns homens se interessam pela bela e jovem viúva — sem, é óbvio, saber das suas dívidas. Mas ela rechaça todas as propostas de casamento. Jurou fidelidade ao seu amado e será leal até depois do falecimento dele. Honrará a memória de Étienne até sua própria morte, terminando a vida como "viúva honrada".

Três anos depois da morte do marido, Cristina está no fim de suas forças físicas e materiais. Adoece, fica exausta, é provável que sofresse de depressão. Por necessidade, vende todo o patrimônio que lhe resta: o castelo de Mémorant e outros bens que o pai adquiriu, em seus bons tempos, próximo a Melun. Com o dinheiro, paga as despesas do processo e parte das dívidas. Seu destino volta a se cruzar com a alegoria da Fortuna, que já não é mais qualificada por ela como "dama", mas como parasita: "Assim, a sanguessuga Fortuna não parou mais de sugar o meu mísero patrimônio."

Naquele fatídico ano de 1392, chegam aos ouvidos do povo francês as primeiras notícias sobre a doença de Carlos. A rainha-mãe, Joana de Bourbon, já tinha a mente turva, provavelmente uma predisposição hereditária, que aparece de forma mais agressiva no filho. Logo fica evidente que ele não tem capacidade de governar o reino. Afunda cada vez mais em uma psique obscurecida, enquanto os diversos partidos lutam aberta ou veladamente pelo poder e os ingleses voltam a invadir o país. A França é como um belo jardim com muros destruídos, cujo dono está doente, cujo jardineiro foi corrompido, e que agora é saqueado e devastado por ladrões e pela ralé.

Cristina, como ficamos sabendo a partir de seus escritos, vê as convulsões e mudanças com vivo interesse e profunda preocupação — não só por um aspecto pessoal, mas também pela responsabilidade cívica com a comunidade. Naquele ano, ela está no fim de suas possibilidades financeiras, além de física e mentalmente exaurida, e sente grande ansiedade. No entanto, esforça-se para preservar sua imagem, ainda que o tecido de seus trajes sociais já esteja gasto, tanto no sentido figurado como no literal:

> A julgar pelo meu aspecto físico e pelos meus trajes, era difícil inferir o peso das minhas preocupações. O fato é que, sob meu casaco forrado de pele e minha manta surrada de cor escarlate, eu sentia medo, tremia muito e passei muitas noites sem dormir em minha linda cama. Havia pouca comida, como é comum acontecer com uma viúva solitária. Só Deus sabe o quanto sofri quando eram feitas execuções hipotecárias na minha casa e os capangas da justiça carregavam meus miseráveis pertences. Isso em si já era péssimo. Pior era a minha vergonha quando precisava pedir dinheiro emprestado para evitar desgraça ainda maior [...].

> Oh, meu Deus! Quando penso em tantas manhãs perdidas na corte real, quase morrendo de frio no inverno, tudo para apenas emboscar meus credores, lembrá-los dos meus assuntos e pedir apoio! Quantas vezes escutei resoluções que trouxeram lágrimas aos meus olhos, e quantas respostas tão

estranhas tive que ouvir! Ai, meu Deus, quanta perseguição, quantos olhares asquerosos, quantas ironias fui obrigada a escutar da boca de homens bêbados que viviam, eles mesmos, em abundância! Com medo de prejudicar meus interesses, porém, não mostrava nada, não respondia, ou me voltava para outra pessoa, fingindo não entender.

UMA SEGUNDA VIDA

Durante esse período de sofrimentos internos e externos, Cristina de Pisano toma uma decisão cujas consequências certamente desconhecia. Ávida leitora na juventude, quando provavelmente tinha acesso à biblioteca real por intermédio de seu pai, também leu muito na época de sua viuvez. Os clássicos, principalmente poetas e filósofos, davam-lhe estabilidade interior e certo distanciamento dos problemas do dia a dia. Gostava particularmente da poesia latina e da francesa. Assim é que, um belo dia, sem intenções de publicar, começa a escrever um lamento, uma balada sobre o sofrimento das viúvas em geral e, naturalmente, também suas próprias experiências:

> Mas ó, onde essas viúvas roubadas de seus pertences encontram consolo? / pois na França, antigo refúgio dos expulsos e daqueles que buscam conselho / Já não recebem ajuda hoje [...] / Ajudem as viúvas, acreditem neste poema / não vejo ninguém que tenha compaixão / e os ouvidos dos príncipes estão surdos às suas queixas.

E ela não fica só nesse *primeiro* poema. Rompeu-se uma barragem. Ela escreve sem parar. Escreve sobre as preocupações que pesam em sua alma, expressa sua esperança com palavras. No ano de 1399, já reuniu uma centena de poesias, baladas, *lais*, *virelais*, rondós — formas poéticas copiadas dos trovadores medievais e que logo consegue dominar. Passa a limpo o manuscrito dos poemas, manda encadernar e entrega à pessoa a quem dedica o volume, a rainha Isabel da Baviera, mulher do rei doente Carlos VI. Esta não apenas recebe o presente como gosta muito dos versos, mandando que os recitem para ela. Logo, logo, *Cem baladas* está na boca de todos na corte. Cópias passam a circular nos círculos nobres e burgueses, tornando conhecido o nome da jovem viúva poeta em Paris e mesmo fora da cidade. A ambição da jovem foi desafiada. Ela própria descreve seu nascimento como escritora, o ato de criação da autoimagem, como a voz feminina de seu tempo e de sua nação, ao se dirigir a si mesma:

> Quero que cries novos volumes que guardem a tua lembrança dos príncipes para os tempos futuros e para a eternidade [...]. Com alegria, darás à luz sua memória, sem te preocupares com o esforço e o trabalho, e assim como a mulher esquece as dores do parto, mal escuta o choro do bebê, também haverás de esquecer o trabalho e o esforço ao ouvir a voz dos teus livros.

E continua na primeira pessoa do singular: "Comecei a forjar coisas bonitas, primeiro as mais fáceis, e assim como o artesão se torna cada vez mais jeitoso, minha mente absorveu coisas estranhas ao lidar com os temas mais diversos, meu estilo se sofisticou e se voltou para assuntos mais exigentes."

Poucos são os autores da Alta Idade Média cuja obra é tão vasta e, ao mesmo tempo, tão bem conservada. Nos trinta anos entre 1399 e 1429, Cristina de Pisano escreveu cerca de trinta volumes, num total de 12 mil páginas. Conservaram-se até hoje oitenta manuscritos originais, redigidos pela mão da própria autora, além de vários livros manuscritos por outros. Ao longo dos séculos, os livros de Cristina foram traduzidos em vários idiomas, principalmente no final do século XX, quando as correntes feministas renovaram o forte interesse por Cristina e sua obra. Também em termos formais e de conteúdo, sua obra cobre um amplo espectro, incluindo poemas, tratados didáticos sobre filosofia e política, biografias e epopeias, críticas e utopias.

O LIVRO DA CIDADE DAS DAMAS

Principalmente *uma* obra está associada de forma indelével ao nome e à ação de Cristina de Pisano, elevando-a à posição de importante feminista e filósofa e representante da ética social: a utopia em três partes *O livro da*

CRISTINA DE PISANO (c.1364-c.1430)

cidade das damas, publicado em 1405. O livro é um clássico e conservou de tal forma a sua força irradiadora e a sua atualidade que até os anos 1980 e 1990 foi traduzido para vários idiomas. A própria escritora gostava tanto daquela obra que mandou fazer diversas cópias manuscritas com preciosas iluminuras, entregues por ela pessoalmente aos poderosos duques de Berry e Borgonha. Naturalmente, esperava receber em troca proteção e ajuda financeira. Mesmo assim, é notável que duas altas autoridades (e com grande influência política) tenham recebido os primeiros exemplares daquela utopia social de vanguarda.

Em seu livro, a autora relata a construção de uma cidade para mulheres. De acordo com a concepção medieval, a cidade é o reflexo de uma sociedade, de um tecido social funcional cercado de muralhas, que funciona segundo regras, convenções e leis. Mas suas moradoras também usufruem de direitos escritos e de liberdades, enquanto a cidade medieval normalmente distinguia entre pessoas livres e não livres, com e sem direitos de cidadãos. Nobreza, clero, burguesia e operariado, a utopia de Cristina de Pisano, uma cidade de mulheres, desconhece essa avaliação de acordo com origem social e posição herdada. Em vez disso, as moradoras de sua cidade são eleitas com base em méritos morais e éticos e em sua reputação pessoal. A autora não quer necessariamente causar uma tempestade com a estrutura de poder diferenciada por gênero, à maneira de revolucionários que querem melhorar o mundo, e sim construir as bases para uma visão feminina mais autoconfiante e autossuficiente para si mesma e para as relações sociais. A cidade das mulheres, segundo Cristina, foi destinada a "oferecer a todas as mulheres generosas e justas um lugar de refúgio, uma fortaleza fechada, contra sitiantes multidões de invasores maldosos". O livro é o relato do estabelecimento de um ideal, não de uma realidade. Mas como todo pensamento que, uma vez formulado, já não pode mais ser erradicado, a ideia da cidade de damas também se tornou uma marca no mapa da cultura humana pela circunstância da sua construção intelectual e disseminação, tanto na forma manuscrita quanto na tipográfica.

Cristina se vale de um truque literário para revelar a seus leitores a construção da cidade das mulheres e, ao mesmo tempo, protegê-la contra críticas. A autora entra em cena logo no início, ao narrar que três senhoras distintas, a Razão, a Retidão e a Justiça, apareceram em seu gabinete de trabalho, encontrando-a dilacerada por dúvidas e mergulhada em melancólica passividade:

> Quando, um belo dia, estava em minha clausura, de acordo com o hábito que determina o ritmo de minha vida, rodeada de numerosos livros de várias áreas, minha razão já estava farta de refletir sobre os dogmas importantes de diversos autores com os quais eu me ocupava havia algum tempo. Ergui meus olhos das páginas que estava lendo e decidi deixar essas coisas complicadas de lado por um momento [...] e, em vez disso, distrair-me com a leitura de poesia alegre.

Mas as três senhoras não veem com bons olhos esse recurso ao entretenimento puro. Exigem envolvimento emancipatório da mulher de letras e consolam a intelectual desesperada: "Tu, cara amiga, mereces ser procurada e consolada por nós em tua confusão e tristeza. Deves isso ao teu desvelo em compreender a verdade por meio do estudo longo e persistente, razão pela qual te retiras do mundo para essa solidão."

A *femme de lettres* Cristina, dona de um texto refinado e, além disso, profunda conhecedora de figuras e matérias antigas, bíblicas e históricas, obedece, e começa sua obra de construir, no papel, a cidade de damas para proteger suas companheiras de gênero merecedoras de homenagem, mas também perseguidas pela misoginia. A obra se completa em três livros (ou etapas de construção) com ajuda das três virtudes femininas. O instrumento mais importante na constituição do estado de mulheres, no entanto, não é nem martelo, nem prumo, nem serrote, nem régua, e sim a própria razão. A alegoria da Razão desafia a construtora Cristina a usar sua própria racionalidade para, confiante e corajosa, colocar mãos à obra

> Começa agora, filha, vamos sem delongas para o campo da literatura. Ali vamos erigir a cidade das mulheres em solo fértil e rico, onde crescem todas as frutas, onde correm rios suaves e a terra está repleta de toda a sorte de coisas boas. Toma a picareta da tua mente, cava fundo para escavar uma vala profunda onde quer que teu prumo indique [...].

SENHORA RAZÃO

Cristina faz o que lhe mandaram. E logo surgem no referido terreno da literatura os primeiros fossos e muros, porque a cidade das damas tem que estar bem fortificada contra os inimigos. Os blocos de construção são os relatos das trajetórias individuais de mulheres. O primeiro livro apresenta os destinos, os feitos heroicos e os princípios de vida de grandes líderes femininas, como Semíramis, a rainha amazona Tamaris, Pentesileia, Zenóbia e Artemísia. Mas as mulheres que se notabilizaram na literatura, na filosofia, nas artes e nas ciências também formam blocos da nova cidade: Safo, as míticas Minerva, Ceres e Arachne, as rainhas antigas Lavinia, Ops e Dido e tantas outras. Claro que o canteiro de obras de Cristina não é sistemático nem diferencia rigidamente entre realidade e mitologia. Nisso, assemelha-se a outros arquitetos de sua época, que compreendiam a arte da construção como um processo orgânico, em que se aprende fazendo, incluindo tentativa e erro e até jogando por terra algumas etapas ou recomeçando. Mas, à diferença do que ocorreu com muitas catedrais medievais, não acontecem desmoronamentos de muros ou abóbadas na cidade das mulheres, porque a Senhora Razão ajuda a mestre-construtora com conselhos, discutindo com ela questões sobre a seleção das futuras residentes, a valorização do sexo feminino, armando-a contra possíveis ataques e calúnias por parte do mundo dos homens invejosos e malévolos. A Senhora Razão insiste com a construtora Cristina:

> No caso em que alguns afirmem que a inteligência feminina é insuficiente para o estudo das leis, a experiência provou o contrário, ensinando que, como será esclarecido a seguir, existiram diversas mulheres que foram grandes filósofas e aprenderam ciências mais importantes do que a lei escrita e as instituições humanas. E mais: se alguém quiser afirmar que, por natureza, elas não têm talento para a arte de governar ou para os negócios de Estado, contraporei o exemplo de grandes monarcas de tempos passados. Para que possas entender com mais nitidez a verdade das minhas palavras, lembrar-te-ei ainda de algumas mulheres do teu próprio tempo que enviuvaram e cuja administração sensata de todas as suas coisas, depois da morte do

marido, no presente e no passado, prova de maneira inequívoca que uma mulher é capaz de tudo isso.

Sem dúvida, a escrita do *Livro da cidade das damas* é também um monólogo da autora, uma reflexão sobre sua própria trajetória e sua posição na sociedade como viúva, mãe de família, escritora engajada, intelectual, empresária e pessoa que ajuda a forjar a sociedade francesa da época. Naturalmente, Cristina se insere nas circunstâncias intelectuais e nas convenções de seu tempo. Por isso, não é "feminista" na acepção atual, dos séculos XX ou XXI (assim, seria inapropriado fazer uma avaliação de seus escritos e de suas opiniões de acordo com nossas condições atuais). Cristina é uma burguesa que tem boa relação com a corte, cristã devota e fiel súdita de um rei ungido pela graça de Deus. Por isso, não admira que ela mesma comece a duvidar se a sua ação (a de erigir uma cidade espiritual de mulheres) se coaduna com a hierarquia mundana legitimada por Deus. Mas a Senhora Razão dissipa os temores e as preocupações de Cristina, apontando que é a desvantagem social, e não um conselho divino, o que rotula as mulheres como sendo membros aparentemente mais fracos e menos capazes da sociedade:

> Mais uma vez, digo-te com toda a ênfase: se fosse normal que as meninas frequentassem uma escola e que, depois, assim como os filhos, pudessem aprender uma ciência, aprenderiam do mesmo jeito e compreenderiam da mesma forma mesmo os pontos mais delicados de todas as artes e as ciências. Além disso, existem mulheres assim. Como expliquei anteriormente: quanto mais as mulheres estão sujeitas aos homens em termos de força física, quanto mais fracas e menos jeitosas são em determinadas coisas, maior astúcia e sagacidade desenvolverão em todos os campos em que de fato se envolvem. [...] isso tem a ver com a estrutura da sociedade, que não permite que as mulheres se ocupem das tarefas dos homens. Basta que se desincumbam dos seus deveres comuns, para os quais foram criadas. E assim se conclui, a partir da mera aparência e da observação, que as mulheres sabem menos do que os homens e que dispõem de uma inteligência mais reduzida. [...] No entanto, não existe a menor dúvida de que a natureza as dotou de tantos dons físicos e espirituais como aos homens mais sábios e experientes que

vivem nas cidades e nas aldeias. Isso tudo, no entanto, pode ser explicado pela falta de educação, mesmo que eu tenha dito que entre homens e mulheres há alguns que são mais inteligentes do que os outros.

Para a Senhora Razão, portanto, não é que todos os homens e todas as mulheres sejam igualmente capazes e talentosos. O que importa é reivindicar que as mulheres tenham as mesmas oportunidades educacionais dos homens, uma vez que existem pessoas mais ou menos talentosas tanto entre homens quanto entre mulheres, e que cada indivíduo, incentivado de acordo com as suas possibilidades inatas, não deveria ser impedido ou caluniado segundo fatores sociais ou de gênero. Precisamente para esse fim, a Senhora Razão faz a médium Cristina de Pisano contar também as trajetórias exemplares de mulheres governantes, artistas, escritoras e filósofas. Quando Cristina termina esse trabalho, a fortificação da cidade está, por assim dizer, concluída, e a Senhora Razão se despede da construtora com as seguintes palavras:

> Parece-me que forneci evidências em número suficiente para o meu projeto. Consistiu em te mostrar, com base em argumentos e exemplos, que Deus nunca amaldiçoou o sexo feminino, nem o masculino, como podes ver claramente e como ficou evidente nas declarações de minhas duas irmãs. Acho que basta, pois te ajudei a erigir os muros que circundam a cidade das mulheres. Agora estão prontos, e já foram rebocados com tinta. Que minhas outras irmãs apareçam, e que consigas terminar a construção com a sua ajuda e os seus conselhos.

SENHORA RETIDÃO

Entra em cena a Senhora Retidão como consultora de Cristina para a segunda etapa da construção. Mais uma vez, a magnífica dama manda que sua construtora apresente de forma exemplar a trajetória de mulheres importantes, a fim de documentar seus argumentos em prol da equiparação de direitos e da capacitação especial de mulheres em todos os campos da vida ativa. Entre os exemplos citados estão dessa vez em primeira linha as profetisas, como as sibilas, a visionária Cassandra ou a imperatriz Antônia, mulher do imperador Justiniano. De acordo com o seu exemplo e com ajuda da Senhora Retidão, agora se completa o interior da cidade das mulheres, com ruas largas, palácios, torres de defesa e outros. Agora, a Senhora Retidão ordena que a construtora Cristina de Pisano povoe a cidade: "Mas agora chegou a hora de povoar essa cidade grandiosa, para que não fique vazia e deserta, e sim ornada com as mulheres mais excelentes, pois não toleraremos outras residentes." Diz que a sua outra irmã, a Justiça, se mudará para a cidade como rainha, acompanhada de princesas, e cuidando para que todos convivam em paz, com liberdade e justiça:

> Oh, como serão felizes as moradoras da nossa cidade! Não precisarão temer constantemente serem expulsas por invasores estrangeiros, porque é uma particularidade dessa cidade que sua população não pode ser expulsa. Este é o início de um novo império das mulheres. É verdade que é muito mais digno do que impérios femininos pregressos, como o das amazonas, onde as mulheres eram obrigadas a deixar o território a fim de conceber e dar à luz suas sucessoras e, assim, conservar sua posse para além dos tempos, de uma geração para a outra. As mulheres que serão assentadas na cidade de damas haverão de permanecer ali eternamente.

Mas antes da chegada das primeiras moradoras da nova cidade, Cristina — seguindo ordens da Senhora Retidão — analisa diversas mulheres da história, as quais, por seus atos, sua virtude e sua inteligência, são exemplares para o matrimônio, a família e o bem comum. Entre elas há novamente imperatrizes e rainhas, assim como mulheres burguesas, algumas mais, outras menos conhecidas, que evidenciaram sua retidão e sua sabedoria, publicamente ou às escondidas. Algumas, como Judith e Esther, libertaram os seus povos. Segue uma série de retratos biográficos de mulheres virtuosas da mitologia, da Antiguidade e da Idade Média. A écloga, também conhecida como poesia bucólica, desemboca no elogio das Veneráveis Damas contemporâneas da França, algumas das quais Cristina de Pisano conhece pessoalmente e que tentará agradar também com o seu *Livro da cidade de*

CRISTINA DE PISANO (c.1364-c.1430) 87

damas. Nessa lista estão a própria rainha da França, Isabel da Baviera, além de esposas de príncipes e duques das dinastias Valois, Orleans e Borgonha e de outras casas reais de menor expressão na França. Assim, a autora, que vive do seu trabalho autônomo, assegura a boa vontade de muitas patrocinadoras e protetoras de elevadas posições, tudo sob o manto protetor das ordens da própria Senhora Retidão. Esta, por sua vez, mostra-se muito satisfeita com sua construtora Cristina, despedindo-se com as seguintes palavras:

> Cara amiga, parece-me que já exerci suficientemente a minha função na cidade das damas. Erigi palácios faustosos e muitos prédios maravilhosos para morar, povoei a cidade com mulheres nobres e fiz ruas largas de todo tipo. O lugar está cheio de vida. Que agora venha a minha irmã, a Senhora Justiça, para terminar tudo, e isso então deve te bastar.

SENHORA JUSTIÇA

Segue-se a terceira e última parte da cidade das mulheres, e dessa vez é a Senhora Justiça que está ao lado de Cristina. Depois de tantas damas virtuosas, sábias e justas da mitologia e do início da história até o presente já ocuparem a cidade quase pronta, falta o ornamento supremo do gênero feminino. Segundo a fantasia da Alta Idade Média, são as santas, encabeçadas pela própria Virgem Maria. Mais uma vez, a cronista da cidade das damas dá vida, por meio de palavras, às trajetórias e aos méritos de algumas delas, e é como se cada biografia se tornasse um tijolo para completar essa utopia feminina. As santas que se mudam para a cidade se notabilizaram por sua profunda fé e sua grande virtude, bem como pela sabedoria. Uma delas é Catarina de Alexandria que, segundo a lenda, derrotou cinquenta filósofos em um debate teológico. Estão ali também Santa Maria Madalena (a primeira apóstola), Santa Margarida de Antioquia, Santa Bárbara (outra mulher inteligente que ganhou em uma disputa com os seus juízes), além de muitas outras mulheres devotas e sábias. A santa que dá o nome a Cristina de Pisano também figura entre as novas moradoras eleitas da cidade. É Cristina de Tiro, também conhecida como Cristina de Bolsena, mártir que também venceu seus captores e juízes e os expôs ao ridículo pela fé, a resistência à tortura e por meio de palavras inteligentes. Nem todas as santas nasceram pias e imaculadas. Há várias pecadoras purificadas, como a penitente Maria Madalena ou a Santa Afra de Augsburgo, que antes ganhava a vida como prostituta. Também elas encontraram seu caminho para a cidade perfeita das mulheres, porque essa utopia pode ter uma hierarquia de nomes (santas, rainhas e princesas), mas não uma distinção de classes. Todas as mulheres adquiriram o seu direito de residência graças às suas virtudes e ao seu comportamento ético, mesmo que algumas pecadoras tenham trilhado um caminho de arrependimento e penitência. São todas irmãs de valores espirituais e direitos iguais e, portanto, gozam do privilégio de viver e trabalhar na cidade das mulheres em segurança, paz e liberdade, indefinidamente.

Afinal, todas as pessoas foram reunidas na cidade das mulheres segundo a vontade das três virtudes alegóricas, Razão, Retidão, Justiça, e é com satisfação que a Senhora Justiça se despede da construtora Cristina de Pisano e de sua cidade das damas, "cidade sobre a qual podemos dizer *Gloriosa dicta sunt de te, civitas Dei* [Glória é o que foi dito sobre ti, ó estado de Deus]. Entrego-te, portanto, a cidade, conforme prometi, bem fortalecida e perfeita, e digo adeus: a paz do Senhor esteja sempre contigo." A autora, Cristina, configura esse final como uma revelação sacral, e não por acaso a citação em latim se refere ao livro *Cidade de Deus*, de Santo Agostinho, um dos documentos mais importantes e influentes da teologia cristã.

Mas Cristina não seria a autora se não pudesse ter a última palavra, dirigida às leitoras desse livro que agora vai ganhar o mundo. É um convite às mulheres inteligentes e honradas de seu tempo a também irem morar na cidade de damas. Ao mesmo tempo, é uma advertência, um apelo a manter e conservar aquilo que foi conseguido a duras penas:

> Que ela sirva a vós, que amais a virtude, não apenas como refúgio, mas também — desde que a defendam bem — como lugar de proteção contra seus inimigos e agressores. Pois podereis ver que ela consiste totalmente em um material chamado virtude, uma virtude brilhante, na qual todas podem se refletir.

Entretanto, toda virtude, segundo Cristina, não se fundamenta apenas na vontade e no mérito próprios, mas também no temor a Deus e na graça divina:

> Por isso, minhas queridas senhoras, exercitai-vos nas virtudes da humildade e da paciência, para que a graça de Deus cresça em vós e para que possais receber a honra e o acesso ao reino divino; [...] Em suma, mulheres de todos os estamentos, não importa se de origem nobre, burguesa ou baixa, sejais sempre extremamente vigilantes e tendes cuidado contra os inimigos de sua honra e integridade! [...] Portanto, que seja vossa preocupação, minhas honradas mulheres, parecerem atraentes graças à vossa virtude, fugir do vício em todas as suas manifestações, perseguir a expansão de nossa cidade, aumentar o número de moradoras e praticar a alegria e a retidão! Mas eu, sua fiel serva, recomendo-me a vós e oro a Deus para que Sua graça me permita continuar a viver neste mundo e servir a Ele [...].

A UTOPIA SE TORNA REALIDADE

O livro da cidade das damas, de Cristina de Pisano, é uma utopia. Mas a realidade que volta a pressionar sua vida depois de terminada a obra literária traz mais agitação e injustiça do que antes. Carlos VI já perdeu a razão, sua esposa, Isabel da Baviera, pode até morar na cidade das mulheres nobres e virtuosas idealizada por Cristina — no papel —, mas a vida em Paris é dura. Isabel é fraca para assumir a regência. Inescrupuloso, o duque João da Borgonha, que recebeu a alcunha de "o Temerário", tenta tomar o poder para si e para seu partido. Guerras civis abalam o país. Tropas inglesas voltam a cruzar o canal e saqueiam vastas partes do reino. A guerra civil entre Armagnacs e Borguinhões e a sangrenta Revolta de Cabochiens (seguidores do açougueiro Simon Caboche) arrasam Paris, e as multidões furiosas barbarizam a população.

Em 1415, os ingleses derrotam o exército francês na batalha de Azincourt. Apesar do assassinato do duque João de Borgonha em 1419, o reino da França não encontra descanso. O rei inglês Henrique V reivindica a Coroa francesa. Por ser casado com Catarina, filha de Carlos VI e Isabel, é herdeiro legítimo do trono no caso da morte esperada do rei francês. Suas tropas já conquistaram metade do país. No dia 31 de agosto de 1422, Henrique V morre de disenteria, e sete semanas depois, no dia 21 de outubro, falece o rei doente — porém adorado — Carlos VI. As mortes não trazem paz nem trégua para a França. O novo rei da Inglaterra, Henrique VI, ainda é um bebê de um ano de idade. Os regentes são nobres poderosos que continuam a guerra contra a França, entre eles o duque João de Bedford, que proclama seu senhor em Paris como o novo rei francês e se torna uma espécie de governador no norte do país. Em Mehund-sur-Yèvre, o delfim Carlos, de 19 anos, deserdado pelo pai, é proclamado rei — já é o sétimo com o mesmo nome. A guerra continua, agora como conflito em torno do trono entre dois monarcas, ambos reivindicando a Coroa da França. Carlos VII e sua corte residem em Bourges. Em várias batalhas e campanhas, suas tropas são derrotadas pelo exército inglês, e a área de influência de Carlos é empurrada para trás do rio Loire. No verão de 1428, Bedford lança um golpe devastador contra o adversário. Manda encurralar e sitiar a cidade real de Orleans, no Loire.

Se essa importante cidade cair, o sul da França estará aberto para os ingleses, cujas tropas podem ocupar e dominar todo o reino, que passaria a estar sujeito ao domínio do rei-menino Henrique VI. Enquanto isso, o letárgico e passivo Carlos VII passa seu tempo em Chinon, com suas amantes. Eis que surge uma camponesa de 16 anos chamada Joana. A "virgem Joana" depois será adorada como uma heroína; sua aparição, interpretada como milagre e sua reputação imaculada a levará à santificação. Joana convence o hesitante rei Carlos VII de que a cidade de Orleans não pode ser abandonada. Ela recebe permissão para participar da libertação da cidade vestindo uma armadura, embora seja mulher. Em maio de 1429 conseguem romper o cerco da ocupação, derrotar os ingleses e libertar Orleans. As tropas francesas conquistam uma vitória depois da outra e libertam vastas regiões do norte da França. No dia 17 de julho de 1429, Carlos VII é coroado e ungido rei legítimo da França na catedral de Reims.

Cristina de Pisano presenciou conscientemente todas essas crises na França, registrando-as em suas crônicas. Narrou os problemas do seu tempo em poemas, diálogos e escritos memoráveis, advertindo seus contemporâneos a se comportarem de acordo com os padrões morais e com a fidelidade patriótica. É óbvio que seus livros, geralmente distribuídos na corte em exemplares com dedicatórias e depois disseminados entre os cidadãos que sabiam ler, não podem fazer nada contra a guerra e a miséria, e Cristina continua jogando suas palavras ao vento. Muita gente se retirava para a vida privada, esperando, assim, escapar à morte e à perdição. Cristina também trilha esse caminho. Por volta de 1418, deixa a cidade de Paris, castigada por guerras civis e anarquia, e se retira para o convento de Saint Louis, em Poissy, onde sua filha é freira. Ali passa a última década de sua vida, até sua morte, em 1430. Antes disso, ainda tem uma última grande alegria ao ver a França ser libertada do domínio inglês e vivenciar o milagre da aparição da Virgem Joana. Para Cristina, é como se a sua cidade das damas finalmente se tornasse realidade e Joana entrasse para morar ali, triunfante.

No grande poema épico de Cristina sobre Joana d'Arc, completado no dia 31 de julho de 1429, duas semanas depois da unção do rei Carlos VII em Reims, ela escreve em júbilo:

> Uma jovem de dezesseis anos / (não é quase inconcebível?), / para quem as armas não são pesadas de carregar / [...] / e diante dela fogem os inimigos, / ninguém consegue resistir a ela. / Tudo isso, ela realiza diante dos olhos de várias testemunhas. / [...] / Oh! Quanta honra para a Coroa da França / Por meio de um sinal divino! / quem jamais experimentou algo mais incomum / [...] / Isso merece ser contado. / Que Deus se tenha servido de uma virgem, / Para conceder tamanha graça à França. / [...] / louvado seja Deus / Que elegeu a sábia virgem como sua ajudante.

Sim, a utopia da cidade de mulheres, de Cristina de Pisano, tornou-se realidade.

Joana d'Arc talvez seja a moradora mais insignificante e, ao mesmo tempo, mais brilhante da cidade. E assim como o salvador do mundo, Jesus Cristo, nasceu da Virgem Maria, assim a libertação da França se tornou realidade graças à Virgem Joana. Cristina morre por volta de 1430 no convento de Poissy, de modo que o poema sobre Joana é sua última obra. Já não viveu mais para ver a prisão de Joana, sua entrega aos ingleses, o processo de heresia da Igreja e sua morte violenta na fogueira, em Rouen, em 30 de maio de 1431. Joana, que já era uma lenda viva, torna-se heroína nacional. Em 1455 a Cúria em Roma anula a sentença contra ela. Joana foi reabilitada, elevada ao grau de mártir, beatificada em 1909 e canonizada em 1920. Enquanto isso, a obra de Cristina de Pisano continua viva e experimenta uma nova atualidade no século XX, um renascimento, conquistando inúmeras leitoras entusiasmadas no mundo inteiro.

O Iluminismo

Em 1755, um violento terremoto abalou Lisboa e arredores. Numerosos prédios desabaram, soterrando pessoas. Incêndios pipocaram, uma labareda gigantesca lambeu a cidade. O que ainda não tinha sido destruído e queimado foi engolido por um tsunami que invadiu a cidade, subindo pela foz do Tejo. A catástrofe vitimou cerca de 100 mil pessoas. A notícia da destruição de Lisboa, orgulho do poder colonial global, espalhou-se por toda a Europa em poucas semanas. As pessoas se apiedaram e ficaram horrorizadas. Entre teólogos e filósofos, no entanto, voltou a eclodir uma velha briga científica, a questão da teodiceia, a justiça divina: como Deus, o Criador todo-poderoso, que também reina no mundo atual, pode permitir que tais catástrofes aconteçam e que inocentes percam a vida?

Uma das reações mais divertidas e conhecidas para a questão da teodiceia é o romance satírico *Cândido ou O otimismo* (1759), do iluminista francês Voltaire. Partindo do conceito da "harmonia preestabelecida" de Leibniz, segundo a qual o mundo foi feito por um Deus todo-poderoso e bom, e por isso as pessoas vivem no melhor dos mundos, o cáustico Voltaire leva essa afirmação ao extremo em uma distorção grotesca: a história do jovem Cândido (do latim *candidus*, inocente), lançado ao mundo e que ali perde toda a sua ingenuidade, inocência e integridades física e mental. Ele, sua amante e seus companheiros de viagem sofrem toda sorte de desastres naturais, naufrágio, sequestro, tortura e separação. No encontro com o maniqueísta Martin, Cândido finalmente é levado a admitir que todas as especulações sobre teodiceia, metafísica e heroísmo são infrutíferas e inúteis e que a única coisa que importa é contrariar o destino por meio da ação inabalável e do trabalho constante. No final, Cândido e os amigos que lhe restaram estão em um jardim em Constantinopla, pensando sobre o destino. Às repetidas declarações do filósofo diletante Pangloss sobre como são gratos ao destino e à providência por tê-los levado àquele lugar e àquelas condições de vida, passando por todos os perigos e por todas as catástrofes, Cândido responde com a famosa frase: "Muito bem-dito. Mas agora temos que cultivar nosso jardim."

Muito se discutiu e debateu sobre essa conclusão final. Expressaria resignação? Cândido se sujeitou ao destino? Ou quis ser irônico? Depois de todo o sofrimento, ainda acredita mesmo na "besteira" de seu amigo Pangloss sobre "o melhor dos mundos"? Ou deveríamos, ao contrário, ler essa frase final como uma convocação às novas gerações para assumir as rédeas do próprio destino, cuidando do jardim (no sentido literal e figurado) apesar de todas as catástrofes, a fim de colher os frutos do próprio trabalho (e não os presentes de Deus)? *Cândido* foi visto — e é até hoje — como o auge (cético) do Iluminismo na França, expressão do assombro diante da invasão de forças estranhas e cegas da natureza na esfera do ser humano, o qual, segundo a teologia cristã, é a imagem de Deus e, segundo a opinião dos iluministas críticos à religião (ou até mesmo ateus), é um Prometeu, um ser que se levanta contra o destino cego e que encontra nisso a sua dignidade, mesmo sendo um fracasso — aspecto que, duzentos anos mais tarde, é retomado pelo existencialista Albert Camus no ensaio *O mito de Sísifo*.

Em todos os casos, estava abalada a confiança dos iluministas na determinação do homem como um ser que almeja a liberdade e que deve e pode lutar para trilhar o caminho pelas trevas até a luz, *per aspera ad astra*. O Iluminismo, aquela época que se autodenominou o "Século das Luzes" e cujos representantes batalhavam para iluminar a cabeça das pessoas para que se libertassem da dependência com ajuda da razão — continuavam a se agarrar ao seu otimismo — já não mais com aquela mesma naturalidade ingênua, e sim com a obstinação da revolta. Literatos e filósofos como Voltaire, Denis Diderot, Jean-Jacques Rousseau, Gotthold Ephraim Lessing,

O ILUMINISMO

Immanuel Kant e outros continuavam sustentando a bandeira do primado da razão humana contra os poderes ultrapassados da superstição, da ignorância, da falta de razão, da convenção e, apesar de tudo, acreditavam na bondade do ser humano e do mundo rumo ao Bem, ao Belo e ao Verdadeiro. Só a Revolução Francesa e o domínio do terror jacobino, as guerras napoleônicas e a destruição de um continente inteiro e — no nível filosófico — a época do romantismo haveriam de acabar com essa fé incondicional na ascensão do homem rumo à luz extraterrena e rumo à divindade (embora, é verdade, a nova camada da burguesia continuasse "representando" os valores iluministas, já esvaziados, ainda durante um bom tempo no século XIX e no começo do século XX).

A "felicidade" se tornou um conceito central do Iluminismo. Filósofos da Antiguidade, como Aristóteles (o anseio por *Eudaimonia*), Sêneca (*De vita beata* / *A vida feliz*) e Cícero (*De finibus bonorum et malorum* / *Do sumo bem e do sumo mal*), dedicaram tratados ao tema da felicidade. No fim da Idade Média, Santo Agostinho levou o conceito de felicidade como parte do encontro com Deus para a teologia (*De beata vita*) e para um milênio de mundo cristão medieval. Ainda no fim do período do Iluminismo, em 1776, o direito à busca da felicidade encontrou lugar até na Declaração de Independência dos Estados Unidos ("pursuit of happiness") como direito inalienável que nos foi dado por Deus.

Não admira, portanto, que precisamente a amante e interlocutora de Voltaire, a literata, filósofa, matemática e física diletante Émilie du Châtelet, se ocupasse da questão da felicidade em seu *Discurso sobre a felicidade* (*Discours sur le bonheur*) em 1746, ou seja, poucos anos antes da catástrofe de Lisboa e da amarga sátira *Cândido*, de Voltaire. A crença do Iluminismo em si próprio ainda não tinha sido abalada, e a marquesa estava em uma fase de felicidade eufórica. Morava com Voltaire em um castelo em Cirey, na região de Champagne, longe do mundo ruidoso de Paris, das calúnias e das más línguas. Essa felicidade — um relacionamento amoroso fora do casamento, tolerado pela sociedade, e uma parceria de trabalho entre dois espíritos geniais —, no entanto, não tinha bases sólidas. A marquesa intuía que, a qualquer momento, a roda da fortuna poderia girar, lançando para baixo quem estivesse no auge. Maus pressentimentos dominavam a mente da esclarecida mulher das letras. Assim, o seu *Discurso sobre a felicidade* é mais do que um brilhante testemunho iluminista da busca humana por uma vida melhor e da crença em si própria. É, também, o depoimento de uma mulher com experiência de vida, mimada pela felicidade, mas que também experimentou o sofrimento, certa de que é impossível eternizar a felicidade.

Émilie du Châtelet (1706-1749)
Discurso sobre a felicidade

Na primavera de 1733, dois intelectuais conhecidos e respeitados por seu brilhantismo, sua ironia, suas opiniões provocadoras e sua aparência extravagante se encontram em um café parisiense. Estamos falando de François-Marie Arouet, conhecido como Voltaire, e Émilie du Châtelet. Na verdade, mulheres eram proibidas pelas convenções da época de frequentar aqueles locais modernos onde se servia a bebida turca quente e doce. Mas a jovem marquesa du Châtelet, de 26 anos, cujo marido, oficial de alta patente do Exército, servia em alguma guerra na Alemanha, está acostumada a pensar e agir de acordo com a própria cabeça, e não com a dos outros. Na juventude, já chamava a atenção quando vencia nos jogos de cartas na corte real de Versalhes, utilizando cálculos matemáticos para despojar os cortesãos de seu dinheiro — quantia, aliás, que não investia em joias ou vestidos, e sim em livros. Agora, no ano de 1733, a marquesa emancipada pouco se importa com a etiqueta e aparece no Café Gradot vestida de homem, a fim de saborear a bebida escura vinda do Oriente. Em um primeiro momento, o dono do restaurante e os clientes ficam inseguros. Mas logo aceitam, dando de ombros, e "o cliente" é servido com educação, até mesmo participando de conversas.

Entre os demais fregueses está Voltaire, 38 anos, mestre da pena afiada, ardente defensor da liberdade do pensamento, dono de uma ironia impiedosa que expõe em sátiras bem-acabadas as fraquezas e as vaidades daqueles que o rodeiam. Não se pode dizer que fosse bonito: magro, o rosto pontudo, a boca grande sempre com um esgar irônico. Mesmo assim, a marquesa vestida de homem e o filósofo se sentem magicamente atraídos. O café não parece ser o melhor lugar para conversas profundas. Há muita gente ao redor. Portanto, Émilie du Châtelet anuncia por carta que visitará Voltaire em seu apartamento amansardado perto da igreja de Saint Gervais. Novamente a conversa mais profunda é impedida, agora pelos fortes badalos dos sinos da igreja, que obrigam ambos a gritar, até se darem conta do grotesco da situação e desatarem em risadas.

Logo encontram outros locais onde podem trocar seus conhecimentos literários, filosóficos, físicos e matemáticos sem serem interrompidos. Ambos têm um vasto horizonte intelectual universal. A marquesa se ocupa tanto com a filosofia de Gottfried Wilhelm Leibniz quanto com a física de Isaac Newton e até faz experimentos mecânicos. Em pouco tempo, ambos se apaixonam. Voltaire se declara:

> Tudo nela é nobre: a postura, o refinamento, o estilo das cartas, a fala, a educação. Elege as palavras sem afetação. Sua conversa é agradável e interessante. Não esqueceu nada e viu muito. Mas sempre mede o comprimento de sua fala de acordo com os desejos de outrem. Não omite nada de essencial, e mesmo assim lamentamos a brevidade de suas falas. Se os livros fossem tão bem escritos como ela fala, todos, no mundo inteiro, leriam com prazer. Escolhe seus amigos com um gosto refinado admirável, e sua amizade é corajosa e firme. Em suma, é uma pessoa que nasceu para brilhar em um mundo no qual poucos brilham.

Émilie também está fascinada com seu parceiro intelectual. Recrimina seu antigo amante, o duque Louis-François de Richelieu (nos círculos da nobreza, é comum que homens e mulheres tenham relacionamentos amorosos fora do casamento): "Por que nunca me disse antes que Monsieur de Voltaire é a quintessência do homem ideal?"

Ambos têm a sensação de terem encontrado um parceiro de igual valor em termos intelectuais e com a mesma mente iluminista. Ambos, até agora, viveram em salões de nobres e na corte, têm horror à futilidade e levam, eles próprios, uma vida plena de glamour e de amor-próprio. O que ambos ainda não sabiam, àquela altura, era que seu relacionamento duraria catorze anos, com altos e baixos, devoção e brigas, felicidade e ciúmes, euforia e miséria. Haverá anos de brilho exterior e outros de exílio interior. Serão admirados, hostilizados, cortejados e perseguidos. Estudarão juntos, escreverão livros juntos e serão também concorrentes. No fim, o amor se esvairá, mas a amizade entre ambos perdurará até a morte prematura de Émilie, e o fiel Voltaire fará vigília ainda em seu leito de morte.

Voltaire e Émilie du Châtelet são como yin e yang, dois ornamentos que, unidos, formam um círculo perfeito como o sol em que se inscreve o nome de sua época, o Século das Luzes, como os franceses chamam o Iluminismo. Impossível conceber o Iluminismo sem a existência de ambos, sem seus trabalhos, livros, cartas e irradiação intelectual. No entanto, ainda que Émilie du Châtelet fosse equiparada aos maiores intelectuais de seu tempo por seus contemporâneos, foi largamente esquecida no século XIX, sendo lembrada apenas como amante de Voltaire. Só foi redescoberta e revalorizada no final do século XX como tradutora e propagadora de Newton e Leibniz, mas também como matemática e filósofa. Poucos especialistas hoje conhecem seus trabalhos nessas duas áreas. Já seu *Discurso sobre a felicidade* tornou-a conhecida em um amplo círculo de leitores. É um tratado que a aproxima da doutrina epicurista, mas traz novas ideias e atesta a surpreendente capacidade da autora de ser alegre e se manter distante do mundo. Voltaire, que de vez em quando chamava a amante de "a divina", elogiava não apenas sua beleza e seu intelecto afiado, como sua profunda sabedoria de vida, inesperada para uma pessoa que só atingiu 42 anos de vida.

ARTE DA ESGRIMA, JOGO DE CARTAS E PRAZER DA LEITURA

O pai de Émilie, o barão Louis-Nicolas Le Tonnelier de Breteuil, era um típico representante da nobreza "domesticada" e rebaixada a cortesãos na época de Luís XIV em Versalhes. Tinha a tarefa de preparar os enviados estrangeiros antes das audiências com o monarca e de apresentá-los ao rei. A família Breteuil morava em uma casa em Paris. O barão teve quatro filhos de dois casamentos. A filha mais nova, fruto do relacionamento com Gabrielle Anne de Froulay, é Gabrielle Émilie, nascida em 17 de dezembro de 1706. Xodó do pai, é mimada e adorada, e muitos fazem vista grossa aos caprichos da adolescente. Entre esses caprichos de Émilie está sua incomensurável sede de saber, incomum para moças da nobreza destinadas a ser bons partidos, ter filhos ou fazer as honras como cortesãs em Versalhes. Desde cedo, Émilie se revela "independente" à sua maneira. Vestidos, joias e maquiagem a entediam, bem como as vaidades nos encontros de senhoras. Ela o dirá sem papas na língua a um de seus amantes, o duque de Richelieu: "O dinheiro me enfastia tanto quanto vossas eternas reclamações." Óbvio, descobrirá que o dinheiro não é apenas um fim em si, e sim a condição para levar uma vida livre, independente das circunstâncias da corte e da família. É preciso dizer que ela é bastante privilegiada. Na casa dos de Breteuil havia dezessete criados e criadas, prontos para atender os desejos dos patrões e manter a casa funcionando. Mesmo assim, Émilie tem horror ao vazio da vida das mulheres de sua classe social. O melhor exemplo é sua mãe, que passa horas e horas diante do espelho. Todo o prazer de Émilie se dirige aos livros, até porque não é uma menina bonita, grande demais, desajeitada e, pelo jeito, resignada com as poucas chances no mercado dos casamentos. Talvez a leitura dos livros também fosse, para ela, uma espécie de fuga e compensação. O pai, apaixonado pela filha caçula, proporcionou-lhe uma educação extraordinária. Adulta, Émilie dominava latim, inglês, italiano, espanhol e alemão, como Voltaire relatou, espantado. Traduziu do grego antigo os escritos *Política e estética*, de Aristóteles, e do latim a *Eneida* (uma versão que foi referência na França até o século XX). Conhecia de cor longos trechos de obras de Lucrécio, Horácio e Ovídio, lia Cícero no original, recebeu uma boa educação em matemática pura, estudou metafísica e filosofia, tocava bastante bem o cravo e tinha uma voz agradável que lhe permitia cantar árias de óperas. Além de tudo isso, tornou-se uma cavaleira experiente e uma esgrimista destemida ao enfrentar velhos oficiais na corte de Versalhes. Seu amante Richelieu, mais tarde, constatará, admirado:

> É uma pessoa fabulosa. [...] cavalga e manuseia a adaga como um hussardo, e quando um amante a provoca, é capaz de se tornar tão violenta que poderia furá-lo, sem hesitar. Espero que nosso relacionamento termine de forma que a despedida venha dela e não de mim. Não tenho vontade de cruzar espadas com ela, pois a dela seria tão mortífera quanto sua língua.

A língua ferina de Émilie não apenas torneia seu discurso de maneira retórica e estilística, como é capaz de atacar seus adversários com mordacidade irônica. A argúcia de seu intelecto fornece a munição. Não por acaso, se apaixonará por Voltaire, a língua mais afiada do Antigo Regime. Por mais que despreze o dinheiro e a vaidade, logo percebe que precisará de mais recursos para saciar sua fome de saber. Portanto, inventa um meio seguro: aproxima-se de um círculo de adeptos de jogar o vinte e um na corte. Arrisca muito, a sorte está do seu lado, e ela joga com cálculo estocástico. Ganha somas elevadas, que não investe em joias ou vestidos, mas na compra de livros eruditos para formar sua biblioteca particular. Seu pai, que, na verdade, nunca ultrapassou o horizonte intelectual de um cortesão, queixa-se, estarrecido: "Minha filha é louca. Na semana passada ganhou mais de 2 mil *louisdor* na mesa de carteado. [...] Tentei conversar com ela, mas em vão. Simplesmente se recusa a admitir que nenhum nobre se casará com uma mulher que pode ser vista lendo todos os dias." A mãe de Émilie também está perplexa: "Minha caçula se gaba de seus dons intelectuais, assustando os pretendentes que ainda não foram espantados por seus outros excessos.

Talvez tenhamos que entregá-la a um convento, mas nenhuma abadessa a acolheria. Não sabemos mais o que fazer com ela."

UM MARIDO E TRÊS AMANTES

Émilie livra os pais dessa preocupação: para espanto geral, depois da puberdade, o patinho feio vira um lindo cisne, e pouco depois é ela quem agracia os outros com sua presença, não o contrário. Mas ela entende também que, apesar de todas as liberdades de sua classe, deve obedecer às convenções sociais. Uma vida de intelectual é inconcebível. A escolha está entre o casamento e o convento, e Émilie escolhe a primeira opção, com a condição de poder seguir suas inclinações e paixões sob o teto do matrimônio. Logo encontra um candidato apropriado, o marquês Florent-Claude du Châtelet, dez anos mais velho. É um oficial de alta patente que, com o correr dos anos, é promovido a tenente-geral do Exército real e marechal da França. Possui vários títulos de nobreza, um palácio decadente no centro de Paris e uma propriedade em condições ainda piores em Cirey, na região de Champagne, próximo da fronteira com a região da Lorena. Émilie nem sonha ainda com o papel importante que o castelo de Cirey terá em sua vida e na história da cultura do país... O acordo matrimonial com o marquês logo fica pronto. Émilie ganha um bom dote, e Florent-Claude, uma jovem esposa bonita e culta, bem como a perspectiva de poder sanar as suas finanças. Além do Exército, o noivo, na verdade, só se interessa pela caça, por comida e bebida. Será sempre alheio ao mundo intelectual de sua esposa. Mas é uma pessoa boa, de certa forma generosa, nunca se incomoda com o fato de sua mulher ter outros amantes (assim como ele terá alguns casos extraconjugais) e, de certa maneira, até se orgulha de ter como esposa uma literata, filósofa e matemática tão culta, famosa e admirada. No dia 12 de junho de 1725, Émilie e Florent-Claude se casam na catedral de Notre-Dame de Paris. Conta a lenda que a noiva poliglota e algo irreverente interrompeu o bispo durante a liturgia, apontando para um erro de latim cometido por ele.

Pouco tempo depois do casamento, o marquês du Châtelet volta ao campo de guerra na Alemanha. Émilie começa a viver uma vida confortável. Não precisa mais prestar contas aos pais, e o marido a deixa fazer o que bem entende. Nos anos seguintes, dá à luz três filhos. Com isso, cumpriu seus deveres de esposa e pode voltar a se dedicar aos seus verdadeiros interesses e paixões. Começa por decorar o palácio decadente em Paris com novos móveis caros e de bom gosto, tapetes, quadros e carpetes. Sua grande biblioteca também ganha um lugar apropriado. E, como dama da sociedade parisiense, leva uma vida pública. À noite, frequenta a ópera e o teatro. No fim da tarde, recebe senhores da cena intelectual em seus aposentos, penteada e arrumada por duas camareiras particulares. Ali, sentada na cama, conversa animadamente sobre filosofia e literatura antes de se levantar, por volta do meio-dia, fazer um pequeno lanche e começar com os estudos e as traduções, para depois, no final da tarde, visitar salões literários, ir à ópera e, depois disso, jantar. Conforme atestam muitos de seus contemporâneos invejosos, bastavam à marquesa três ou quatro horas de sono. Apesar disso, parecia descansada e estava apta a trabalhar. Depois de negligenciar a questão das roupas durante a juventude, Émilie agora se veste com trajes cada vez mais caros e extravagantes, ostentando generosos decotes que deixam entrever seu colo imaculado, chocando uma parte da sociedade parisiense e suscitando admiração na outra. Naturalmente, além de uma interlocutora estimada e inteligente, os cavalheiros que frequentam os salões também veem na marquesa du Châtelet uma mulher desejável.

Enquanto Florent-Claude faz a guerra e se permite um ou outro relacionamento amoroso, Émilie se vê igualmente no direito de escolher um galã. Primeiro, inicia uma relação com o marquês Robert de Guébriant, homem simples porém bonito. No entanto, não dura muito. Émilie é bastante temperamental com seu galã, o que ele aceita inicialmente. Mas quando ela toma veneno (ou, pelo menos, finge fazê-lo) em um surto histriônico de ciúmes diante dos olhos do amante, este reage de maneira pragmática e dá-lhe um remédio para fazê-la vomitar. O efeito da cena patética não é bem o que ela imaginou: o belo amante não se impressiona, abandona Émilie e não atende mais aos seus apelos.

O próximo amante é o conde Pierre de Vincennes, baixinho e rechonchudo, que tem duas grandes paixões: a comida e a metafísica. É de imaginar que a marquesa du Châtelet, sedenta de poder, tivesse um bom intercâmbio intelectual com ele. Mas ambos são excessivamente autossuficientes, e o diálogo não leva a nada. Logo surgem rumores na sociedade parisiense: "O que fazem o dia inteiro? Falam, e falam, mas nada acontece." Émilie escuta os boatos e responde: "O conde e eu conversamos sobre a natureza do homem e sua relação com sua espécie e com o universo. Sobre o que conversam as pessoas que falam de nós e nos ironizam, sem conseguir esconder sua profunda ignorância?"

Mas nenhum relacionamento vive só de metafísica, e assim, o próximo namorado é o duque Louis François von Richelieu, sobrinho-neto do famoso cardeal e chanceler francês e, por sua vez, um competente oficial e servidor público, que também goza da fama de mulherengo. Precisamente a perspicaz e culta Émilie du Châtelet parece impressionar esse Don Juan, que normalmente só se importa com a beleza externa. Eles se tornam amantes. Compartilham um genuíno e profundo interesse pela filosofia e pela literatura. Graças ao incentivo de Richelieu, Émilie du Châtelet se ocupa com a matemática de maneira cada vez mais séria e sistemática. Agora já não convida para a sua casa os vaidosos — mas rasos — frequentadores de salões literários, mas tem encontros regulares com professores famosos da Sorbonne, com os quais discute suas opiniões e seus trabalhos de matemática e de física, de literatura e de filosofia. As aparições da marquesa nos salões ou na ópera são cada vez mais raras, e ela se retira cada vez mais para o seu gabinete de estudos. Os visitantes notam manchas de tinta em seus dedos e nos trajes caros. O relacionamento amoroso com Richelieu, por sua vez, se transforma em uma profunda amizade, caracterizada por respeito mútuo e interesse intelectual. Em uma carta para Richelieu, Émilie escreve de maneira calorosa e genuína:

> Uma das prerrogativas da amizade é conseguir detectar cada movimento da alma do outro. Eu vos amo, não importa que estejais alegre ou triste,

contente ou deprimido; gostaria que a minha amizade pudesse fortalecer vossas alegrias, dividir e suavizar vossas preocupações. [...] Não sei se é de vosso agrado se eu disser que me sois tão agradável a distância quanto na proximidade; [...] Descobri em vosso espírito toda a atratividade, e na vossa companhia, todas as alegrias que todos ali encontram, mas certamente ninguém soube estimar mais o valor da vossa amizade do que eu. O vosso coração se apoderou do meu.

O ALEGRE EXÍLIO DE CIREY

Não demora e outro homem se apodera do coração e da razão de Émilie. Em 1733 ela conhece Voltaire no Café Gradot. Pouco depois, tornam-se amantes. Mais ainda: uma dupla. Passarão os próximos catorze anos estudando e publicando seus trabalhos e resultados — juntos ou mesmo competindo entre si. Mas o relacionamento sofre ameaças de fora — não por parte do marido de Émilie, que até se torna amigo do rival, mas pelas circunstâncias políticas. Voltaire se torna impopular na corte e junto à nobreza por causa de seus poemas e escritos críticos e satíricos, e teme ser detido e levado para a Bastilha pelos agentes do rei. Passa um tempo na Inglaterra, mas em suas *Lettres philosophiques sur les Anglais* (*Cartas filosóficas sobre os ingleses*) elogia o sistema liberal na ilha e critica o absolutismo em sua pátria. Além disso, partes de sua epopeia satírica *La Pucelle* são disseminadas, o que não é de admirar, já que Voltaire é tão vaidoso que aproveita qualquer oportunidade para fazer leituras de seu texto, e os ouvintes de boa memória conseguem, pouco a pouco, anotar partes da obra memorizadas e entregá-las às personalidades da vida pública satirizadas pelo autor. As autoridades francesas emitem uma ordem de prisão contra Voltaire, cujos escritos já há algum tempo só podem ser publicados na Inglaterra liberal e na Holanda. Mas agora sua vida está em risco. Émilie tem uma ideia. Seu marido possui o pequeno castelo de Cirey na região de Champagne, rodeado de florestas e morros, bem próximo da fronteira com a Lorena, àquela época ainda um ducado pertencente ao Sacro Império Romano-Germânico, e perto da estrada para a Holanda. Oferece o lugar como exílio rural para Voltaire. Ele aceita e passará ali os próximos anos. Pouco depois, Émilie também se muda para Cirey. As autoridades francesas não levam a ordem de detenção tão a sério, desde que o procurado não continue provocando e ironizando a sociedade em Paris. O que acontece na periferia do reino, atrás de reforçados muros em um local ermo, é relativamente indiferente a eles.

Voltaire se depara com uma construção decadente e quase inóspita. Goteiras por toda parte, móveis danificados e com cupim, camas quebradas, o assoalho esburacado, janelas sem vedação, cortinas e tapetes corroídos por ratos e traças. Até o momento, faltara dinheiro e motivação para o marquês cuidar de seu patrimônio distante. Mas agora Voltaire assume essa parte com uma energia insuspeitada para um filósofo. Pois é um homem de posses que enriqueceu — não com seus escritos, mas especulando com ações e imóveis. Nos meses seguintes, contrata uma equipe de vários especialistas e manda reformar o castelo por dentro e por fora. Encomenda móveis novos com marceneiros e estofadores, manda construir lareiras e chaminés para aquecer os cômodos úmidos e gelados, contrata criadas e criados, lacaios, cozinheiras e jardineiros. Logo, Émilie se muda para Cirey e é contagiada pelo embalo da reforma e da decoração. Voltaire revela ter muito jeito e bom gosto, assim como Émilie, que já fizera o mesmo no palacete em Paris. Nem sempre os amantes concordam, mas debatem tudo com muito humor. Voltaire conta, divertido:

> Madame du Châtelet quer colocar uma janela onde eu imaginei portas. Transforma escadas em chaminés e chaminés em escadas. Onde mandei o pessoal fazer a biblioteca, ordena que se faça um salão. Meu gabinete vira um banheiro. Quer plantar limoeiros onde eu planejei olmos [...]. Mesmo assim, asseguro-lhes, é uma fada madrinha que consegue milagres nesta casa terrivelmente inacabada.

O coração do castelo é a biblioteca — ou melhor, as bibliotecas. Pois os acervos de livros de Voltaire e Émilie enchem vários cômodos grandes. Estima-se que as bibliotecas unidas de Cirey contenham cerca de 23 mil volumes, constituindo um dos maiores acervos privados da França.

Cirey se torna um refúgio ideal para a vida e o amor em comum, bem como para estudos acadêmicos. Não é um lugar triste e de exílio, pois o mundo intelectual logo acorre para encontrar os famosos moradores. Mas o dia a dia no castelo tem suas próprias leis. Nem todos os visitantes conseguem se submeter a elas. Um exemplo é um tal senhor de Villefort, que chega a Cirey no início de 1736 e relata detalhadamente a visita em carta. Foi no meio do inverno rigoroso, com muita neve. A carruagem do visitante tenta avançar pelo terreno congelado e pela paisagem tão desolada que lembra o interior da Rússia. Finalmente alcança o castelo em uma tarde ensolarada. O visitante observa a fachada; todas as janelas fechadas, nenhum sinal de vida. Toca o sino, ninguém abre. Toca com os punhos no portal. Finalmente aparece um criado com uma vela. Villefort se apresenta e diz que a visita fora avisada. O criado convida-o a entrar e o conduz pelo interior escuro do castelo. No grande saguão de entrada há diversos aparelhos de experimentação física cujo sentido e cuja finalidade são inexplicáveis para Villefort. O visitante é levado até o gabinete de trabalho da dona do castelo. Émilie du Châtelet está sentada à sua escrivaninha, totalmente trajada e paramentada de diamantes, como se preprada para um baile na corte. Só os dedos cheios de tinta destoam. Na mesa há livros e manuscritos. Educada e solícita, serve uma taça de vinho ao visitante, conversa um pouco e, em seguida, leva Villefort até o escritório de Voltaire. Este também está inclinado sobre seus escritos, mas se mostra educado e solícito, conversando por alguns minutos. Em seguida, a conversa termina abruptamente, Émilie e Voltaire voltam ao trabalho, Villefort é levado por um criado até seus aposentos e recebe uma taça de vinho do Porto e um banho quente.

Anoitece, e Villefort só percebe quando consulta o relógio de bolso, já que todas as venezianas estão fechadas. Sente fome. Finalmente ressoa um gongo chamando para o jantar. Um lacaio o acompanha até a sala onde há uma mesa posta para três. Não se veem criados para servir. Como por mágica, uma escotilha se abre no chão e sobe uma *étagère*, um móvel com prateleiras para travessas de comida com grandes tampas para manter a temperatura. Émilie convida Villefort a se servir. São vários pratos, o jantar se estende por horas. A louça usada e os copos são colocados em outro carrinho, que também some num outro alçapão, como que por mágica. A anfitriã conta que inventou este sistema para que possam conversar sem serem incomodados pelos empregados. As conversas à mesa são animadas e sofisticadas, e envolvem vários temas. Não há conversa fiada. Depois da refeição, que dura várias horas, Villefort não vê a hora de descansar. Mas Émilie e Voltaire o convidam a acompanhá-los até o salão contíguo. Ali, alternam-se na leitura de textos filosóficos de próprio punho e de outros autores. Finalmente, já bem tarde, os anfitriões se levantam e anunciam que está na hora de se recolher. O convidado se dirige a seus aposentos e cai na cama, exausto.

Mas às quatro da madrugada é despertado por um criado, avisando que madame já está acordada e perguntando se ele gostaria de assistir à leitura de poemas de Voltaire. Educado, Villefort sai da cama e vai até o salão, onde Voltaire lê animadamente enquanto madame escuta, concentrada. Depois de uma hora, ambos se levantam e vão até seus gabinetes de trabalho. Villefort mantém-se no local, ainda cansado. Adoraria dormir mais um pouco, mas às oito surge outro criado trazendo um farto desjejum. Depois do café da manhã, Villefort se sente mais animado. O criado abre as venezianas, avisa que o dia está gelado, porém ensolarado, e que os anfitriões aproveitarão para fazer uma excursão, convidando-o para acompanhá-los. Villefort se veste às pressas. Diante do castelo, os proprietários já esperam, impacientes, o convidado atrasado. Estão ricamente trajados e vestem peles como se estivessem indo para uma audiência com o rei em Versalhes. Três carruagens foram preparadas, os cavalos já batem os cascos, os cocheiros estão posicionados, vários lacaios ao lado. Émilie du Châtelet, Voltaire e Villefort se acomodam na primeira carruagem. A segunda transporta comida e bebida, e a terceira carrega uma pequena biblioteca. Rumam até uma floresta, onde se abre uma clareira. O sol brilha e a neve cintila como os diamantes no decote de Émilie. A marquesa ordena que parem e disponham toalhas e almofadas para um piquenique. É uma refeição farta, com peixe, carne, frango, legumes, queijo e vinho. Cobertos por peles, os anfitriões parecem não se importar com o frio congelante e comem com apetite. Educado, Villefort os acompanha. Finalmente termina a refeição na neve, e ele já anseia por seus aposentos aquecidos no castelo, quando Émilie anuncia o verdadeiro objetivo da excursão: uma conversa sobre vários temas científicos. Como em um campeonato, Émilie e Voltaire dialogam e falam sobre o drama inglês, a política financeira da Holanda, a história da Suécia e muitos outros assuntos. Como Villefort não tem o menor domínio desses temas, permanece em silêncio. Não é só uma conversa erudita, é uma verdadeira disputa científica. Cada opinião externada e cada tese precisam ser provadas. De vez em quando, Voltaire e Émilie enviam um criado até a carruagem com a biblioteca, a poucos passos de distância, para buscar determinado livro e verificar alguma afirmação. É uma competição intelectual que dá imenso prazer tanto a Émilie quanto a Voltaire. Finalmente, depois de horas, a marquesa dá o sinal para a partida. Conversando animadamente, ela e Voltaire sobem na carruagem. Semicongelado, o convidado segue, aos tropeços.

    De volta ao castelo, o hóspede vai até seus aposentos, enquanto os anfitriões voltam aos seus escritórios, sem aparentar cansaço. Poucas horas depois, Villefort é mais uma vez despertado e avisado da chegada de vários convidados, e de que ele deve se dirigir à sala de jantar. De fato, sem que ele tenha percebido, chegaram umas vinte pessoas que saboreiam um farto jantar com nove diferentes pratos, mais uma vez servidos pelo alçapão de onde sai o carrinho. Novamente, a conversa não é leve, pois a presença de tanta gente incentiva Émilie e Voltaire a observações e teses espirituosas, tanto que acabam entrando em uma discussão e, antes que lancem a louça pelos ares, de repente desatam a rir e se recompõem, como se nada tivesse acontecido.

    O jantar termina, os convidados seguem até o grande saguão onde há canos, cordas, correntes, aparatos e frascos pelas mesas e pendurados nas paredes. É o laboratório de física da proprietária do castelo, onde ela faz suas pesquisas sobre as teses de Isaac Newton e outros — mas ninguém sabe disso ao certo. Pede-se aos convidados que tomem seus assentos nas cadeiras abaixo dos aparelhos, e Émilie conduz a conversa, que é mais um monólogo. Finalmente, depois de horas, os convidados podem voltar a seus aposentos, mas não sem antes ouvirem da anfitriã que o dia seguinte começará cedo, mais uma vez.

A noite de Villefort é curta. Cedo, é despertado pelo criado, levanta-se e dá um passeio pelo castelo e pelo jardim. Mas tudo está deserto, venezianas fechadas, monsieur e madame estariam trabalhando e não querem ser incomodados. À beira de um ataque de nervos, Villefort pede uma carruagem e deixa o lugar em pânico, para nunca mais ser visto por lá.

"EMÍLIA NEWTONMANIA"

Naqueles anos, Émilie du Châtelet dedica-se sistematicamente à obra e às teorias dos grandes filósofos e matemáticos de seu tempo. Entre outros, estuda John Locke e Gottfried Wilhelm Leibniz, o matemático Pierre-Louis Maupertuis (que passou uma temporada como convidado no castelo de Cirey) e, acima de tudo, os escritos e as teorias de Isaac Newton. Poucos na França conhecem tão a fundo a obra do físico e matemático inglês, e ela própria cunha nas cartas, brincando mas com orgulho, o apelido "Emília Newtonmania". Em 1738, Voltaire, que se ocupa prioritariamente com o ideário filosófico de Newton, publica seus estudos e os de Émilie, intitulados *Élements de la philosophie de Newton* — mas assina sozinho como autor. Naquela época, é incomum uma mulher publicar assinando o próprio nome. Mas isso muda nos anos subsequentes. Em 1740, Émilie du Châtelet publica sozinha (não mais sob a sombra de Voltaire) seus estudos *Institutions de Physique* (*Bases da física*), que tratam também de questões metafísicas, como o problema da teodiceia. Décadas mais tarde, a grande *Encyclopédie* republicará artigos inteiros daquela obra. No mesmo ano, Émilie edita sua

Analyse de la philosophie de Leibniz (*Análise da filosofia de Leibniz*). Depois de sua morte, em 1759, são publicadas as obras de Newton traduzidas por ela do latim, *Les Principes de Newton* (*Os princípios de Newton*). Além disso, são publicados escritos menores, como, em 1744, seu ensaio *Dissertation sur la nature et la propagation du feu* (*Dissertação sobre a natureza e a propagação do fogo*), por recomendação da Academia Francesa da Ciência. Esse estudo foi escrito para uma licitação da Academia, da qual Voltaire também participou, chegando a resultados diferentes dos de sua amante. Nenhum dos dois é premiado, mas ambos os ensaios são publicados pela Academia, que se mostra impressionada. São publicados, ainda, um comentário crítico sobre a Bíblia e o ensaio *Discours sur le bonheur* (*Discurso sobre a felicidade*). Também sai postumamente, em 1792, em plena fase da antirreligiosa Revolução Francesa, o ensaio comparado crítico de Émilie sobre as doutrinas de cura das religiões universais, intitulado *Doutes sur les religions révelées*.

Os estudos de Émilie du Châtelet e de Voltaire sobre as descobertas de Newton são, ao mesmo tempo, uma análise crítica da física de René Descartes (1596-1650), ainda visto na França como cientista intacável. A tradução de Émilie em parceria com o amigo matemático Alexis-Claude Clairaut, da obra-prima de Newton, publicada já em 1687, *Philosophiae Naturalis Principia Mathematica* (*As bases matemáticas da filosofia natural*) divulga as teorias do cientista inglês na França, que finalmente se impõem sobre as teorias cartesianas obsoletas. Acima de tudo, em seus comentários críticos anexados à tradução, ela consegue unir os resultados matemático-geométricos de Newton à matemática diferencial e integral de Leibniz, unindo os conceitos mecânicos de Newton sobre experiência e transformação com a doutrina metafísica das mônadas de Leibniz. Além disso, Émilie du Châtelet corrige a fórmula da *vis viva* (força viva) de Newton, segundo a qual a energia cinética é proporcional à velocidade do corpo. Mas a marquesa sustenta (chegando à mesma conclusão de Leibniz) que a energia cinética deveria ser proporcional ao quadrado da velocidade.

A FELICIDADE FACTÍVEL

Ao lado desses grandes tratados científicos, o *Discurso sobre a felicidade* de Émilie du Châtelet parece ser mais periférico, mas quando nos aprofundamos nele, percebemos que é um legado muito pessoal e íntimo de uma filósofa e pessoa que ama. Insere-se na tradição da doutrina hedonista de Epicuro, refinada pela doutrina cristã das virtudes, mas ampliada e enriquecida pela experiência pessoal de felicidade e de renúncia. O ensaio é de 1744, época em que termina seu relacionamento amoroso com Voltaire, dando lugar a uma grande amizade, semelhante ao que acontecera alguns anos antes com Richelieu.

Em seu ensaio, Émilie du Châtelet defende várias teses de como atingir a felicidade pessoal. Representante do Iluminismo, ela acredita que a felicidade é, em grande medida, resultado de uma decisão consciente, e não um capricho do destino ou do acaso. Tanto mais surpreende que ela desaconselhe colocar a razão acima de tudo na busca da felicidade, conferindo à ilusão — aparentemente, tão pouco razoável — uma importância maior para uma vida feliz:

> Para ser feliz, é preciso estar livre de preconceitos, ser virtuoso e gozar de boa saúde, possuir paixões e inclinações e estar receptivo a ilusões, pois devemos boa parte dos nossos prazeres à ilusão, e ai de quem a perde. Longe de querer tentar afugentá-la com a tocha da razão, busquemos reforçar o verniz com o qual ela cobre a maioria das coisas.

Onde se encaixa essa posição com o lema iluminista *sapere audi*, "ouse saber"? Ilusão e razão não seriam contraditórias e inconciliáveis? Quando propaga uma concepção de vida hedonista e com ênfase no prazer como pressuposto da sensação de felicidade, Émilie du Châtelet parte da antiga doutrina de Epicuro. Quem gera esse prazer são paixões e inclinações, que, para a autora, nada têm a ver com falta de moralidade. Ela responde atacando os autoproclamados guardiães dos costumes e apóstolos das virtudes: "Os moralistas que dizem às pessoas 'se quiserdes ser felizes, reprimi vossas paixões e dominai vossos desejos' não conhecem o caminho para a felicidade. Só se é feliz satisfazendo as paixões e inclinações." O que mais contribui para a nossa felicidade é "estarmos contentes com a nossa situação e tentarmos mantê-la, ao invés de procurar transformá-la". Mas essa satisfação é atingida quando se responde às paixões e inclinações — desde que (e quem fala aqui é uma pós-epicurista marcada pelo cristianismo) não se prejudique ninguém nem se causem danos a outros, agindo de acordo com a consciência, a virtude, a boa educação e as convenções, pois só é feliz quem tem a consciência tranquila e não atenta contra as regras da sociedade na qual está inserido, sem ferir as convenções que se revelaram verdades inabaláveis no decorrer da história e da convivência.

E quais seriam as "fontes" desse fluxo de felicidade? Émilie du Châtelet lista em primeiro lugar a capacidade de ser livre de preconceitos e alerta: "Depende unicamente de livrarmo-nos deles. Temos, todos, a dose necessária de razão para checar as coisas que querem nos impingir." Ela ainda fornece uma definição de preconceito: "O preconceito é uma opinião que se adota sem examinar, mas que de outra maneira não se sustentaria." Eis um postulado iluminista, um convite a se utilizar da razão e do juízo. Óbvio que existem os limites do livre-arbítrio, que, segundo Émilie, seriam as "regras da boa educação, que contêm a verdade do que é convencional [...]", e também virtude: "Para mim, virtude é tudo aquilo que contribui para a felicidade da sociedade e, portanto, para a nossa, pois somos membros da sociedade." Colocando em termos mais simples: a liberdade do indivíduo termina sempre onde começa a liberdade do outro. Ninguém é autossuficiente, não há vida fora da sociedade, nem felicidade para além da vida com outros. A doutrina epicurista do hedonismo, a satisfação da luxúria, nada tem a ver com amoralidade. Cada um só está vinculado à própria consciência e às convenções sociais e só pode levar uma vida feliz quem não se entregar ao "vício". A razão fria do Iluminismo, por si só, seria anarquista. Émilie du Châtelet vê sua atitude para com o mundo e para com a vida como parte da doutrina cristã da virtude: "Duvido que haja sentimento mais delicioso do que saber ter completado uma obra de virtude que merece o respeito das pessoas honradas."

Outra fonte da felicidade que Émilie du Châtelet menciona desde o início é a ilusão. Ela explica:

> Afinal, para ser feliz, é preciso estar receptivo a ilusões [...]; mas, retrucareis, disserdes que o equívoco é sempre danoso; a ilusão não seria também um equívoco? Não, na verdade a ilusão faz com que não vejamos as coisas da maneira como elas devem ser: ao contrário, ela as adapta à nossa natureza a fim de torná-las agradáveis à nossa percepção.

A autora faz uma comparação com as ciências naturais para fundamentar a sua tese como sendo "natural" e necessária: "Assim são as ilusões de ótica. A ótica não nos ilude, embora não nos permita ver as coisas como são, e sim da maneira que é preciso para os nossos fins."

Outra fonte se origina puramente da vontade e da razão do homem: "Antes de tudo, devemos tomar a decisão sobre o que queremos ser e o que queremos fazer, e essa decisão falta em quase todas as pessoas. No entanto, é a condição sem a qual não existe felicidade." Realizar as próprias paixões é condição essencial para essa autorrealização. Entre as paixões que nos tornam felizes, Émilie menciona o carteado (ela própria sendo uma fanática jogadora de cartas!), mas adverte os leitores: "A sabedoria deve dominar sempre, pois quem é sábio é feliz." Portanto, trata-se de uma realização moderada das paixões, em que qualquer excesso pode ser prejudicial e produzir dependência. Outra paixão prejudicial para Émilie du Châtelet é ambição, que prejudica a alma e entrega as pessoas umas às outras. "Quanto menos nossa felicidade depender dos outros, tanto mais facilmente seremos felizes." Uma das outras maiores fontes de felicidade — e aqui a autora também fala por experiência própria — é o amor pela ciência. Trata-se de uma opinião surpreendentemente emancipada para uma dama em pleno século XVIII, quando ela diz que especialmente as mulheres encontram realização na ciência, já que não têm acesso a outras paixões, como o poder e a fama. Ela coloca o amor pela ciência acima de outros meios de obtenção da felicidade, pois, ao contrário de outras paixões — como o amor —, não diminui com a idade e com a doença, podendo até crescer.

A renúncia e a modéstia voluntária, finalmente, andam de mãos dadas com a realização das paixões. Aqui, a hedonista e iluminista Émilie du Châtelet assume um compromisso com a realidade. Ninguém escapa da idade e da doença, e faz mais sentido colocar metas e limites realistas na realização de paixões do que permitir que eles sejam estabelecidos brutalmente pelo destino ou pelo declínio das forças e da capacidade de viver.

> Cabe ao nosso espírito e à nossa razão fortalecer essa sábia moderação da natureza. Só somos felizes quando os desejos são realizados; portanto, só devemos nos permitir desejar coisas que possam ser alcançadas sem muito esforço e trabalho, e nesse ponto podemos fazer muito pela nossa felicidade.

Por fim, a autora fala de um caso especial de realização de paixões. Enquanto todas as paixões que dão prazer e podem trazer felicidade dependem unicamente de nós, há uma que pode trazer prazer máximo e felicidade extrema, mas que, para ser alcançada, depende dos outros: o amor. Se existe um sentimento mútuo, "não se precisa fazer mais nada para ser feliz, todo o resto é indiferente". Mais difícil é quando a inclinação existe só de um lado, ou quando o amor diminui ou morre. Nesse caso, a autora também defende um comportamento guiado pela razão, a aceitação de um meio-termo:

> No entanto, afirmo: mesmo que nossa ideia de felicidade não se realize plenamente por meio do amor ao sermos amados, o prazer que sentimos quando nos entregamos à nossa ternura pode bastar para nos fazer felizes, e se essa alma tiver a sorte de ser suscetível a ilusões, é impossível que ela não se ache mais amada do que realmente é.

Assim como ocorre em todas as paixões, é aconselhável usar a razão também no amor, pois se amamos de maneira exageradamente passional, sem precaução ou razão, facilmente isso conduzirá a uma "autorrenegação que incapacita para qualquer arte". Neste ponto, Émilie du Châtelet faz confidências ao leitor sobre a própria vida amorosa com Voltaire, em um momento (1744) em que a paixão entre ambos cede a uma respeitosa amizade entre almas gêmeas:

> Passei dez anos em uma feliz relação de amor com aquele que dominou minha alma, passei esses dez anos a seu lado sem um único momento de fastio ou tédio [...]. Amava por dois, compartilhei minha vida toda com ele, e meu coração, protegido de sombrias intuições, fruía o prazer de amar e a ilusão de se crer amado. É verdade, perdi esse estado de felicidade à custa de muitas lágrimas.

Émilie admite que terminou por aceitar o fato inevitável do fenecimento da paixão e que essa superação levou seu coração "imperceptivelmente ao sentimento de amizade, e esse sentimento, aliado à paixão pela ciência, tornou-me feliz o suficiente".

Hoje, a psicologia falaria de compensação e sublimação de uma paixão por outra. Émilie du Châtelet desconhecia esses conceitos, mas intuiu o mecanismo de sobrevivência da alma. Para ela, o amor pela ciência era a mais sublime das paixões, porque sobrevive ao amor por outra pessoa e independe das limitações da idade ou de doenças. Óbvio, até mesmo a pessoa mais forte e razoável, em última análise, é um joguete da vida. Mesmo assim, Émilie du Châtelet pensa totalmente de acordo com o espírito de um século positivo, o Século das Luzes, que, apesar de todas as limitações, coloca o homem no centro, sem depender dos caprichos de um Deus ou de um destino cego e, mesmo quando reconhece esse Deus e o destino enquanto fato concreto, não lhe concede o poder único: "Podemos nos controlar até determinado ponto; sem dúvida, não somos capazes de tudo, mas de bastante coisa." Em poucas palavras, é essa a "profissão de fé" de uma mulher emancipada, iluminista, guiada pela razão, do século XVIII, que aprendeu a tomar as rédeas de sua vida sem obedecer aos outros — com todas as consequências, mesmo correndo o risco de se equivocar ou de fracassar. "Vou além, sem medo de me equivocar", diz ela, sustentando que não existe nenhuma paixão que não possa ser superada no momento em que nos convencemos de que apenas serve à nossa infelicidade. O final do seu ensaio sobre a felicidade é, ao mesmo tempo, uma advertência e uma conciliação. É o resumo de uma mulher inteligente e experiente, sábia e generosa, um apelo direto a seus leitores, um conselho de uma autora filantrópica que não é indiferente ao desejo de felicidade das pessoas ao seu redor:

> Tentemos, pois, seguir uma vida boa, sem cultivar preconceitos ou paixões que devam servir a nossa felicidade, substituir nossas paixões por inclinações, manter cuidadosamente nossas ilusões, ser virtuosos, jamais nos arrepender, manter distância de imagens tristes e nunca permitir aos nossos corações conservar um só grão de afeto por alguém cujo afeto se esvai e que já não nos ama mais. Dado que envelhecemos, precisamos renunciar ao amor um dia, e esse dia deve ser aquele em que o amor já não nos torna mais felizes […], e, acima de tudo, tenhamos clareza sobre o que desejamos ser; vamos nos decidir pelo caminho que imaginamos para a nossa vida e tentemos margeá-lo com flores.

O APOLO DE SANSSOUCI

A felicidade de que Émilie du Châtelet desfruta ao lado de seu admirado e amado Voltaire em Cirey tem duração limitada. Mais de uma vez, teme perdê-lo para a vida exterior, para a fama ou para outras pessoas. Seu rival mais odiado é o jovem príncipe herdeiro Frederico da Prússia, um francófono fanático e que se tem na conta de ser um iluminista. Reiteradas vezes, Frederico convida seu ídolo para viajar até Potsdam — só ele, pois o príncipe herdeiro, como todos sabem, não gosta das mulheres e até teme a marquesa de Châtelet, com sua vivacidade intelectual, sua vasta erudição e sua língua afiada. Émilie reage com ciúmes quando se sente ignorada por Frederico e teme que seu amado possa ser arrastado para a corte prussiana. Assim, faz de tudo para demover Voltaire da ideia de viajar para a Prússia e não tem medo de desacreditar o príncipe herdeiro.

No começo, Voltaire cede às pressões de Émilie e escreve uma longa carta para Frederico, declinando do convite. Mas o príncipe herdeiro prussiano não cede. Em 1740 morre seu pai, o odiado Frederico Guilherme, e ele é sucedido pelo iluminista Frederico, homossexual que tende à fobia social e ao sarcasmo. Uma vez no trono, volta a enviar cartas para Cirey, inundando Voltaire com mesuras e tentando conquistá-lo pela vaidade. Tenta mesmo ofuscar Émilie com elogios hipócritas, a fim de solapar sua resistência. A respeito de seu ensaio sobre a natureza do fogo, publicado pela Academia das Ciências, escreveu: "Fiquei surpreso quando li o ensaio. Não imaginava que tivesse sido escrito por uma mulher." Em outras palavras: Frederico desprezava as mulheres e não as considerava capazes de realizações intelectuais próprias. Seu elogio está embebido em veneno. Émilie entende o recado e continua manobrando nos bastidores. Durante algum tempo ainda consegue adiar a ida de Voltaire para a corte do rei prussiano, descrevendo em cores nefastas o clima siberiano e as possíveis ameaças à sua saúde. Mas Frederico não desiste e encontra palavras inequívocas para sinalizar que não deseja ver a marquesa erudita em Potsdam: "A respeito da viagem de Madame du Châtelet, quero dizer-lhe abertamente que sois vós, Voltaire, o amigo que desejo ver. A sublime Émilie, mesmo com todo o seu acessório celestial, não passa de mero acessório do Apolo de Newton." No fim das contas, é Frederico quem vai ao encontro do filósofo francês: viaja até Moyland, perto de Kleve, na Prússia, e convida Voltaire para ir até lá. Voltaire parte, e a Émilie não resta outra coisa senão relatar sua "derrota" ao seu amigo, o matemático Maupertuis: "Foi difícil, para mim, ver Monsieur de Voltaire partir, e o rei deveria reconhecer esse meu sacrifício. Espero que ele mande de volta logo aquele homem com quem pretendo passar o resto de minha vida e que só lhe emprestei por alguns dias."

Voltaire volta de bom humor. O encontro com o monarca iluminista foi harmonioso. Frederico conseguiu enredar o francês e inseri-lo em seus planos, confiando-lhe o roteiro de seu livro *Anti-Maquiavel* e a tarefa de supervisionar a impressão na Holanda. Mas Frederico não contou com as jogadas de Émilie, que viaja para Fontainebleau, residência da corte francesa, conseguindo, junto ao círculo mais íntimo do rei, que a ordem de prisão contra Voltaire fosse finalmente revogada — sob a condição de que Voltaire, que claramente tem uma relação de confiança com o rei da Prússia, vá até Potsdam e ali atue como diplomata. O objetivo é espionar o jovem rei prussiano, cujos objetivos políticos são ignorados. Embora, dessa maneira, Émilie perca o amante por algum tempo para Frederico, pelo menos contribuiu para que não seja mais perseguido pela polícia secreta, temendo ser preso a qualquer momento em solo francês. Assim, depois de algumas semanas, ela volta para Cirey, satisfeita e mais rica: mais uma vez, ganhou muito dinheiro no jogo, em Fontainebleau.

A segunda temporada de Voltaire na corte de Frederico já não transcorre de maneira tão harmoniosa. O rei dá atenção ao convidado, mas surge uma crescente desarmonia. À noite, o rei toca flauta e Voltaire aplaude educadamente. Frederico mostra a coleção real ao filósofo francês, mas Voltaire escreve em seus relatos que as pinturas não passam de cópias baratas e ruins dos antigos mestres. Chega a compor algumas cortesias em rimas para o rei, ao que este, superestimando as próprias habilidades poéticas e linguísticas, responde em francês de maneira tosca. Não há como negar: Voltaire logo se sente entediado, a cozinha prussiana lhe provoca mal estar; por toda parte, só vê brilho falso e uma cultura rala no lugar do refinamento francês. Pouco a pouco, compreende que a mente esclarecida de Frederico mal esconde seu amargor misantrópico. De fato, o monarca supostamente tão interessado em cultura não é um amigo das pessoas, alguém que só persegue o bom, o belo e o verdadeiro, e sim um absolutista que almeja o poder. No dia 16 de dezembro de 1740, as tropas do rei invadem a província austríaca da Silésia. Ao todo, Frederico empreende três guerras para conquistar a rica região.

O Apolo de Sanssouci demonstrou ser um cruel Marte, deus da guerra, e Voltaire, ofuscado e entediado pelos agrados vazios de Frederico, não vislumbrou os sinais de uma guerra na Silésia, fracassando como "diplomata secreto" francês. Deixa Potsdam e volta para Cirey, fato que Émilie du

Châtelet comenta com maliciosa satisfação: "A lua de mel entre o pequeno Frederico e Monsieur de Voltaire acabou, e não saberemos mais nada dos maravilhosos diálogos por meio dos quais Sua Majestade aspirava à imortalidade." A ficha caiu tarde para Voltaire — mas não tarde demais: "O rei da Prússia se considera um homem civilizado, mas sob a pele fina do esteta existe a alma de um açougueiro." À invasão prussiana da Silésia, Émilie reagiu: "Que importa o número de províncias tomadas de assalto por Frederico, enquanto ele não roubar a minha felicidade?"

"A METADE DE MIM"

Émilie não saboreia a vitória por muito tempo. Começam a crescer tensões entre ela e Voltaire, que agora já passa mais tempo em Paris, pois necessita dos estímulos (e das disputas literárias) da cidade grande, enquanto Émilie continua a trabalhar, disciplinada, em sua tradução de Newton. Em 1744, época em que escreve o seu ensaio sobre a felicidade, Voltaire passa mais tempo na capital e se apaixona por sua sobrinha, uma jovem viúva. Émilie toma conhecimento, mas não admite o fim do relacionamento com Voltaire. Também resolve sair de Cirey e voltar para Paris, dedicando-se novamente à sua paixão, o jogo de cartas, que defendeu em seu *Discurso sobre a felicidade* ao lado de outras paixões contra as críticas de amoralidade. Mais uma vez ganha fortunas no jogo. Voltaire relatou a sua tática de usar raciocínios matemáticos e estocásticos: "Os adversários de Madame du Châtelet no jogo não têm a mínima ideia dos cálculos que ela faz mentalmente, muito menos que ela sempre sabe que cartas os outros têm em mãos. Se ela perder, será um acaso."

Mas o acaso que Émilie du Châtelet sabe evitar por meio de cálculos matemáticos acaba entrando em sua vida, primeiro trazendo uma aparente felicidade, depois a destruição. Em 1748, conhece, na corte da Lorena, em Lunéville, o marquês Jean-François de Saint-Lambert. Émilie tem 41 anos, enquanto Lambert, mulherengo bem-apessoado e dândi, é dez anos mais novo. Normalmente guiada pelo bom senso e pela razão, Émilie se perde de paixão. Quem sabe a desilusão com a infidelidade de Voltaire tenha sido um fator para tal. Envaidecido com a sedução de uma mulher tão famosa, Saint-Lambert inicia um relacionamento amoroso com ela. Émilie engravida de novo. Em cartas ardentes, a marquesa expressa seu desejo ao jovem, sem perceber estar abrindo mão de sua dignidade, mentindo para a própria razão, sabendo que, no fundo, Saint-Lambert não tem caráter.

"Se não me amardes mais com aquele fogo que nem a realização amansava", queixa-se em carta a ele, "a minha vida estará envenenada por vós; mas se me amardes como sabeis amar, serei muito feliz. Nessa viagem coloquei minha razão à prova, tenho muito menos do que imaginava. Viver sem vós tornou-se impossível para mim, e se não vierdes para Paris neste inverno, a minha vida se tornará um inferno. Não vale a pena viver para suportar tais privações. Hoje sinto repulsa contra tudo, até contra mim mesma, mas imagino que talvez ainda me ameis, e isso me devolve o gosto pela vida."

Saint-Lambert a abandona com a mesma rapidez com que entrou em sua vida. Hospedada no castelo do duque da Lorena, o ex-rei polonês Estanislau Leszinski, Émilie dá à luz uma menina em 3 de setembro de 1749. Fragilizada, trabalhou até pouco antes do parto na tradução dos *Princípios de Newton*, como se intuísse que seu fim estava próximo. Voltaire relatou: "O parto ocorreu quando a mãe estava em sua mesa de trabalho, traduzindo as teorias de Newton. A recém-nascida foi colocada sobre um livro de geometria enquanto a mãe juntava seus papéis e foi colocada na cama." Era como se, para Émilie, o parto fosse apenas um evento incômodo e desimportante. Mas o destino, impiedoso, interfere nos acontecimentos, e Émilie adoece de febre puerperal. Não há mais esperanças. Ao pé do seu leito de morte estão reunidos seu generoso marido, Florent-Claude du Châtelet, o infiel amante Saint-Lambert e Voltaire, alma gêmea de espírito e coração. Ela morre no dia 10 de setembro de 1749 aos 42 anos de idade no castelo de Lunéville. O duque Estanislau Leszinski manda preparar um enterro com honras de Estado. A criança, batizada com o nome de Stanislas-Adélaïde, morre dezoito meses depois. À sociedade francesa, que sempre invejou a independência de Émilie, sua formação, sua obra científica, sua vontade livre e seu caráter forte, resta apenas o escárnio depois de sua morte. "Esperemos que tenha sido a última de suas artes. Morrer de parto nessa idade é o fim de quem quer ser diferente das outras a qualquer preço", comentam. Voltaire, por sua vez, lamenta genuinamente e cheio de respeito a perda da amada amiga: "Não perdi apenas uma amante, mas a metade de mim — uma alma feita para a minha."

Romantismo e Neorromantismo

A confiança quase ilimitada dos iluministas no progresso da humanidade e em sua libertação das amarras prometeicas não foi abalada apenas pelo grande terremoto de Lisboa em 1755, mas também pelo Terror jacobino. Se o primeiro evento podia ser atribuído a um destino cego ou a um capricho inalcançável da "mãe natureza" (ou a um criador de má vontade, o que despertava a questão da teodiceia, a justiça divina), o outro somente podia ser atribuído aos instintos sombrios dos homens, sua má vontade, seu prazer em matar e sua tendência à perversão — em suma, sua obsessão em tentar sair da dependência autoimposta por meio dos instrumentos do Iluminismo, ou seja, a transmissão de conhecimento e o apelo à razão. Se muitos intelectuais europeus ainda haviam saudado com entusiasmo a tomada da Bastilha, a derrubada do rei francês e a proclamação da República Francesa, o ânimo mudou rapidamente quando a revolução começou a devorar seus filhos, e a guilhotina não parava mais na Place de la Concorde, em Paris. Um oficial de artilharia da Córsega chamado Napoleão Bonaparte conseguiu pôr um fim a esse terror alguns anos mais tarde, apenas para implantar outra miséria, muito maior. Durante quinze anos, barbarizou metade da Europa com guerras e saques, novos reinos eram governados por membros de seu clã familiar, a jovem República foi usurpada por um general.

As pessoas nos países dominados e ocupados da Europa reagiram com repulsa e resistência, não só com guerrilha e o despertar do sentimento nacional, mas também na renovação espiritual. Um bom exemplo para isso é Ludwig van Beethoven, filósofo da música cuja arte é imbuída de um humanismo genuíno e profundo e que inicialmente ainda compartilhava do entusiasmo pelas ideias revolucionárias na França. Mas poucos anos depois o compositor muda de opinião ao vivenciar como as tropas napoleônicas, que antes defendiam a República, conquistaram e devastaram os países alemães, ocupando, em novembro de 1895, a cidade de Viena, onde Beethoven trabalhava e atuava, confiscando e exigindo o pagamento de reparações de guerra. Se a Terceira Sinfonia de Beethoven (escrita em 1803), chamada de *Eroica* por seu caráter desafiador, foi dedicada a Napoleão Bonaparte, corajoso defensor dos valores republicanos, o compositor se desiludiu com seu herói que se autoproclamou imperador da França em 1804. Apagou a dedicatória na capa da obra e dedicou a sinfonia postumamente ao príncipe prussiano Louis-Ferdinand, falecido em outubro de 1806 na guerra de libertação contra as tropas de Napoleão.

Os anos anteriores e posteriores à virada do século, por volta de 1800, foram um período de profundas preocupações, mas também de um renascimento enfático e patético. O lugar do Iluminismo foi ocupado pelo Romantismo, uma "questão alemã", na expressão cunhada pelo filósofo Rüdiger Safranski, uma era nascida a partir do espírito do idealismo alemão e que, em sua primeira fase, mal se distingue do idealismo do Classicismo de Weimar, e que, na esteira do levante nacionalista contra Napoleão e de uma fase de restauração espiritual depois de 1815, logo se diluiu no estilo raso do período Biedermeier.

Em sua origem, a ideia romântica não é apenas internacional (como movimento se disseminou a partir da Alemanha por quase todas as nações da Europa), mas até mesmo supranacional em sua exigência metafísica universal. Surgida de uma reação ao racionalismo da fase final do Iluminismo, o Romantismo amplia o mundo exato de imaginação e formas do classicismo e abre o olhar para o irracional, a metafísica, o fantástico, bem como, em seu lado obscuro — na época chamado de "Romantismo negro" —, também para o fatídico, o sinistro, o oculto. As profundezas da psique humana também são uma fonte em que bebe o Romantismo. Como "poesia romântica universal" (Friedrich Schlegel), o movimento pretende reunir todas as categorias separadas da arte e levá-las a dialogar com a filosofia e a metafísica. Quer consertar a ruptura criada no mundo e nas pessoas pela hegemonia da razão fria, pelos "números e figuras" (Novalis), curando as feridas. Assim, a teoria da arte romântica ganha um caráter utópico e libertador que lhe confere um charme difuso, mas também torna seu ideal metafísico suscetível a distorções ideológicas e a abuso.

Apesar da "diluição" da ideia romântica no nacionalismo e na Restauração, o Romantismo se revelou surpreendentemente vívido e resistente, até mesmo sedutor, doce veneno que no plano político infelizmente também desembocou no irracionalismo do movimento nacional-socialista. Disso, óbvio, ainda está bem distante o ressurgimento da ideia romântica por volta de 1900 em seus melhores representantes e obras, uma vez que se caracterizava por uma postura apolítica, que condena e teme a vida ativa da vida pública como algo desprovido de criatividade, fantasia e nobreza. Thomas Mann ainda defende essa postura em seu romance *Considerações de um apolítico*, publicado em 1918. O Neorromantismo se conecta com diversos movimentos de reforma que se multiplicam como cogumelos, voltados contra o materialismo e o racionalismo e comemorando, em êxtase, a vida e a juventude, fazendo a apologia da medicina natural, da reforma na área da nutrição (vegetarianos, frutarianos, alimentação integral), mudança do jeito de vestir, reformas da pedagogia, da cultura do corpo livre, de experimentos de moradia alternativos como colônias de artistas, cidades-jardins, comunidades rurais anarcorreligiosas na região de Mark Brandenburg ou em Monte Verità, na Suíça, de movimentos de escoteiros e de andarilhos. Na literatura, os poemas místicos do jovem Rainer Maria Rilke e de Hugo von Hofmannsthal, ainda como ginasiano, ou a utopia nebulosa masculina de uma nova sociedade de eleitos e discípulos em torno do "mestre" Stefan George são a expressão da busca neorromântica pela poesia universal e pela conciliação entre ideal e realidade. Uma das representantes mais marcantes do Neorromantismo é a poeta, historiadora e filósofa da cultura Ricarda Huch, que professou o espírito romântico em suas poesias e se notabilizou como cronista culta do Romantismo, tentando traduzir suas ideias para o seu tempo.

Ricarda Huch (1864-1947)
O homem do futuro a partir do espírito romântico

É difícil imaginá-la jovem, pois já em vida Ricarda Huch sempre foi vista como a grande velha dama da literatura e da historiografia. Quando Klaus Mann voltou do exílio para a Alemanha, logo depois da Segunda Guerra Mundial, trajando uniforme americano, visitou a icônica e octogenária Ricarda Huch na Philosophenweg, em Jena. Ainda menino, conhecera a famosa escritora na casa dos pais. Trinta e cinco anos depois, escreveu sobre esse encontro no ensaio *Die literarische Szene in Deutschland* (*A cena literária na Alemanha*): "Seu rosto, com a maravilhosa testa arredondada, irradiava uma alegria aliada a sabedoria e a uma liberdade interior; mas revela também traços de sofrimento."

As fotografias que conhecemos mostram uma figura imponente com cabelos grisalhos presos em coque, pálpebras ligeiramente caídas, uma expressão facial bondosa e, ao mesmo tempo, sábia. Uma velha senhora que se sentia em casa na tradição burguesa e romântica tardia do século XIX, mas cujas raízes espirituais eram ainda mais longínquas, indo até o Sacro Império Romano-Germânico. Vivenciou e comentou o brilho falso do Segundo Império e da Primeira República, a República de Weimar. Uma das poetas mais famosas de seu tempo, testemunhou o Terceiro Reich a partir de seu "exílio interior" com repulsa pelo regime, mas com um olhar aberto e a razão objetiva, com a determinação de, na condição de cronista, transmitir a barbárie para as futuras gerações. Foi subestimada pelos representantes do exílio "exterior". Klaus Mann, sem saber dos planos de Ricarda Huch, relatou depois de sua visita de 1945 em um tom um pouco pejorativo: "É verdade que sua rígida postura moral era impressionantemente estável e confiável, mas também é verdade que ela é uma idosa que se interessa mais por questões éticas e metafísicas do que por política e sociologia."

Logo depois da Segunda Guerra Mundial, Ricarda Huch começou a escrever um livro sobre a resistência na Alemanha. Dessa maneira, essa andarilha entre os séculos, essa historiadora do antigo Império tornou-se cronista do tempo mais obscuro da história da Alemanha, dando ao mundo seu testemunho da existência de outra Alemanha, uma Alemanha "melhor", um país que ela sempre compreendeu como "ideia".

EM MEIO A VÁRIOS CONFLITOS

Ricarda Huch nasce no dia 18 de julho de 1864 em Braunschweig em uma família de comerciantes prósperos e amantes das artes. Frequenta uma escola particular. Em 1879, seu primo Richard Huch se casa com sua irmã mais velha, Lilly. É um homem bonito, interessado em artes. Ricarda se apaixona pelo primo/cunhado. A paixão é devastadora de ambos os lados. Mais tarde, ela admitiria: "Não havia mais nada além daquela paixão violenta." O relacionamento se torna público. Para fugir daquele ambiente insuportável, Ricarda decide estudar na Universidade de Zurique, uma das primeiras da Europa que permitiram o acesso de mulheres. Mas o relacionamento com Richard continua a distância durante mais alguns anos. Ambos fazem juras de amor em centenas de cartas.

Em abril de 1888 Ricarda Huch se matricula nas disciplinas história, filologia e filosofia. O pai morrera no ano anterior, a casa da família fora vendida. A jovem sobrevive graças à sua parte na herança. Persegue seus estudos com afinco e, já em 1891, é capaz de realizar os exames para professora universitária. Decidida a ganhar a vida, não pretende se "oferecer" no mercado de casamento. Um ano depois, obtém o doutorado com uma dissertação sobre a neutralidade da Suíça durante a guerra de sucessão da Espanha. Título e diploma em mãos, a jovem de 27 anos, no entanto, continua sem rumo, pois as mulheres ainda não podiam trilhar uma carreira universitária. Consegue um emprego de bibliotecária na Biblioteca Municipal de Zurique, posto para o qual é superqualificada.

Ela se sente cada vez mais atraída pela literatura. Em 1891, publica um volume de poesias assinado com o pseudônimo masculino Richard Hugo. Em poemas eróticos, festeja, sem meias-palavras, a sua paixão por Richard:

> De onde tiraste toda essa beleza / ó rosto do amor, ó corpo formoso! / O mundo inteiro fica pequeno a teu lado. / Por teres a juventude, tudo envelhece / por teres vida, tudo deve morrer, / por teres a força, o mundo não é um refúgio, / por seres perfeito, ele é um caco, / por seres o céu, não existe outro!

Ela escreve contos que são publicados em revistas e redige seu primeiro romance, *Erinnerungen von Ludolf Ursl234u dem Jüngeren* [Memórias de Ludolf Ursl234u, o jovem], publicado em 1893 em Berlim. É a história da decadência de uma família de comerciantes hanseática e de um amor trágico impossível. No livro, Ricarda Huch retratou a derrocada da própria família e seu relacionamento com o primo. A família reage horrorizada.

Mas Ricarda Huch não perde o ânimo. Para ela, o romance foi uma espécie de autolibertação. Em novembro de 1894, toma coragem para se libertar da Suíça e pede demissão do seu cargo na Biblioteca Municipal de Zurique. Ainda é impensável, na época, sobreviver como escritora. Começa a trabalhar como professora em um liceu privado em Bremen e, durante uma excursão para Worpswede, conhece o pintor Heinrich Vogeler, cujas pinturas a impressionam profundamente. Em seus próximos trabalhos, volta-se para Art-Nouveau e o Neorromantismo.

Durante uma temporada em Viena, em setembro de 1897, conhece alguns escritores do movimento modernista (Wiener Moderne), entre eles Peter Altenberg e Hermann Bahr. Uma dor de dente a leva a marcar uma consulta com o doutor Ermanno Ceconi. Apaixonam-se e se casam. Em 1898, Ricarda segue com o marido para Trieste, cidade natal dele. No ano seguinte, nasce a filha Marietta.

É aqui que Ricarda Huch começa a sua multifacetada obra. Em 1902 é publicado seu romance *Aus der Triumphgasse*, em que narra a vida deprimente dos moradores da cidade velha de Trieste.

PROFISSÃO DE FÉ ROMÂNTICA

A grande realização de Ricarda Huch no período de 1899 a 1902 são os dois volumes dedicados à época romântica, intitulado *Die Romantik* [O Romantismo]. É uma de suas obras-primas e influenciou a tendência neorromântica na poesia e na pintura. O escritor austríaco Hugo von Hofmannsthal escreveu, feliz: "O livro caiu em minhas mãos no momento certo, como uma chave mágica. Perdi as contas de quantas salas subterrâneas fui capaz de abrir graças a ele." Especialistas em literatura germânica da época enalteceram a obra. O crítico literário Oskar Walzel elogiou:

> Se, em uma leitura rápida, o livro é um jardim florido, quem cava mais fundo perceberá todo o complexo sistema ocultado pelas flores. Uma profissão de fé romântica de acordo com o conteúdo e a forma. Cada página a partir da qual tentamos entrar no livro revela uma característica romântica. Um monumento do Neorromantismo, fundamentado na consciência orgulhosa de que ele é uma evolução nova e mais elevada do velho Romantismo.

E o grande germanista Fritz Strich sentencia, entusiasmado:

> Com toda razão objetiva, ela vislumbrou a ruptura como o traço mais essencial do Romantismo. A ideia que perpassa o livro se fundamenta em uma ruptura que desce às maiores profundezas do homem, uma fragmentação da unidade humana. É a ruptura entre consciência e subconsciente, entre espírito e natureza [...].

A própria Ricarda Huch aponta para o estímulo que a levou a lidar com uma das principais épocas espirituais da Alemanha:

Resolvi perseguir esse plano por ter a impressão de que tudo o que foi escrito sobre os românticos [...] não foi digno deles e de suas obras, nem apreendeu adequadamente a sua importância. Fiquei surpresa ao descobrir coisas em suas cartas e seus escritos que não encontrei antes na literatura sobre os românticos. Escrevi o livro a partir de um sentimento de intimidade com as pessoas, suas ideias e sua percepção, sem me preocupar com o que faltava. Só tinha uma noção superficial da filosofia do seu tempo, portanto precisei abdicar de tecer comparações da influência nessa área, mas não me pareceu tão importante, pois não achava tão essencial desencavar modelos e influências [...].

Apesar dessa modéstia, o livro de Ricarda Huch sobre o Romantismo é uma imensa façanha de história literária. Mais ainda: um rico solo intelectual para a corrente neorromântica das artes por volta de 1900. A autora deixa isso evidente logo no prefácio da primeira edição: "Em nosso tempo, quando, depois de uma rejeição total anterior, assistimos a um ressurgimento das ideias românticas, precisamos ter uma compreensão melhor daquela tida pela geração passada. Foi nesse sentido que escrevi este livro."

Para Ricarda Huch, uma das conquistas essenciais do Romantismo foi a descoberta do inconsciente como fonte de inspiração artística. Também aí existe um elo com a própria contemporaneidade da autora. Não é por acaso que, no mesmo ano do livro de Ricarda Huch, sai o ensaio de Sigmund Freud intitulado *A interpretação dos sonhos*, que documenta o início e o advento da psicanálise. Ricarda Huch constata:

> Foram os românticos os descobridores do inconsciente. Sonhadores que buscavam a Índia, mandavam suas almas buscar o país dos milagres primevos do qual falam as lendas de antigamente. Perfumes e flores flutuando na água anunciavam aos navegadores solitários a proximidade das costas floridas. Assim como Cristóvão Colombo, não sabiam o que haviam encontrado. Pois não foi a Idade Média distante ou qualquer maravilhoso país dos sonhos que se abriu para eles, e sim o infindável país de seu espírito, a outra face do planeta com alma, como um deles chamou a metade encoberta do homem ainda desconhecido.

A característica do homem romântico não era a fragmentação, e sim a integridade na duplicação: "A possibilidade da autoconsciência está baseada em uma dualidade interior, e é tanto mais aguda quanto mais nítida for essa dualidade." O homem romântico buscava se reconciliar consigo e com a natureza:

> Os românticos tiveram o mérito de admitir que o conhecimento que destruiu a unidade da natureza é, no entanto, sua salvação e o meio para uma reunificação em um patamar mais elevado. É o que provavelmente quis dizer Novalis em uma breve anotação: "Adão e Eva. O que foi produzido por uma revolução deve ser anulado por outra (mordida da maçã)".

Essa visão de não jogar o espírito contra o sentimento, a cultura contra a natureza, e sim reunir o que foi artificialmente separado na poesia romântica universal, representa para Ricarda Huch — pessoa moderna da era cientificista, positivista e técnica da burguesia — um desafio, uma tarefa e uma promessa. É a tentativa do (novo) homem romântico de não negar a modernidade, mas de integrá-la em uma visão romântica de um mundo que exige a mais elevada realização intelectual e o mais profundo sentimento, e no qual os "números e as figuras" de que nos fala Novalis ficarão unidos e guardados na "palavra secreta" do romântico. De acordo com Ricarda Huch, o romântico é a verdadeira pessoa do futuro, pois une e equilibra harmoniosamente consciência e inconsciente:

> A pessoa consciente que decompõe seus sentimentos na luz, infelizmente, muitas vezes carece da fórmula para voltar a torná-los inteiros e vivos. Ou seja, podemos dizer que a pessoa inconsciente tem os sentimentos, mas sem conhecê-los, a pessoa consciente os conhece, mas não os tem, o homem do futuro que vive em harmonia os tem e os conhece.

Esse ser humano do futuro, segundo Ricarda Huch, não precisará mais da embriaguez. Segundo um aforismo de Novalis, estará sempre, a um só tempo, vigilante e adormecido.

No entanto, Ricarda Huch adverte contra uma abertura incondicional para o inconsciente, como crê ver principalmente na arte do *fin-de-siècle*, a arte da decadência. Segundo ela, isso nada tem a ver com o ideal romântico de totalidade, nem com a criação a partir das profundezas da alma; antes, abre as portas para as trevas e para as doenças.

A maioria dos artistas modernos se engana por achar que, tendo começado a povoar sua consciência com as figuras do submundo, precisa transformar o mundo superior em reino das trevas, enquanto é precisamente da luz que necessitam. Seu submundo se despovoa, criar no inconsciente tornou-se impossível, mas eles poderiam conseguir o mesmo na consciência, pois, diz Novalis, vidente é quem é perfeitamente equilibrado.

O ideal do homem romântico — portanto, do ser humano do futuro — segundo Huch, é, antes, uma "fusão de sentir e de saber", como definiu Friedrich Schlegel em 1798 no 116º Fragmento do *Ateneu*. Para ele, a poesia romântica seria uma "poesia universal progressiva", com a finalidade de:

> voltar a reunir todas as categorias separadas da poesia e recolocar a poesia em contato com a filosofia e a retórica. A poesia romântica quer e deve misturar ou fundir poesia e prosa, genialidade e crítica, poesia artística e poesia natural, tornar a poesia viva e sociável e colocar poesia na vida e na sociedade.

Os princípios do apolíneo e do dionisíaco, do clássico e do inebriante, do consciente e do inconsciente encontram seu símbolo no dia e na noite, mas é a hora do crepúsculo do norte, segundo Ricarda Huch, a expressão perfeita do romântico:

> E o perigo do artista moderno reside no fato de que ele, mimado pelo crepúsculo, já não suporta mais o dia. Esquece que o trabalho árduo só é possível de dia. Cada vez mais necessitado de se fortalecer, fecha os olhos ante o dia na ilusão de que fará noite. Mas as fontes balsâmicas do céu estrelado não o orvalham; moroso e taciturno, despertará de sua noite artificial e se descobrirá menos capaz do que antes. Assim como a noite, o inconsciente é simultaneamente consolador e terrível para o homem. O inconsciente é demoníaco. Podemos diferenciar entre demonismo clássico e moderno. A

pessoa consciente é demoníaca quando o inconsciente surge nela, e a pessoa inconsciente, quando ele age dentro dela.

Já o romântico do futuro, segundo Ricarda Huch, seria totalmente consciente [*allbewusst*], "nenhum raio que não seja refletido para aqui e ali parte do infinito e nenhum do Eu". O universo romantizado, de acordo com a utopia positiva de Ricarda Huch, será um universo "do caos consciente". O caráter romântico é o próprio duplo, o *doppelgänger*, "consciente, moderno, em que espírito e natureza, separados violentamente, sempre anseiam se tocar e se misturar, a fim de fugir com ímpeto". Assim, o romântico é o homem moderno, ou aquele que ele deveria ansiar ser. A nostalgia dilacerante está implantada nele, à diferença do homem da Antiguidade. Enquanto este não conhecia a mania de se consumir — o que, aliás, caracteriza sua grandeza, beleza e perfeição —, essa nostalgia arrasadora é inerente ao homem romântico, o dilaceramento cresce nele "como uma flor com cálice fundo e cor de sangue, que exala incessantemente os perfumes inebriantes da alma para a eternidade".

O emblema literário do Neorromantismo, para Ricarda Huch, é o romance *Niels Lyhne* (1880), de Jens Peter Jacobsen. O protagonista é um viajante eterno e dono de uma nostalgia insaciável, assim como os românticos de todos os tempos sempre são pessoas eternamente jovens, ansiando por estímulos que oscilam entre devoção e repulsa, autorrejeição e misantropia. É o homem ainda imaturo do crepúsculo, que atingirá a perfeição no amor:

> Vemos o homem crepuscular, o caos turvo em que as massas flutuam, confusas. A luz penetrou e tenta dividi-las — ainda apenas percebida como poder divisor, que separa o que estava fundido em um bem-estar difuso. [...] Só quando as massas crepusculares do caos estiverem divididas em dia e noite, o amor será capaz de uni-las em harmonia.

Mas a grande visão que o Romantismo irradia para a modernidade é a esperança de uma fusão entre o Eu e o mundo, segundo o poeta Novalis, "metades integrantes", metades separadas apenas temporariamente e que só fazem sentido quando unidas. Se a Idade Média era a época em que ainda se enxergava a totalidade por meio da visão mística, a fusão entre o sensível e o suprassensível, o Romantismo é sua continuação e conclusão.

Ouviram os sonhos filosóficos balbuciantes dos místicos medievais com a mesma empatia que as descobertas brilhantes de cientistas modernos. Para uma geração posterior [a Era Moderna], o desejo de observar o todo e partir de cada detalhe para o geral se tornou incompreensível. Para [as pessoas da Era Moderna], teria parecido ridícula e desprezível a afirmação de Friedrich Schlegel de quão milagroso é partir da física para a cosmogonia, a astrologia, a teosofia — em suma, a toda a ciência mística da totalidade —, uma vez que não se podia ainda fazer experiências sem hipótese, e que cada hipótese pensada de maneira coerente teria que passar necessariamente pela totalidade.

A isso se contrapõe a busca pela sabedoria dos românticos: "A nova filosofia se impôs sobre essa rígida autolimitação, devolvendo aos homens o seu desejo inato pela onisciência." É simbólico, nesse sentido, o sonho de Ludwig Tieck da libertação do homem e do mundo por meio da poesia romântica universal, que culmina em uma imagem poderosa:

> [...] finalmente, a flor do tempo desabrochou, libertando a eternidade presa com um som gigantesco, o fogo oculto irrompeu de tudo o que era terreno, e o eterno e primevo elemento da luz voltou a reinar sobre as profundezas, e todos os espíritos se fundiram em um só espírito.

Diante dessa visão e dessa promessa, o que significa o fato de ela não ter se tornado realidade, e que talvez nunca se torne, permanecendo sempre utopia e esperança? O caminho é romântico, pois é a fé no progresso que estimula e incita os românticos. Não se trata de um progresso positivista mensurável, e sim de um aperfeiçoamento interior do homem no sentido de se *tornar* uno (e não de *ser* uno) consigo e com o mundo — mesmo na acepção amarga e paradoxal de ter fracassado pessoalmente, mas na esperança de que está no caminho da grande totalidade, a comunidade imaginada pelo Romantismo:

A própria história do romantismo aponta para uma sequência, uma continuidade. Os românticos sabiam que não haviam completado nada, nem na arte, nem na vida. Existem provas suficientes de que não estavam satisfeitos consigo e com suas realizações, e ainda que se perdessem com um bem-estar rebelde no caminho errado, apontavam, conscientes, para os objetivos mais elevados.

É o que Ricarda Huch oferece a seus leitores — tanto seus contemporâneos como os do futuro. É uma promessa, uma mensagem de libertação com o espírito do Romantismo destinado para a modernidade:

> De todos os lados parece que nem a arte pode se esquivar do grande objetivo de formar os homens. Nenhum Romantismo que queira separar a arte da vida ou flutuar por cima dela como uma ilha feita de ar poderá progredir. Quanto mais força tiver, melhor conseguirá unir o interior ao exterior, intervir na grande engrenagem sem sacrificar a beleza em favor da funcionalidade, os mistérios em favor do cálculo matemático.

VIDA E PAIXÃO NA RADIANTE CIDADE DE MUNIQUE

Por toda a sua vida, Ricarda Huch se viu como guardiã do velho e intérprete do que é novo e esperado (e do que se renova), tanto em sua poesia quanto em seus livros historiográficos e sobre história da cultura. A união entre intelecto e sentimento, razão e percepção, a pesquisa crítica de fontes e recriação e o encontro criativo de pesquisa científica com a interpretação na ficção constituem a graça e a natureza de seus livros. Sua obra completa é gigantesca: cinco volumes de poesia, 25 volumes de romances e contos, por volta de 35 volumes de conteúdo de história, história da cultura, filosofia, filosofia da religião, biografia, história da arte e sociologia, além de diversos volumes com peças, contos, vários prefácios de obras, escritos autobiográficos, ensaios, artigos, resenhas e (publicados postumamente) vários volumes de cartas.

Entre 1900 e 1927, sua vida e sua produção estão intimamente ligadas à cidade de Munique. Com exceção de uma temporada de três anos em Braunschweig, foi lá que viveu e se relacionou com os grandes personagens intelectuais, como Thomas Mann, Karl Wolfskehl, Annette Kolb, Rainer Maria Rilke, Hugo von Hofmannsthal e Erich Mühsam. Em 1924 foi agraciada com o título de cidadã honorária da Universidade de Munique.

Entre as principais realizações dos anos vividos em Munique e Braunschweig está o romance *Vita somnium breve* (1903), um livro neorromântico e autobiográfico que pode ser lido como um canto do cisne, uma despedida resignada de seu amor por Richard Huch. Em 1908, publicou *Risorgimento*, uma série de estudos sobre personalidades das guerras de unificação na Itália. Entre 1912 e 1914, publica os três volumes de seu amplo relato da Guerra dos Trinta Anos, intitulado *Der grosse Krieg in Deutschland* [A grande guerra na Alemanha], talvez seu maior sucesso literário. Para o público acadêmico, seu estilo era por vezes demasiado pessoal e poético. Incitada pelo historiador Alfred Stern a falar sobre o "conflito" entre historiografia e poesia, Ricarda Huch enfatizou a sua exigência de um conhecimento universal, à moda do século XVIII: "A historiografia foi tão devastadora para a poesia como a fotografia para a pintura. O poeta não deveria precisar respeitar a história; por outro lado, precisa entender o seu tempo — um problema insolúvel, a meu ver, mas que sempre me seduziu." Em 1923 sai o seu estudo *Michael Bakunin und die Anarchie* [Mikhail Bakunin e a anarquia], que causou algum estranhamento poucos anos depois do fracasso da República dos Sovietes. Mas para Ricarda Huch, Bakunin era o rebelde vigoroso, o idealista romântico, o guerreiro contra o despotismo. Em seu ensaio, aproximou o anarquismo, como forma intelectual, do coletivismo cristão primitivo, sem deixar de lado a demanda pelas liberdades pessoais.

A vida pessoal de Ricarda Huch seguiu romanticamente revolta. Em 1905, separa-se do seu primeiro marido. Nunca conseguiu esquecer o amor por seu primo Richard — apesar da despedida fictícia em *Vita somnium breve*. Quando se reencontram, todos os princípios caem por terra: "De repente, voltei a me sentir viva, jovem, meu corpo estremeceu, as lágrimas fluíram de meus olhos como rios no degelo." A irmã Lilly finalmente concede o divórcio. Em julho de 1907, depois de 25 anos de saudades torturantes, Ricarda e Richard se casam. A fotografia do casamento é comovente. Mostra duas pessoas de meia-idade, de cabelos grisalhos. Mas eles haviam mudado. Três anos depois, já estão separados.

ANOS DE APRENDIZADO POLÍTICO

Por mais que Ricarda Huch tenha se ocupado intensamente com a política em seu relato sobre a Guerra dos Trinta Anos, não se abalou com as questões políticas de seu tempo quando irrompeu a Primeira Guerra Mundial. Reagiu com um estranho alheamento: "Eu não me interessava por política. Aliás, pouca coisa era menos interessante para mim." Quando tropas alemãs bombardeiam a catedral gótica de Reims, em setembro de 1914, a opinião pública do mundo inteiro critica violentamente a barbárie cultural. Estranhamente, a guardiã do antigo e que vê suas raízes na Idade Média defende o ato com expressões bastante simples. No jornal *Frankfurter Zeitung*, do dia 16 de outubro de 1914, escreveu: "A guerra se baseia em violência e destruição. [...]. É extraordinariamente difícil escolher entre arte e vida. Certo é que só o povo que dá mais valor à vida e às pessoas do que à arte é capaz de produzir arte." Trata-se de uma postura típica de boa parte dos intelectuais alemães daquela época, que, a partir de um sentimento de burguesia ainda do século XIX, consideravam a política como o campo de atuação de determinada casta (nobres e militares) — algo pernicioso que não competia a um bom burguês.

Ricarda Huch também manteve contatos com intelectuais pacifistas. Em novembro de 1917, Annette Kolb lhe envia seu polêmico ensaio *Briefe einer Deutsch-Französin* [Cartas de uma teuto-francesa]. As duas são praticamente vizinhas, pois desde julho de 1916 Ricarda Huch também mora em Berna com a filha Marietta. Não é bem um exílio: por causa de um problema crônico de intestino, ela precisa manter uma dieta complicada, que não pode seguir na Alemanha devido ao desabastecimento.

Pouco antes do final da guerra, ela volta para Munique e então conhece o verdadeiro rosto da violência militar: "Se antes não me abalava com a guerra, agora a sinto como amargo sofrimento." Fica perturbada com a República dos Sovietes. Os acontecimentos não combinam com sua imagem evolucionária da história. Como outros escritores conservadores de sua época, só se acostuma lentamente com a República de Weimar e rechaça sobretudo as forças de esquerda, como a socialdemocracia. A neorromântica, que pouco depois considerará o anarquista Mikhail Bakunin um romântico utópico, reivindica um socialismo difuso, mas em algum ponto "de uma nova comunidade voluntária" deve "florescer novamente uma vida individual vigorosa".

O ANTIGO E O NOVO

Em outubro de 1926, Ricarda Huch recebe um convite para integrar a recém--fundada seção de Arte Poética da Academia Prussiana das Artes, primeira e única mulher naquele círculo elitista de 27 pessoas. Na primavera de 1927, deixa Munique e se muda para Berlim, galgando definitivamente o posto de grande poeta da Alemanha e representante da República de Weimar. Publica extensos estudos de história e história da cultura: entre 1927 e 1930 (e, depois, em ordem alterada,1933/34) saem dois (depois três) volumes de *Im alten Reich: Lebensbilder deutscher Städte* [No antigo império: imagens da vida em cidades alemãs], que retrata as antigas cidades de regiões alemãs que existem de forma inalterada desde a Idade Média. No prefácio, resumiu sua opinião sobre a relação entre o velho e o novo:

> [as velhas cidades] tinham três inimigos: o fogo, os franceses e a raiva destruidora e a falta de bom gosto dos novos tempos. [...] No entanto, o *Zeitgeist*, que está acima da vontade humana, poderia voltar para a forma fechada e orgânica; se não o faz, deve ser permitido lembrar com empatia e até nostalgia de tudo o que é belo, grandioso e curioso que nossos antepassados produziram.

E ela encerra com uma frase que expressa a quintessência do seu ser: "Não é preciso ter sensibilidade para o presente quando se valoriza o passado e as suas obras."

Em 1930, Huch publica *Alte und neue Götte: Die Revolution des neunzehnten Jahrhunderts in Deutschland* [Os velhos e os novos deuses: a revolução do século XIX na Alemanha], um relato caleidoscópico e de um texto brilhante da Revolução de 1848, suas causas e consequências. O livro termina com o "novo Reich" de Bismarck que, para a autora, era um regime de espírito estreito, materialista e desprovido de ideias e que ela desprezou tanto quanto o Terceiro Reich. Na conclusão, escreve:

> Poder, violência, dinheiro, massa, eram esses os princípios do novo Reich, bem como da oposição; [...] Diante da crescente centralização, tudo o que era pequeno e pequeno-burguês se tornou ridículo; só a nação grande, a cidade grande, a empresa grande poderiam sobreviver na concorrência geral. Da mesma forma que todos os monumentos tiveram que ser enormes para decorar as grandes praças, os parâmetros se modificaram em todas as áreas; em todo lugar passaram a dominar as formas infladas, vazias, calculadas para um conteúdo futuro. [...] Não quiseram mais ser o povo dos pensadores e dos poetas, nem os entusiastas da liberdade e da justiça, queriam ter poder e professar o poder como princípio.

Segue-se a contrapartida ao Reich de Bismarck — bem como ao Terceiro Reich dos nazistas: a evocação do Sacro Império Romano-Germânico, expressa nos três volumes de *Deutsche Geschichte: Römisches Reich Deutscher Nation* [História da Alemanha: Sacro Império Romano-Germânico] (1934), *Das Zeitalter der Glaubensspaltung* [A era das crenças divididas] (1937), *Untergang des Römischen Reiches Deutscher Nation* [Queda do Sacro Império Romano-Germânico] (1949). Esse foi seu trabalho mais extenso e talvez o mais importante.

Os três volumes não são uma descrição "autossuficiente" do antigo Império. Antes, o sistema do Sacro Império Romano-Germânico é descrito como contraposto positivo de épocas futuras materialistas, desprovidas de fé e sacudidas por brigas religiosas e ideologias. A mensagem da autora é evidente: é como se ela oferecesse à sua época (o Terceiro Reich) o espelho da história, em que o tempo presente se vê refletido como caricatura feia e ridícula. O regime nazista entendeu a mensagem. Embora não existisse uma razão óbvia para proibir o livro, era fácil decifrar as entrelinhas. Anne Marie Koeppen, ideóloga nazista e redatora-chefe da revista *Die deutsche Frau* [A mulher alemã], foi incisiva na resenha publicada em 1935 na revista *Nationalsozialistische Monatshefte*: "Essa Ricarda Huch publicou um livro contra o qual todo alemão honrado que ama a liberdade deveria se indignar." E concluiu com uma ameaça velada:

> Não duvidamos de que Huch colherá elevados elogios com essa obra ultramontes [além das montanhas, referindo-se ao Sul católico e conservador]. Que continue ali, disseminando as flores de seu intelecto. Na Alemanha de Adolf Hitler não existe mais lugar para feiticeiras desse tipo.

EXÍLIO INTERNO E RESISTÊNCIA

Quando os nazistas tomam o poder, Ricarda Huch já não está mais em Berlim. Poucos meses antes se mudara para Heidelberg, vivenciando a distância o desmonte da Academia Prussiana das Artes. Mesmo assim, se envolve Em fevereiro de 1933, Heinrich Mann, que preside a sessão de Arte Poética, demite-se em protesto contra o curador nazista do Ministério da Cultura prussiano, Bernhard Rust. Os membros da Academia que permanecem são instados a assinar uma declaração de lealdade aos novos donos do poder. Gottfried Benn se destaca e redige uma minuta com a seguinte pergunta, a ser respondida com sim ou não: "Está disposto a continuar a emprestar sua pessoa à Academia Prussiana das Artes, tendo em conta as transformações na situação política? Uma resposta afirmativa excluirá qualquer ato político público contra o governo."

O resultado é a (pretendida) divisão entre os membros da Academia Thomas Mann, Alfons Paquet, Alfred Döblin, René Schickele e Jakob Wassermann votam *Não*. Ricarda Huch se recusa a responder. O presidente da Academia, Max von Schillings, interpreta o silêncio como consentimento Em 9 de abril de 1933 Ricarda Huch escreve uma carta a Schillings explicando as razões de sua saída da Academia. "Que um alemão se sinta alemão, parece evidente; mas *o que é* ser alemão e como agir como alemão, sobre isso há opiniões diferentes. Aquilo que o atual governo prescreve como sendo a mentalidade alemã não é o que eu penso." Enquanto a maioria dos colegas que votaram *Não* deixam a Alemanha, Ricarda Huch permanece no país, por várias razões. Como muitos outros adversários do nacional-socialismo, ela acredita que o pesadelo será breve. Além disso, já tem quase 70 anos, seria difícil acostumar-se a uma cultura estranha. Em um cartão que escreve em outubro de 1933 ao escritor exilado Alfred Döblin, ela lamenta: "O senhor estará na Palestina? Se eu fosse judia e jovem, iria para lá [...]."

Embora depois da Segunda Guerra Mundial muitos entre os exilados e as novas gerações (com julgamentos apressados) criticassem e difamassem a opção pelo "exílio interior", Ricarda Huch foi uma das personalidades íntegras que se posicionaram publicamente e de maneira destemida contra o regime. Os nazistas não ousaram puni-la, dada a sua elevada reputação dentro e fora da Alemanha. A ideia de que ela estivesse entre os escritores proibidos só é parcialmente correta. Embora obras de cunho histórico de sua autoria continuassem sendo publicadas na Alemanha até o final dos anos 1930, outros livros foram proibidos, como o seu ensaio sobre Bakunin e o livro *Gerechtigkeit!* [Justiça!], de Friedrich von Oppeln-Bronikowski, com prefácio de Ricarda Huch, publicado em 1932, que reivindicava uma reconciliação entre alemães e judeus.

No outono de 1934, Ricarda Huch se muda para Freiburg com sua filha Marietta, o neto Alexander e o genro Franz Böhm. Em setembro de 1936, a família inteira se transfere para Jena, onde Böhm, jurista de renome, recebera um emprego de professor. É a cidade em que Ricarda Huch passará o tempo do nazismo e da guerra, período em que estabeleceu contatos com grupos da resistência ao regime, como o jovem teólogo Helmut Gollwitzer. Também conheceu pessoalmente adversários do regime, como Ernst von Harnack e Elisabeth von Thadden. Reúne à sua volta um grupo de pessoas que pensam da mesma forma e se encontram regularmente, trocando novidades ouvidas pela emissora BBC.

Os nazistas continuam tentando aliciar a autora internacionalmente famosa. Em 1940, oferecem-lhe um prêmio de honra em dinheiro. Ela recusa, orgulhosa: "Ainda sou capaz de trabalhar e ganho o bastante, não tenho motivos de queixa e não preciso de apoio." Um escândalo ocorre em maio de 1937, quando Ricarda Huch encontra Richard Kolb, condecorado com a Ordem do Sangue, na casa do economista Walter Weddigen, de Jena. Ele sustenta que os judeus são incapazes de raciocinar organicamente e não são produtivos. Começa um bate-boca. Kolb a acusa: "Vejo que a senhora preferiria ver o povo alemão aniquilado e os judeus no poder." Ricarda Huch retruca: "Eu amei muitos os alemães, mas recuei depois de ver tanta maldade." Incauto, o genro Franz Böhm entra na conversa. No dia seguinte, Richard Kolb denuncia Ricarda Huch e Franz Böhm junto ao decano da universidade e ao conselho da administração do ensino superior, exigindo que Böhm renegue por escrito suas afirmações. Böhm nem reage. No início de 1938 tem início um processo investigativo contra Böhm e Ricarda Huch, ambos indiciados por "crime contra a Lei Antitraição ao Estado". São interrogados, Franz Böhm perde a sua cátedra e é alvo de um processo disciplinar. Richard Kolb pede que a polícia de Weimar envie Böhm para um campo de concentração. A solicitação é arquivada. E mais: no início de 1939, Ricarda Huch volta a ser interrogada. Antigos contatos ajudam. O ministro da Justiça do Reich, Franz Gürtner, que conheceu a escritora em 1934, em Munique, no seu 70º aniversário, manda arquivar o processo sem muito alarde.

Ricarda Huch continua sendo observada pelas autoridades alemãs e pela Gestapo, mas o governo teme tratá-la como prisioneira no próprio país. Assim, em março de 1942 ela recebe autorização para viajar para Zurique, onde a Faculdade de Filosofia organiza uma festa em homenagem aos cinquenta anos da obtenção do seu doutorado. Dois anos mais tarde, em julho de 1944, ela comemora 80 anos rodeada de parentes e amigos. Pensativa, reflete: "Apesar de tudo, festejamos como nunca. Acho que é como nos tempos da peste: à beira do abismo, as festas tendem a ser mais ruidosas." Pelo 80º aniversário, sua cidade natal, Braunschweig, lhe confere o Prêmio Wilhelm Raabe. Ricarda Huch continua ironizando o regime: no Natal de 1943, presenteia seu neto Alexander com uma agenda e, dentro dela, cola uma fotografia de Hitler em uma posição inconveniente em frente a um painel horroroso de propaganda nazista, as pernas afastadas, as mãos cruzadas na frente do sexo. Como legenda, cita Friedrich Schiller: "É admirável que algumas pessoas não apodreçam imediatamente em sua nulidade"

Quando Ricarda Huch é informada sobre a prédica do bispo de Münster, Clemens August Graf von Galen, proferida no dia 3 de agosto de 1941, na qual ele condena como assassinato a "eutanásia" de pessoas com deficiências, envia-lhe uma carta de agradecimento: "Perceber que falta ao nosso povo o sentimento de justiça talvez tenha sido a coisa mais amarga que os últimos anos nos trouxeram. O ambiente obscuro se iluminou quando o senhor, venerado bispo, colocou-se contra a injustiça triunfante [...]." Naqueles anos, a escritora perde amigos do grupo do movimento de resistência. Em 1943, a pedagoga evangélica Elisabeth von Thadden é presa em Paris e executada em setembro de 1944 na prisão de Berlin-Plötzensee. Em 1944, a Gestapo prende o socialdemocrata Ernst von Harnack, outro membro da resistência assassinado em março de 1945 em Plötzensee. Depois da descoberta da conspiração do dia 20 de julho de 1944, Ricarda Huch escreveu o poema "An unsere Märtyrer" [Aos nossos mártires], cujas cópias circulam entre os familiares dos assassinados.

CRONISTA DA RESISTÊNCIA ALEMÃ

Ricarda Huch não abandona o assunto da resistência. Passa o final da guerra no pequeno vilarejo de Tautenburg, perto de Jena. Depois da capitulação, volta para casa — que permaneceu intacta — na Philosophenweg. Não tem paciência para os muitos alemães que simplesmente recalcam o passado. Em uma entrevista de dezembro de 1945, publicada pelo *Zeitung für Politik, Wirtschaft und Kultur* em Berlim Oriental, afirmou:

> Importante, acima de tudo, é restabelecer o sentimento de justiça no povo alemão [...]. Estranhamente, os atos violentos de Hitler, a começar pelo caso Röhm, de 1934, até a barbárie dos campos de concentração, não desencadearam arrepios em vastas camadas do povo.

Os soldados da ocupação soviética recebem ordens para tratá-la com respeito. Ela recebe até mesmo carvão e alimentos dos russos. O que Klaus Mann não soube durante sua visita é que a velha senhora estava preparando um vasto estudo sobre a resistência alemã. Em maio de 1946, Ricarda Huch publicara um apelo nos jornais *Hessische Nachrichten*, de Frankfurt, e *Neue Volks-Zeitung*, de Nova York, pedindo cartas, diários e outras fontes da resistência alemã. Muita gente lhe confiou documentos pessoais, mas ela também foi hostilizada e ofendida como "traidora da pátria". Aos 82 anos, viu-se diante de uma montanha de material. Quando voltou de uma viagem, surpreendeu-se: "Encontrei um Monte Chimborazo ou um Popocatépetl de cartas, e agora preciso removê-lo." Acabou só fazendo um fragmento do megaprojeto. Mas Ricarda Huch ainda conseguiu concluir os retratos dos irmãos Scholl e de seus amigos Christoph Probst, Alexander Schmorell, Willi Graf e Kurt Huber. Em outubro de 1947, assume a presidência de honra no Primeiro Congresso Alemão de Escritores. Conhece o escritor Günther Weisenborn, a quem poucos dias depois entrega seu material para o livro em homenagem à resistência alemã. Em 1953, Weisenborn publica os textos que lhe foram confiados, com prefácio de Martin Niemöller, no livro intitulado *Der lautlose Aufstand* [A rebelião silenciosa]. O legado literário de Ricarda Huch contém outros retratos dos resistentes Elisabeth von Thadden, Nikolaus Christoph von Halem, Klaus Bonhoeffer, Ernst von Harnack, Julius Leber, Theodor Haubach e Jean-Paul Oster. Os textos foram publicados em 1971.

Seu genro Franz Böhm deixou Jena logo em abril de 1945 em direção à parte ocidental da Alemanha. Depois da guerra, ganhou um cargo como professor na Faculdade de Direito da Universidade de Frankfurt am Main, na zona de ocupação americana. Ricarda Huch e a filha Marietta tentam, em vão, conseguir um passaporte. Os soviéticos não permitem que a famosa escritora deixe Berlim Oriental. Durante o congresso de escritores de outubro de 1947 (onde encontra o amigo Alfred Döblin, de volta do exílio), aproveita a oportunidade e pega um táxi com a filha até a parte ocidental da cidade. Vende suas últimas joias para pagar a hospedagem em um hotel. Com a ajuda de um conhecido, Ricarda Huch e Marietta Böhm deixam Berlim em 25 de outubro de 1947 em um trem militar britânico em direção a Hanôver. É uma longa e gelada viagem no final do outono. Chegam à noite em Hanôver, tremendo de frio, passam mais seis horas em um contêiner gelado à espera de uma conexão para Frankfurt. Quando finalmente chegam à cidade em ruínas, não há ninguém à sua espera e não há quartos disponíveis em hotel algum. Exausta, a senhora de 83 anos está sentada sobre suas malas. O acaso vem em seu socorro, pois o ex-prefeito de Jena, Heinrich Mertens, soube da fuga de Ricarda Huch e correu até a estação. Ele leva a escritora e sua filha até Schönberg, na região do Taunus, e as acomoda na casa de hóspedes da prefeitura de Frankfurt. Mas os esforços da viagem fragilizaram a idosa, que adoece de pneumonia. Penicilina a salvaria, mas o medicamento não está disponível nas farmácias alemãs. Embora o médico que a atende tenha conexões com o Vaticano, o antibiótico não chega a tempo: Ricarda Huch morre no dia 17 de novembro de 1947 e é enterrada no cemitério municipal de Frankfurt. Foi uma lenda viva cuja aura escondia sua obra literária. O escritor Ernst Wiechert escreveu no posfácio:

> O que amávamos nela era a sua nobreza, a nobreza de uma retaguarda que defende há uma geração o legado esquecido contra os tempos ruidosos. Ela não dissolveu, e sim voltou a reunir o que estava ameaçando decair. Mas não abaixou a cabeça perante as ditaduras do passado nem perante as anarquias do presente.

A fenomenologia

Todo o Romantismo e o Neorromantismo são marcados pelo idealismo alemão. E foi um descendente da família talvez mais famoso do Romantismo alemão que plantou as bases de uma doutrina filosófica totalmente nova: Franz Brentano (1838-1917, sobrinho de Clemens e Bettine Brentano). Ele perdeu sua missão como sacerdote católico ao rejeitar o dogma da infalibilidade do papa, mas ficou famoso como professor de filosofia na Universidade de Viena. Ele rompeu com várias tradições da história da filosofia e descobriu a psicologia contemporânea (a partir da qual nascerá a psicanálise de Sigmund Freud) como fonte do conhecimento filosófico.

Um dos discípulos de Brentano foi Edmund Husserl, que continuou a doutrina do mestre, desenvolvendo um método que influenciaria vários pensadores em toda a primeira metade do século XX, saindo do círculo estreito dos discípulos de Husserl e atingindo a filosofia de Martin Heidegger do *Ser e tempo* e a filosofia existencial de Karl Jaspers, e irradiando até os filósofos do existencialismo Jean-Paul Sartre, Simone de Beauvoir, Emmanuel Lévinas e outros.

Nascido em uma família judaica modesta em Prossnitz, na Morávia, Edmund Husserl (1859-1938) foi um aluno que avançava lentamente na escola e só despertou para a agilidade intelectual quando descobriu a matemática e, mais ainda, a filosofia como campo do pensamento humano. Foi para Viena, converteu-se ao protestantismo e estudou com Franz Brentano, o sacerdote católico expulso. Sua doutrina da Psicologia do Ato (que interpreta os fenômenos psíquicos como atos intencionais voltados para os objetos) foi desenvolvida por Husserl, desembocando na fenomenologia, apresentada em duas obras, *Logische Untersuchungen* [*Investigações lógicas*], de 1900/1901, e *Ideen zu einer reinen Phänomenologie und phänomenologischen Philosophie* [*Ideias para uma fenomenologia pura e para uma filosofia fenomenológica*], de 1913. Depois de muitos anos trabalhando como docente particular, essas publicações lhe renderam alguma fama e reconhecimento. Em 1916 conquistou uma cadeira de filosofia na Universidade de Freiburg. Até a sua aposentadoria, em 1928, Husserl tornou Freiburg o centro mais importante de sua escola (o "jardim de infância fenomenológico", como observou, de forma bem-humorada, sua discípula e assistente Edith Stein) e o centro da filosofia na Alemanha. Foi a década da fenomenologia, influenciando filósofos como Martin Heidegger, Edith Stein, Eugen Fink, Max Scheler, Jean-Paul Sartre, Maurice Merleau-Ponty e Emmanuel Lévinas. Este último descreveu Freiburg como "cidade da filosofia" e a fenomenologia de Husserl, como "um novo ideal de vida, uma nova página na história, quase uma nova religião".

A fenomenologia de Husserl é mais um método do que propriamente um sistema. Possivelmente por isso teve tantos adeptos e exerceu tamanha influência, porque libertou o pensamento no lugar de tentar enquadrá-lo em esquemas preconcebidos e escolas tradicionais. O conceito de "fenômeno" batizou o método: Husserl quer descrever as coisas do cotidiano e do mundo de experiências do ser humano. Isso requer afastar todos os clichês, ideias preconcebidas, hábitos e desvios e concentrar toda a atenção no objeto em si. Essa "redução" foi chamada por Husserl de *epoché*, o método dos céticos antigos que tentavam evitar qualquer juízo preconcebido sobre o mundo.*

E o que é um fenômeno? É tudo o que se apresenta à nossa experiência (portanto, não apenas os objetos sensoriais e tácteis, como também lembranças, fantasias, imagens, experiências religiosas e místicas etc.). Se, por exemplo, um *sommelier* prova um vinho, é um fenomenólogo por excelên-

---

* *Epoché* vem do grego antigo e significa "parada", ou "interrupção"; é um desprendimento espiritual em relação às coisas mundanas, uma espécie de suspensão do mundo no tempo e no espaço, para que a pessoa possa meditar e tomar consciência da própria essência. (*N.da T.*)

cia, pois o ato de provar vinho tem por finalidade eliminar — por redução ou *epoché* — tudo o que não faz parte daquele vinho. O fenômeno daquele gole de vinho não se revela na história da viticultura, no terreno em que foi cultivado, na espécie de uva, no processo de colheita e de fermentação, mas simplesmente pela forma como o fenômeno, por meio de redução, se apresenta às experiências individuais — neste caso, a experiência do *sommelier*.

A fenomenologia representou uma libertação no âmbito da filosofia. Finalmente, o olhar filosófico ficou livre para os fenômenos, sem a carga da tradição, das escolas, das tendências. Em termos de história cultural, foi um avanço rumo à modernidade para desbravar novos mundos de experiência. A fenomenologia devolve ao pensamento o mundo que esteve "ocupado" até então. Tem um potencial revolucionário, porque, por meio da *epoché*, tira da frente e neutraliza todas as ideologias que ocuparam o pensamento, como o marxismo, o fascismo, o fundamentalismo religioso, o Positivismo. Mas a fenomenologia não reflete só sobre os fenômenos externos, e sim também sobre a própria consciência — não como ela é, mas como age e como retém as experiências. Nesse ponto, Husserl volta a um raciocínio de Franz Brentano, para quem a consciência deve ser observada no aspecto de sua intencionalidade, ou seja, a forma como se aproxima do objeto. Os pensamentos sempre se dão *por* ou *sobre* alguma coisa — portanto, a consciência imagina algo, mesmo que esse algo não exista. Visto assim, os fenômenos estão fora do mundo real. A fenomenologia sequer se questiona sobre o que é real, pois a consciência não *é, mas tem em sua intencionalidade um objeto*.

Ao longo de sua vida de erudito, Edmund Husserl deu algumas voltas. Partindo de Descartes — "penso, logo existo" — em uma conferência de 1929 (depois de se aposentar), reivindicou que "qualquer indivíduo que queira se tornar filósofo deve fazer uma vez na vida como Descartes: retirar-se para si mesmo e, dentro de si, derrubar todas as ciências existentes, para depois tentar reconstruí-las". Alguns anos depois, Husserl voltou do interior para o exterior e reivindicou que as pessoas se olhassem para o mundo, para aqueles espaços compartilhados com outros, pois só ali vivenciam suas experiências.

Essas idas e vindas pareceram um pouco erráticas a vários companheiros de ideias. Karl Jaspers, um dos discípulos de Husserl, e que, por suas mãos, chegou até a filosofia, disse certa vez que nem o próprio Husserl sabia bem o que era a fenomenologia. E Edith Stein, sua genial discípula e fiel assistente, decepcionou-se certa vez ao passar duas horas tentando discutir com Husserl, ambos sentados em seu velho sofá de couro, sobre a "Fenomenologia da Empatia", tema de sua dissertação, sem chegar a um consenso com ele. Já se distanciara do método de seu orientador.

Edith Stein (1891-1942)
Filósofa da fenomenologia, mártir, santa

Para muitos católicos, Edith Stein é um ícone, no mais tardar, desde que foi canonizada pelo Papa João Paulo II, em 1998. Pode ser comparada a Hildegarda de Bingen (1098–1179), que nos últimos trinta anos também viveu uma verdadeira renascença na esteira de movimentos feministas e ambientais das mais diversas tendências. Mas o caso de Edith Stein é bem mais complexo. Ao contrário da abadessa da Idade Média, a falta de um distanciamento histórico ainda permite reinterpretações da vida e das ações da religiosa carmelita descalça de Colônia. Na realidade, é precisamente a canonização oficial de Edith Stein que, de tempos em tempos, aparece como estopim de posições religiosas e ideológicas nem sempre isentas de conflitos e que deixam à mostra a ferida da civilização do século XX. Grupos judeus acusaram a Igreja católica de ter-se apoderado de Edith Stein, nascida em uma família judia praticante. O lado católico muitas vezes mostrou de forma muito simplificada a irmã Teresa Benedita da Cruz (nome com que foi batizada na nova religião) como exemplo da conciliação entre judaísmo e cristianismo. Movimentos feministas acusaram a carmelita descalça de ter traído a causa da emancipação feminina, por ter preferido a obediência monástica a uma vida autodeterminada e à carreira profissional. Só nas últimas décadas a academia começou a prestigiar a sofisticada obra filosófica de Edith Stein em sua integralidade, retirando-a da sombra de seu mestre Edmund Husserl.

De fato, Edith Stein escapa de uma classificação inequívoca ou até mesmo de ser objeto de culto ou de veneração. Sua vida e seu pensamento mostram as errâncias e as contradições da modernidade. É precisamente essa autenticidade que faz dela, hoje, uma personagem tão interessante para tanta gente. Mesmo além de sua vida de religiosa e de seu fim trágico como vítima do Holocausto, Edith Stein, santa em um mundo cada vez mais secularizado, atrai muita gente, incluindo os que não professam uma fé.

ENCONTRO COM A FENOMENOLOGIA DE HUSSERL

Edith Stein nasce em 12 de outubro de 1891 em Breslau, a 11ª filha de uma família de judeus comerciantes assimilados, que observam os ritos judaicos de maneira bastante relaxada e se identificam com um pensamento nacionalista e liberal. O pai morre quando ela tem apenas dois anos. A mãe assume o pequeno comércio de carvão e de material de construção. Comanda a família e o negócio com mãos firmes. Edith é descrita como uma criança inteligente e precoce, às vezes mimada e rebelde. Frequenta a escola para filhas de boas famílias (*Höhere Töchterschule*) e o ginásio em sua cidade natal, chamando a atenção pela rapidez no aprendizado e pela disciplina acima da média. Suas provas escritas de conclusão do curso são de tal forma excepcionais que a comissão a libera de fazer os exames orais.

Em 1911, Edith Stein começa a estudar letras germânicas, filosofia, história e psicologia na Universidade de Breslau, esperando conseguir entender a natureza humana com ajuda da psicologia. Mas se decepciona com as aulas de William Stern, para quem a psicologia não passa de simples mecânica científica, no lugar de se aprofundar na psique do indivíduo observado. Edith Stein vira as costas para a psicologia e se concentra na filosofia. Ali encontra os conceitos claros que esperava da ciência e que correspondem ao seu pensamento estruturado — embora ainda não tenha encontrado a linha filosófica que condiga com o seu intelecto.

O acaso resolve seu dilema. Em um jornal, encontra um artigo sobre uma estudante de filosofia premiada. A fotografia da jovem Hedwig Martius, estudante de Edmund Husserl, em Göttingen, atrai Edith Stein, muito antes de saber que as duas desenvolverão uma profunda amizade, fértil em termos de estudos científicos. A matéria no jornal incita a sua curiosidade pelo método filosófico que na época notabilizou Husserl: a fenomenologia.

A fenomenologia busca resolver uma lacuna que, desde Immanuel Kant, sempre caracterizou a filosofia: o foco no Eu e o distanciamento dos objetos. A fenomenologia quer penetrar os objetos por meio da intuição e da percepção para chegar ao fundo de sua essência. O objetivo é sair do terreno incerto da experiência subjetiva, a fim de evitar preconceitos e ser capaz de observar e descrever a realidade com segurança, confiando na terminologia estrita e clara do procedimento. A fenomenologia quer — e daí deriva seu nome — considerar as coisas do mundo exterior como fenômenos, sem interpretação subjetiva, ou seja, como mero reflexo na retina da consciência. Dessa forma, a observação sóbria e livre de preconceitos das coisas — ainda que parta do sujeito humano — torna-se uma visão objetiva. Aspectos emocionais e preconceitos são excluídos da observação fenomenológica, assim como os *insights* e as perspectivas aprendidas. As coisas voltam a se reduzir apenas a si mesmas, livres da carga da tradição, apreendidas intuitivamente. Em vez de analisarmos as coisas que experimentamos, treinamos experimentar as coisas. Procura-se o objeto em si e, não mais, como em Kant, o objeto para nós. Naturalmente, a fenomenologia de Husserl assume *a priori* que exista algo como uma realidade objetiva. Sua epistemologia só se mantém em bases sãs nessas condições.

Edith Stein adquire a principal obra de Edmund Husserl, *Investigações lógicas*, e é arrebatada pela leitura: "[...] o *conhecimento* parecia ser um receptor, que recebe suas leis dos objetos, e *não*, como se critica, uma *determinação* que obriga os objetos a seguirem a sua lei." Ela interrompe os seus estudos em Breslau e viaja para Göttingen, onde se apresenta ao "mestre", como o chamaria a partir de então. Husserl recebe a bela jovem de expressão séria e lhe pergunta se leu suas publicações. Edith Stein diz a verdade: "Li as *Investigações lógicas*." Husserl: "Os dois volumes?" Edith Stein: "O volume II inteiro." "Bem", diz Husserl, "já é um ato heroico". Pronto. Edith Stein está aprovada como sua estudante.

Ela mergulha no método de Husserl. Sua colega Hedwig Martius, que logo se torna sua amiga, afirma sobre a nova estudante: "É uma predestinada, com seu espírito sóbrio e objetivo, seu olhar agudo, sua objetividade absoluta." Só em 1908 as mulheres na Prússia passaram a ter acesso a todas as disciplinas universitárias. Estudantes mulheres ainda são a exceção. Formam pequenos grupinhos nos auditórios e são vistas como seres exóticos. São avaliadas com parâmetros mais elevados do que os colegas do gênero masculino. A possibilidade de trilhar carreira na academia ainda é um sonho distante.

Edith Stein mergulha nos estudos e na ciência, mas sem se isolar. Bastante autossuficiente, entra em um grupo de jovens estudantes de filosofia que se autointitula pomposamente "Escola de Göttingen". Não é a única mulher: sua amiga Hedwig Martius participa, embora seja mais contida nos debates. Fazem parte, ainda, um dos discípulos mais talentosos de Husserl, Adolf Reinach (morto na Primeira Guerra Mundial), bem como o polonês Roman Ingarden, que depois haveria de se tornar um dos principais filósofos de seu país. Edith Stein se apaixona por ele. No entanto, tornam-se apenas amigos, pois ele já está comprometido. Em pouco tempo, Edith Stein é vista como debatedora de igual para igual no círculo de filósofos, sem revelar modéstia feminina ou timidez de recém-chegada. Ela própria comentou, com um sorriso nos lábios, que os integrantes recém-admitidos no grupo "passavam meses só ouvindo, respeitosos, antes de ter coragem de abrir a boca. Eu, ousada, logo me meti nas discussões".

SERVIR À PÁTRIA E AO "MESTRE"

A eclosão da Primeira Guerra Mundial interrompe os estudos em Göttingen e esvazia os auditórios na universidade. Muitos estudantes vão lutar no front, vários nunca mais retornam ou voltam mutilados. As mulheres também são convocadas a servir em hospitais e em fábricas de munição. Edith Stein é contaminada pelo espírito comunitário e de solidariedade que anima tanta gente. Entusiasmada, escreve: "[...] hoje acabou a minha vida particular. Tudo o que sou pertence ao Estado; se eu sobreviver à guerra, quero retomá-la, como se fosse um novo presente." Ela quer participar da coletividade e dar um novo sentido à sua vida, até agora dedicada apenas aos livros, quer conhecer o mundo externo de maneira diferente da visão da fenomenologia e compreendê-la sensorialmente.

Em janeiro de 1915 presta exames nas seguintes matérias: propedêutica filosófica, história e alemão. Em seguida, ingressa como voluntária no serviço de saúde. Faz um curso de enfermagem em Breslau, sua cidade natal, depois vai trabalhar em diversos departamentos do hospital municipal. Finalmente, é enviada para um hospital de campanha na região de Mährisch-Weisskirchen. Para lá vão os feridos de guerra do front nos Montes Cárpatos, pessoas que levaram tiros ou foram vítimas de explosões, bem como pacientes com doenças infecciosas como cólera, disenteria, tifo. Alguns perderam a sanidade depois dos horrores da guerra, gritam e entram em surto, precisam ser amarrados ao leito. Edith Stein se desincumbe de sua missão com paciência, sem se queixar, demonstrando uma resiliência e nervos de aço que destoam de sua aparência frágil. Há fotografias em que está sentada à mesa durante um intervalo, de uniforme branco e chapéu de enfermagem, com café e cigarro. Ela se entope de nicotina e cafeína para se manter desperta e bem-humorada e resistir ao serviço pesado. Por mais profissional que Edith Stein possa parecer, a dor dos pacientes a atinge profundamente. Certa vez, um jovem doente de tifo morre, e é ela quem arruma os seus poucos pertences: "Ao organizar os objetos, um bilhete caiu da agenda do falecido, contendo uma oração por sua vida, escrita pela esposa dele. Isso mexeu muito comigo."

Depois de alguns meses o hospital de campanha é desmontado, porque a linha do front se deslocou. Edith Stein é dispensada. Volta para a casa da mãe em Breslau, retomando sua dissertação iniciada antes da guerra. É sobre um tema fenomenológico que Husserl lhe dera para resolver, um "tijolinho" que faltava até então em seu construto teórico. Husserl usa o conceito de "empatia" para a circunstância de que o mundo exterior objetivo só pode ser experimentado de maneira intersubjetiva, ou seja, por meio da comunicação mútua de indivíduos que se reconhecem. Em sua tese, Edith Stein diferencia e define o termo de Husserl, e diz que a empatia é "uma espécie básica de atos que apreendem a experiência alheia". Empatia não é apreender argumentos alheios, e sim sentir a vivência interior de outras pessoas. Correspondendo aos costumes da época, Husserl utiliza os resultados de sua doutoranda (Edith Stein é aceita com nota máxima, *summa cum laude*) na segunda parte de seu ensaio publicado poucos anos depois, *Zur Phänomenologie der Intersubjektivität* [*Sobre a fenomenologia da intersubjetividade*]: "Só a empatia cria a primeira verdadeira transcendência. [...] É quando a consciência pela primeira vez ultrapassa a si própria, e aquilo que é dado nessa ultrapassagem é o Eu estranho e a consciência do Eu." Não é só Husserl que se dá conta da importância científica da dissertação de Edith Stein. Também Roman Ingarden, a quem Edith Stein dedicava um carinho especial, reconhece o valor da tese: em sua opinião, ela salvou a fenomenologia de Husserl da estreiteza de raciocínio e da recaída por meio da redução para o Ego — a maneira de ver de Edith Stein permitiu um verdadeiro entendimento entre o Eu e o Ser alheio.

Husserl pode ter um intelecto brilhante, mas seu método de trabalho é caótico. Por isso, precisa de uma nova assistente zelosa e inteligente. Edith Stein, que acaba de entregar a dissertação, ganha o emprego — é a primeira assistente de um professor universitário alemão. Venera seu mestre, trabalha por ele e durante muito tempo não percebe que ele — sem más intenções — se aproveita dela. Husserl anotava suas ideias em incontáveis bilhetinhos, geralmente usando a escrita taquigráfica, que já estava em desuso naquela época, pensando em organizar tudo em algum momento posterior. Assim, acumulam-se montanhas de papel que a zelosa assistente tenta organizar, transcrever e classificar em algum sistema lógico. O segundo volume das *Ideias para uma fenomenologia pura*, de Husserl, saiu postumamente, entre 1950 e 1952. Para isso, foi preciso que Edith Stein transcrevesse e classificasse por volta de 10 mil páginas manuscritas, frente e verso. Para numerosos outros escritos de Husserl, entre ensaios e artigos, Edith Stein também fez o trabalho prévio de organizar, classificar e revisar.

Com toda essa abnegada dedicação ao "mestre", sua própria pesquisa corre o risco de ficar estagnada. Edith Stein avança aos trancos e barrancos com sua tese para a habilitação e por isso só pode ministrar cursos para calouros. Em 1919, depois da guerra, Husserl escreve uma carta de recomendação para sua assistente, apoiando a sua habilitação, desde que as mulheres tivessem acesso à trajetória acadêmica. Embora a nova Constituição da República de Weimar finalmente tivesse equiparado as mulheres aos homens no tocante aos direitos políticos, na vida real elas ainda eram bloqueadas pelos poderosos professores doutores. Assim, a carta de recomendação de Edmund Husserl é um presente de grego: um elogio que não vale muito mais do que o pedaço de papel no qual foi escrito.

Durante a sua vida, Edith Stein redigirá quatro teses de habilitação, apresentadas a diferentes faculdades. Quatro vezes foi recusada, em parte com desculpas bastante esfarrapadas. A outra discípula de Husserl, Hedwig Conrad-Martius, só em 1949, já aos 61 anos de idade, ganharia um emprego não remunerado como professora, e aos 67, um cargo honorário, igualmente sem remuneração. Só em 1950 uma mulher assume pela primeira vez uma cadeira de filosofia: Katharina Kanthack, na Universidade Livre de Berlim. Mas Edith Stein já não estava mais viva para ver.

CRISE INTERNA E O ENCONTRO COM O CATOLICISMO

Durante aquele período, Edith Stein está sobrecarregada com suas múltiplas tarefas. Relacionamentos amorosos infelizes aumentam esse estresse. Muitos dos homens por quem se apaixona a rejeitam como mulher, preferindo sua amizade. O colega Hans Lipps morre no front durante a Primeira Guerra. Roman Ingarden já prometeu seu coração a outra. Nas cartas, Edith Stein revela a contradição entre seus sentimentos no paradoxo de desejar aquele homem contra todo bom senso. O que lhe parece óbvio e inequívoco na fenomenologia se confunde no labirinto de violentas emoções, de complexos de culpa e arrependimento. Em uma carta para Ingarden, confessa:

> Meu amor, esta noite adoraria estar contigo e te dizer tanta coisa que fiquei devendo. [...] Entre tantas outras coisas que me deprimem, em primeiro lugar é que não tive força para te esconder o meu sofrimento, jogando sombras na tua vida, ao invés de um raio de sol. O que busco agora é tranquilidade e a recuperação da minha autoestima arruinada [...] Desejo que tenhas uma vida plena com toda a riqueza que o mundo pode oferecer.

A tensão emocional gera crises de depressão e diminui sua vitalidade. Por um lado, Edith Stein entende seus estudos filosóficos como um anseio subjetivo por esclarecimento do seu pensamento, mas também como fuga dos seus problemas e compensação de uma realização proibida:

> Os livros não me servem de nada enquanto não surgir clareza sobre o assunto em questão por meio de meu próprio trabalho. Essa luta pela clareza ocorreu em mim à custa de muito sofrimento, deixando-me noite e dia sem descanso. Naquela época, não conseguia dormir, e muitos anos se passaram até eu voltar a ter noites tranquilas. Aos poucos, fui entrando em um verdadeiro desespero. Foi a primeira vez na minha vida em que me deparei com algo que não poderia vencer com a minha força de vontade [...] ao ponto em que a vida me pareceu insuportável.

A crise depressiva estrangula seu pensamento e suas emoções como uma nuvem carregada que ameaça destruí-la. "Não conseguia atravessar a rua sem desejar que um carro me atropelasse", escreveu em sua autobiografia. "Quando fazia uma excursão, torcia para me acidentar, para não voltar viva. Ninguém imaginava como eu me sentia por dentro."

Naquele período, Edith Stein trava vários contatos com o catolicismo. Quando entra na catedral de Frankfurt durante uma visita à cidade, observa a piedade expressada naturalmente pelos fiéis em oração:

> Entramos na catedral por alguns minutos, e enquanto lá estávamos em respeitoso silêncio, entrou uma mulher com uma bolsa de feira e se ajoelhou para uma breve oração. Aquilo foi uma novidade para mim. Nas sinagogas e nas igrejas protestantes que eu conhecia, as pessoas só iam ao culto. Aqui, no entanto, alguém saía do meio de suas atividades cotidianas para a igreja deserta como para uma conversa íntima. Nunca me esqueci daquela cena.

Foi marcante o encontro com a amiga Anne Reinach, viúva do colega Adolf Reinach, morto em 1917. Anne Reinach encantou e convenceu Edith Stein, naqueles anos de crise, com sua forte fé e sua resignação quanto ao próprio destino. Edith Stein temia rever a amiga depois da morte de Adolf. Achou que encontraria uma viúva desencorajada e dilacerada pela dor. Mas Anne

Reinach mostra-se forte, amparada pela fé, confiante e humilde, apesar de toda a tristeza. E empresta a Edith Stein a autobiografia da mística Santa Teresa d'Ávila. Mais tarde, Edith Stein comentaria que a leitura do livro pôs um fim à sua "longa busca pela fé verdadeira". Sua amiga Hedwig Martius cita uma afirmação de Edith Stein daquela época: "No protestantismo, o céu se fecha; no catolicismo, está aberto."

Sob essas fortes emoções, Edith Stein é batizada em Bergzabern no dia 1º de janeiro de 1922, abandonando a fé de seus antepassados, mesmo ciente de que, na acepção judaica, literalmente "morreu" para Deus. A reação da mãe é previsível: expulsa a filha de casa. Só fazem as pazes alguns meses mais tarde. Rosa, irmã mais velha de Edith, também se converte ao catolicismo algum tempo depois e acompanhará Edith em seu caminho espiritual até a morte. Mas as reações dos parentes continuam tensas. Mesmo depois da canonização, em 1998, pelo Papa João Paulo II, uma sobrinha de Edith Stein comentou, com amargura, que a Igreja católica não ajudou sua tia quando a levaram para ser assassinada no campo de concentração.

Uma proposta de emprego como pedagoga no liceu feminino e como docente no seminário de professores das freiras dominicanas da cidade de Speyer, em 1922, parece um sinal do destino para Edith Stein. Ela passa dez anos atuando nas duas instituições, vivendo em proximidade com as freiras e com seu ritmo de trabalho e orações. Com seu jeito calmo e transparente, Edith Stein é popular entre as alunas e as futuras professoras. Tenta adaptar novos conceitos pedagógicos, como os de Maria Montessori e Georg Kerschensteiner. Claro, sempre demonstra certa reserva — quem sabe, por sua origem acadêmica ou por decepções amorosas.

Com as freiras dominicanas, Edith Stein se aproxima da liturgia católica e da beatitude monacal. Muitos anos depois, escreveu para Roman Ingarden: "É um mundo completamente novo que se abre quando começamos a viver para dentro, ao invés de só para fora. Todas as realidades com as quais fomos confrontados antes se tornam translúcidas, deixando transparecer as verdadeiras forças que nos sustentam e nos movem."

INDIVÍDUO E COLETIVIDADE

Apesar de se doar por inteiro à sua profissão de pedagoga, Edith Stein percebe dolorosamente que seu anseio de trilhar uma carreira acadêmica não poderá ser realizado. Por outro lado, tem consciência de sua vocação filosófica e continua se aprofundando na teoria da fenomenologia de Edmund Husserl, interpretando-a e continuando-a do ponto de vista de uma mulher emancipada, pedagoga liberal e católica esclarecida. Em pouco tempo adquire excelente fama como palestrante e conferencista em congressos pedagógicos e encontros filosóficos. Em 1932, Edith Stein se torna docente no Instituto Alemão para Pedagogia Científica (*Deutsches Institut für wissenschaftliche Pädagogik*), em Münster. Além disso, dedica-se à tradução comentada da volumosa obra *Quaestiones disputatae de veritate* (*Questões disputadas sobre a verdade*) de São Tomás de Aquino, uma façanha filológica. Também traduz as cartas e os diários do cardeal John Henry Newman, um dos primeiros representantes da teologia moderna.

Dentro de seu próprio pensamento filosófico, amplia consideravelmente o construto de teses de Husserl naqueles anos, saindo, assim, da sombra de seu mestre. Em seu tratado *Psychische Kausalität* [*Causalidade psíquica*], amplia o conceito de causalidade das ciências naturais com ajuda dos conhecimentos fenomenológicos. O Eu não age só por pressões causais, mas também motivado pela razão. Essa interação implica um livre-arbítrio humano e, ao mesmo tempo, uma imagem ampliada do ser humano que, ao contrário do que propunham Descartes e os iluministas, não é uma mera máquina nem um ser que pensa e age apenas com base na razão: "A força vital espiritual [...] guarda em si uma nova fonte de poder, que só pode se desenvolver plenamente com ajuda da força vital sensual e à própria custa." Em seu tratado *Individuum und Gemeinschaft* [*Indivíduo e comunidade*], por outro lado, Edith Stein constrói uma proposta filosófico-fenomenológica para as então emergentes ciências sociais, ao examinar mais detalhadamente e diferenciando os termos "comunidade" e "sociedade", em última análise, também delimitando-os contra a terminologia confusa da comunidade popular (*Volksgemeinschaft*) dos escritos de Adolf Hitler e outros.

Edith Stein defende o conceito de sociedade contra sua apropriação pela direita nacionalista ao constatar que a sociedade é uma associação funcional que representa os interesses de uma coletividade:

> [...] quando uma pessoa considera a outra assim como o *sujeito* vê o *objeto*, tenta compreendê-la e a "trata" de acordo com o resultado de sua investigação, gerando nela os efeitos pretendidos, vive-se em *sociedade*. Já quando um sujeito aceita o outro *como sujeito*, sem confrontá-lo, mas *vivendo junto com ele* e sendo determinado pelos seus atos, forma-se uma *comunidade*. Na sociedade, cada indivíduo é absolutamente solitário, uma "mônada sem janelas".

Ao conceito de sociedade, Edith Stein contrapõe a "massa" como fenômeno destrutivo da sociedade: "Os indivíduos reunidos nesta massa não estão sintonizados. [...] A massa é uma reunião de indivíduos que se comportam de forma igual. Falta uma unidade interior que faz o todo viver." Naquele final dos anos 1920, Edith Stein se ocupa muito com a ideia de povo e Estado. Segundo sua convicção, o Estado "não é mero produto de atos jurídicos", mas deve trabalhar no sentido de desenvolver a coletividade. Stein acha que esse é um processo intelectual, apoiado em experiência e no livre-arbítrio. Sendo assim, para sua constituição e seu reconhecimento geral, o Estado precisa da livre concordância de todos. O Estado não está apenas ligado a um direito positivo, e sim a uma justiça mais elevada e permanente, uma norma ética imposta por Deus: "Em primeiro lugar e antes de tudo, cada pessoa está sujeita ao Senhor supremo, e nenhuma relação de poder terrena pode mudar isso." Dessa maneira, a filósofa se contrapõe ao conceito fatídico de Führer do nacional-socialismo e à sua exigência de subjugar os direitos e os interesses do indivíduo e o direito divino, o direito extemporâneo emanado do suposto consenso da comunidade popular (*Volksgemeinschaft*). Em outro trecho, escreve: "A consanguinidade não basta como base para formar uma comunidade popular. É preciso que exista uma comunidade espiritual. [...] Povo e Estado não coincidem." Não admira que tais reflexões não fossem exatamente bem recebidas nos comitês de habilitação das universidades e que ela tivesse inimigos nas redações da imprensa e da propaganda nazista.

CARMELITA DESCALÇA E FILÓSOFA

Apesar desses méritos e de sua crescente reputação como filósofa e teóloga, três novas tentativas de habilitação fracassam nas universidades de Freiburg, Breslau e Kiel, em parte rechaçadas com base em justificativas descabidas, tais como "a conjuntura econômica geral" ou destacando que, embora a comissão reconhecesse o valor do trabalho de Edith Stein, desaconselhava um pedido oficial, já que não poderia ser realizado na faculdade e no ministério (por motivos não apontados). A academia, portanto, quer bloquear a incômoda discípula de Husserl. Além disso, Edith já tem 41 anos e concorre com gente bem mais jovem nas universidades. A tomada do poder pelos nacional-socialistas, em 1933, apenas reforça suas chances decrescentes como acadêmica e sua exclusão social por ser uma judia convertida. Quando perde o emprego de docente em virtude das leis raciais do regime nazista, ela se vê profissional e socialmente excluída.

Tudo isso pode não ter sido definitivo, mas certamente influenciou sua decisão de entrar como noviça no convento de carmelitas descalças de Colônia em 14 de outubro de 1933, um passo que ela considerou cuidadosamente durante doze anos. No dia 25 de abril do ano seguinte, é solenemente investida como freira e recebe o nome de Teresa Benedita da Cruz, "abençoada pela cruz". Foi ela mesma quem escolheu o nome: "A cruz, para mim, era o destino do povo de Deus que então já começava a se anunciar. Pensei que quem compreendeu o que era a cruz de Cristo deveria carregá-la em nome de todos." Na memória coletiva, até hoje ela é conhecida por seu nome mundano.

Se, antes, Edith Stein não obedecia às regras, agora precisa se submeter à rígida regra da ordem, que ela, no entanto, percebe menos como impedimento do que como uma redução àquilo que é essencial na vida. Se, alguns anos antes, ainda defendia o direito à autodeterminação da mulher em congressos (razão pela qual muitas feministas a reduzem a esse papel), agora Stein considera a busca por Deus — diante do pano de fundo da escravização utilitarista da ideologia nazista — como o verdadeiro sentido da existência. "Toda pessoa busca Deus [...]. A medida última de seu valor não é o que ela faz pela comunidade — família, povo, humanidade —, e sim se ela segue o chamado de Deus."

Primeiro, a noviça Edith Stein — ou Teresa Benedita da Cruz — precisa se adequar às rígidas regras da ordem e à estrutura do dia com horas estabelecidas de trabalho e de oração. Ela não se queixa. Nos anos seguintes escreve uma série de poemas e orações, sem maior valor literário. Mesmo assim, nos anos 1935-1936 consegue redigir sua principal obra poética, *Endliches und ewiges Sein* [*Ser finito e ser eterno*] que, com os vetos a obras de autores judaicos da Câmara de Literatura do Reich, só é publicado postumamente em 1950. Nela, tenta juntar filosofia contemporânea e a busca por Deus da tradição judaico-cristã. Com isso, volta-se claramente contra a obra *Ser e tempo*, de Martin Heidegger (seu sucessor como assistente de Edmund Husserl), publicada em 1927, e que reduz o Ser apenas à existência humana, uma vez que o Ser sempre é vivenciado como sendo ameaçado pela morte. Edith Stein refuta isso, tentando uma argumentação cristã e ao mesmo tempo baseada na razão:

> [...] ao fato inegável de que o meu Ser é fugaz, limitado ao momento e exposto à possibilidade de Não Ser, corresponde outro fato, igualmente inegável, de que sou apesar dessa fugacidade e que sou conservado de um momento para o outro no Ser, e que abarco, no meu ser fugidio, um ser permanente. Sei que sou sustentada. [...] Portanto, no meu Ser eu topo com outro, que não é meu, e sim a base e o apoio do meu ser em si sem base e sem apoio. A razão, a origem do meu Ser, como de todo ser finito, só pode ser em última análise um Ser que não é — como todo Ser humano — um Ser recebido; deve vir de si mesmo; um Ser que, como tudo o que tem começo, não pode ser, mas é necessário. Como o seu ser não é engendrado, não pode haver no ente nenhuma separação entre *o que é* (e o que poderia ser ou não ser) e o ser, mas tem de ser *o próprio ser* [...]. A segurança de ser, cujo vestígio experimento em meu ser transitório, indica uma ancoragem *imediata* no suporte e fundo derradeiros de meu ser (apesar de possíveis apoios indiretos). Isso decerto é um vestígio muito obscuro, que mal pode ser chamado de *conhecimento*.

É a existência de um ser supremo que, portanto, dá ao Ser humano seu último sentido. O caminho para a descoberta de Deus, por outro lado, pode ser trilhado com ajuda da razão humana, mas devido à possibilidade do equívoco humano, a busca da verdade nas últimas coisas sempre é referida à instância suprema:

> Por mais que o filósofo deva atentar a uma visão clara como último aval dentro do próprio processo, tão desejável deve-lhe parecer, em nome da verdade — em face da inegável possibilidade de equívoco em toda a descoberta puramente humana —, a revisão por meio de uma autoridade sobrenatural, iluminada e, por isso, isenta de erro.

Segundo ela, no final das contas, todo o anseio humano por experiências não pode ser o "perfeito conjunto de sentidos", pois acima da razão humana se abre a razão do Supremo: "Aquilo que apreendemos do 'sentido das coisas' está para a totalidade dos sentidos como sons isolados e perdidos que o vento me traz de uma sinfonia tocada ao longe."

Apesar de todo o respeito profissional que tem pelo colega Martin Heidegger, Edith Stein o acusa de, em suas considerações sobre o "Ser" e o "Não Ser", não ter esgotado os questionamentos pelo sentido, a origem e a razão do ser humano:

> Mas isso não resolve a pergunta pela origem. Por mais que se tente silenciar sobre ela ou proibi-la como não tendo sentido — a partir da própria particularidade do Ser humano ela sempre surge, irrefutável, exigindo esse Ser que se justifica em si sem motivo, que está motivado em si, aquele que "lança" o que foi lançado a partir da peculiaridade do modo humano de ser, a origem sempre volta a se impor inexoravelmente e busca um ser fundado em si mesmo e assim tudo fundando sem fundamento, um ser que lança o "lançado". Assim desvela-se o ser-lançado como ser-criado.

À negação da necessidade de uma infinitude, Edith Stein retruca com uma conclusão antitética: "A finitude só pode ser apreendida em contraste com o infinito, isto é, a plenitude eterna do ser. A compreensão do ser de um espírito finito, como tal, já é uma transição do finito ao eterno." Na filosofia do ser desenvolvida por Edith Stein, o homem é, assim, um ser/uma essência dependente da razão que, com seu conhecimento limitado do sentido, participa da totalidade de sentido da essência suprema, que é capaz de receber o espírito por meio de Deus. Assim, o ser humano carrega um "selo especial", o selo do espírito de Deus (a teologia fala do Espírito Santo), do qual deriva a dignidade intocável e divina do homem. Esses eram os pensamentos revolucionários da carmelita descalça Edith Stein, altamente intelectual e devota, em um tempo de regime de barbárie do Estado contra os direitos humanos fundamentais.

"VAMOS, EM NOME DO NOSSO POVO!"

Apesar do novo (e extremo) conflito com a mãe por causa da conversão ao catolicismo e da ida para o convento, nos últimos anos da vida de Edith Stein há um aumento da consciência de suas raízes judaicas. É justo no período de restrição política que volta a crescer o que, antes, lhe parecia ser algo já superado durante a assimilação burguesa e, no seu caso, oficialmente deixado de lado com a conversão. Ela acompanha a pressão social sobre os judeus alemães, a sucessiva retirada de seus direitos políticos, as ameaças do *pogrom*, as detenções e, finalmente, a aberta ameaça à integridade física. Já em 1933, ela escreve um ardoroso apelo ao papa Pio XI, chamando a sua atenção para a situação dos judeus alemães:

> Também estamos convencidos de que esse silêncio não será capaz de assegurar a paz com o atual governo alemão no longo prazo. Por enquanto, a luta contra o catolicismo ainda será levada a cabo em silêncio e de maneira menos brutal do que contra o judaísmo, mas da mesma forma sistemática.

Em resposta, recebe apenas a bênção papal para si e seus familiares. No entanto, não se exclui a probabilidade de que as palavras abertas de Edith Stein tenham influenciado Pio XI quando ele escreveu a encíclica "Com ardente preocupação", em 1937.

Em abril de 1938, Edith Stein professa os seus votos eternos. Mas a conversão e os muros do convento não a protegem dos algozes nazistas. Para a ideologia do regime, ela continua sendo judia, tendo perdido seus direitos civis, de acordo com as Leis de Nuremberg de 15 de setembro de 1935. Na chamada "Noite dos Cristais", em 9 de novembro de 1938, 171 sinagogas são queimadas em incêndios criminosos, mais de 7 mil estabelecimentos comerciais são destruídos e cerca de 26 mil pessoas são deportadas para campos de concentração. É quando a direção do convento tem certeza de que a religiosa convertida corre perigo máximo. As religiosas de Echt, nos Países Baixos, ligadas às carmelitas de Colônia, aceitam abrigar Edith Stein. Um médico amigo a ajuda a cruzar a fronteira no dia 31 de dezembro de 1938.

O convento carmelita de Echt também acolhe Rosa, a irmã mais velha de Edith Stein, que se converteu ao catolicismo depois da morte da mãe, em 1936. Ela ajuda na portaria e na cozinha. Mas a bonança é breve. No dia 10 de maio de 1940, tropas alemãs invadem os Países Baixos. No ano seguinte começa a deportação sistemática de judeus — holandeses e alemães exilados — para os campos de concentração no Leste. Já em junho de 1939, Edith redigiu o seu testamento, no qual tenta dar um sentido à sua possível morte como vítima em sacrifício: "Peço ao Senhor que aceite minha vida e minha morte [...] pela salvação da Alemanha e pela paz na Terra, finalmente para meus familiares, vivos e mortos, e todos aqueles que me foram dados por Deus, que nenhum se perca."

Depois da invasão alemã, a prioresa de Echt ainda tenta transferir as irmãs Stein para a Suíça. Mas um tempo precioso é perdido com a lentidão das autoridades e a hesitação dos dois conventos aos quais apelou. É tarde demais. No dia 26 de julho de 1942, todas as igrejas católicas (e muitas reformadas) dos Países Baixos ainda leem uma carta de protesto dos bispos católicos contra a deportação. A reação das autoridades nazistas não tarda. Em 2 de agosto, são presos todos os 722 judeus católicos nos Países Baixos, entre eles, muitos padres e diretores de ordens religiosas. A SS também bate às portas do convento carmelita de Echt e exige, sob ameaças violentas, que as irmãs Stein sejam entregues. Edith Stein estava calma. Ao deixar o convento, pegou a mão de Rosa, que estava desesperada, e disse: "Vem, vamos, em nome do nosso povo." Não se sabe se ela se referia ao povo cristão (os "abençoados" dos quais fala o apóstolo Paulo), ou ao povo alemão (os justos, a "outra" Alemanha que existia na resistência, acima dos partidos e das confissões), ou mesmo ao povo judeu. Esse é o seu segredo.

As duas são levadas para o campo de concentração "de passagem" de Westerbork, no Norte. Ao preencher o cadastro, Edith Stein informa ao oficial da SS: "Sou católica." Ele grita: "Não é verdade! Você é uma maldita judia!" Sobreviventes disseram mais tarde que Edith Stein chamou a atenção pela calma e pelo sorriso: "Essa mulher com o seu sorriso, que não era máscara, e sim luz que aquece. [...] Uma conversa com ela [...] foi como uma viagem para outro mundo." Edith Stein se aproxima do povo judeu em seus últimos dias de vida: "Que meus irmãos e minhas irmãs tenham que sofrer tanto...! [...]. Infelizmente, não soube disso na reclusão do meu convento. Oro por eles sempre. Será que Ele escuta minhas orações? [...] Deus certamente escuta os seus lamentos."

Fracassam as últimas tentativas da prioresa de conseguir, à última hora, um visto de entrada para a Suíça junto ao consulado em Amsterdã. No dia 7 de agosto de 1942, as presas são deportadas para o campo de concentração de Auschwitz em um vagão de transporte bovino. Logo depois da chegada, no dia 9 de agosto, são levadas para a câmara de gás. As irmãs Edith e Rosa Stein morrem juntas. Suas cinzas são espalhadas no terreno do campo. Logo depois da guerra, começa um interesse que não acaba mais pela vida e pela ação de Edith Stein. Em 1987, o papa João Paulo II a beatifica, em 1998 ela é canonizada. Em 1999, ao lado de Catarina de Siena e Birgitta da Suécia, Edith Stein é declarada patrona da Europa em sinal da paz e da tolerância entre povos antes inimigos. "Seu grito se funde com aquele de todas as vítimas daquela terrível tragédia", disse João Paulo II. "Mas antes se uniu com o grito de Cristo, que promete ao sofrimento humano uma misteriosa e eterna fertilidade." Sua elevação a doutora da Igreja parece ser uma questão de tempo. Com isso, estaria na mesma fileira das santas Teresa d'Ávila, Catarina de Siena e Teresa de Lisieux.

Filosofia dos deveres para com o ser humano

No nível da política, a Revolução Francesa de 1789 representou o ingresso em uma era que produziu estruturas democráticas e republicanas, promovendo, assim, a formação de Estados nacionais. O pensamento e a ação supranacionais do Iluminismo, disseminados e representados principalmente pelos grandes filósofos franceses do século XVIII, perdeu-se nas tribulações do regime de terror jacobino e na Era Napoleônica que veio em seguida, com suas guerras de conquista. A era da Restauração incorporou esse desenvolvimento com um novo aspecto, a negação temerosa de demandas e reivindicações políticas e sociais, e a atitude hesitante diante da questão social que se impunha no âmbito da industrialização e da classe do proletariado em formação. Se a Constituição norte-americana, ainda em 1776, declarou o direito à felicidade (*pursuit of happiness*) como um dos direitos humanos fundamentais e, alguns anos mais tarde, a Convenção Nacional francesa de 1789 aprovou a Declaração dos Direitos Humanos — reivindicações idealistas que não variavam segundo sexo, classe social, raça, religião ou patrimônio —, na realidade política e socioeconômica do longo século XIX elas ficaram só no papel: na maioria dos Estados europeus, o sufrágio universal (ainda mais para as mulheres) não existiu até depois do fim da Primeira Guerra Mundial; até os anos 1860 ainda existia servidão e escravidão na Rússia e nos Estados Unidos; e as mulheres tiveram que esperar até a década de 1960 para o exercício igualitário de seus direitos civis (não só do direito ao voto), dependendo ainda do marido em muitos aspectos da vida.

Embora filósofos materialistas do século XIX como Karl Marx e Friedrich Engels tivessem denunciado as injustiças sociais, alimentando, assim, a fundação e o desenvolvimento de movimentos proletários e partidos socialistas, ainda foi longo o caminho para um estado de bem-estar que considera como missão e lei a ser cumprida o dever de cuidar dos socialmente desfavorecidos. Não se deve ignorar que foi justamente a partir de estruturas e sistemas supostamente conservadores que vieram soluções talvez não revolucionárias, porém evolucionárias em alguns aspectos da questão social, às vezes com bastante sucesso e de maneira sustentável, como, por exemplo, a legislação social alemã do chanceler Bismarck na década de 1880 ou os movimentos sociais no âmbito das igrejas católica e evangélica luterana (Johannes Bosco, Wilhelm von Ketteler, Edmund Bojanowski, Adolph Kolping, Johann Hinrich Wichern etc.) que fundaram obras sociais, escolas de vanguarda, institutos de educação, lares para idosos, associações e representações de trabalhadores.

No final dessa cadeia de fatos, entre as duas grandes guerras, insere-se uma jovem filósofa que tenta agrupar e reunir as várias abordagens de reforma dos campos do socialismo, do comunismo, dos anarquistas e dos cristãos. Nascida em uma família judia agnóstica, ao longo de sua vida breve Simone Weil entra em contato com teorias e partidos anarquistas e marxistas que estimulam a sua obra político-filosófica. Duas décadas antes de Hannah Arendt clamar por uma filosofia política, em 1954, depois da queda de Hitler e da morte de Stalin, Simone Weil já fizera a mesma reivindicação. Trata-se de uma filósofa que não se fecha na torre de marfim, mas quer ver sua filosofia assentada na vida prática. Por isso, sente necessidade de trabalhar em fábricas e na agricultura para melhor compreender as condições de vida do proletariado, em vez de impor suas considerações sociopolíticas aos objetos do seu pensamento. A educação e o ensino que preparam os jovens para uma vida autodeterminada de acordo com novos métodos didáticos, longe das estruturas convencionais, também ocuparam grande espaço na vida de Simone Weil.

Outra tendência característica para o seu longo caminho filosófico, às vezes aparentemente tortuoso, é que ela se volta para o cristianismo, mais precisamente o misticismo. É um misticismo que, por um lado, conhece a visão interior de Deus, e por outro também sabe acender o mundo com o fogo divino. Em sua obra póstuma (1949) *Die Einwurzelung* [*O enraizamento*], ela delineia os deveres para com o ser humano diante da circunstância da divindade de sua alma:

> As necessidades da alma podem ser atribuídas geralmente a polos opostos que se compensam e se completam. A alma humana precisa de igualdade e hierarquia [...]. A alma humana precisa de obediência consentida e de liberdade. Obediência consentida é aquela conferida a uma autoridade considerada legítima. Torna-se impossível em relação a um poder político constituído por meio de conquista ou golpe de Estado, ou em relação a um poder econômico baseado no dinheiro [...]. A alma humana precisa da verdade e da liberdade de expressão [...]. A razão precisa poder se expressar sem ser limitada por qualquer autoridade [...]. A alma humana precisa tanto da solidão quanto da vida social. A alma humana precisa do patrimônio pessoal e coletivo [...]. A alma humana precisa da segurança e do risco.

E, em outro trecho, ela afirma: "O conceito de dever vem antes do conceito de direito."

Com isso, Simone Weil — ainda em plena era do embate entre as ideologias do fascismo e do comunismo no cenário político mundial — marca um novo espaço, que pretende libertar o monólogo filosófico do vácuo eleito por ele mesmo, trazendo-o de volta a um diálogo com a vida na *pólis*, na *vita activa*, ao mesmo tempo que individualiza a política, resgatando-a do confisco pela ideologia para um espaço humano. Essa esfera humana ganha a sua justificativa a partir de uma dimensão mística, a recuperação do ser humano de sua alienação do mundo moderno para o "enraizamento" (*enracinement*), da atenção em relação a Deus e os homens, a eliminação da discrepância entre religião e sociedade, entre pensar e agir. Assim, a vida e o pensamento de Simone Weil saem da luta socialista politizada para uma esfera de consciência e respeito em relação à Criação. No fim desse ato de amor, resta ao homem o abandono de si mesmo, a possibilidade de devolver o "eu" a Deus. Em seu ensaio póstumo *La pesanteur et la grâce* [*A gravidade e a graça*], de 1948, ela escreve: "É o que devemos dar a Deus, ou seja, destruir. Não há absolutamente nenhum ato livre que nos seja permitido, a não ser a destruição do Eu." Simone Weil deu este último passo no final da vida.

Simone Weil (1909-1943)
Ativista socialista, filósofa, mística

Em agosto de 1933, a ativista e filósofa francesa Simone Weil conversa em um café na praia de Villanueva, na Catalunha, com Aimé Patri, um colega do movimento sindical. Tem 24 anos e passa as férias de verão com os pais. Mas ela não descansa muito nessas semanas no Mediterrâneo. Engajada no movimento sindical e influenciada pelo marxismo, Simone observa com preocupação o desenvolvimento na Alemanha, onde os nazistas tomaram o poder há meio ano. A ameaça do perigo iminente ainda é ignorada ou recalcada no mundo. Mas pessoas sensíveis, atentas e politizadas identificam o risco que o nazismo representa para a paz mundial. Simone Weil conhece bem as condições na Alemanha. No ano anterior, de julho a setembro de 1932, esteve em Berlim (período em que o partido nazista se torna o mais forte do *Reichstag*, mas ainda não chegou ao poder), escrevendo sobre a política alemã e a vida social para jornais franceses. Agora, em agosto de 1933, está na Catalunha e discute a situação política na Europa com Patri. Durante a conversa, diz: "Pode ser que um dia sejamos torturados, temos que estar preparados. Você espetaria agulhas sob as minhas unhas?" Não se conhece a resposta de Patri. Provavelmente ficou boquiaberto, sem saber o que dizer, achando que sua interlocutora, com a qual na véspera assistira a uma tourada e frequentara um bar de travestis, era histérica ou mesmo louca.

Patri não foi o único a pensar assim. Muitos dos companheiros políticos, amigos e parentes de Simone Weil a achavam excêntrica ou fanática. Mesmo depois de sua morte precoce em 1943, com apenas 34 anos, as opiniões sobre ela divergiram diametralmente. Jean Améry, por exemplo, simplesmente a declarou louca e tentou interpretar sua obra e vida a partir da doença física e psíquica de Simone, reduzindo-a a um "caso médico". Susan Sontag, embora não a considerasse uma intelectual, idealizava-a como mártir política que impressionava pelo fanatismo e pelo pensamento extremo. São apenas dois exemplos de pessoas que criticaram ou menosprezaram a personalidade de Simone Weil. Mas essas opiniões não destacam o mérito de sua vasta obra filosófica e teológica, o caminho labiríntico comprimido em uma breve vida e ao engajamento corajoso em prol dos mais fracos da sociedade, indo até as raias do fanatismo e da autorrenegação. É possível se ocupar com a vida e a obra de Simone Weil e rapidamente se desencantar com o seu idealismo fanático. Mas isso não faria justiça a ela. Pois, com sua morte precoce, não teve tempo de trabalhar suas ideias e levar a cabo suas atividades idealistas. Simplesmente não sabemos quais caminhos ela ainda teria trilhado. Mesmo assim, vemo-nos diante de uma obra de vida impressionante, que, embora incompleta, parece um bloco de mármore em parte ainda bruto, apenas sugerindo a futura escultura. Essa incompletude faz com que ela seja cooptada por marxistas, socialdemocratas e pacifistas de todo tipo, que viam em Simone Weil a ativista ardente. Cristãos (tanto católicos quanto protestantes), budistas, hindus querem ver confirmadas em seus escritos místicos e filosóficos as próprias ideias transcendentais. Esotéricos chegam a considerar Simone Weil a fundadora de uma nova religião. E as feministas — embora Weil tivesse afirmado decididamente não ser feminista — apropriaram-se da maneira de viver emancipada da filósofa de modo muitas vezes bastante restritivo. O mosaico da personalidade e da obra de Simone Weil é difícil de entender. Se escolhermos pedrinhas individuais, elas naturalmente vêm do todo e são parte de sua criadora, sem dizer muito sobre ela. Assim, Simone Weil é uma provocação, um desafio e um incômodo. Podemos nos irritar e até ter opiniões contrárias às dela, mas ela ultrapassa qualquer juízo preconcebido e, por outro lado, qualquer apropriação bem-intencionada, porém violenta.

"EU POSSO, LOGO EXISTO"

Simone Weil nasce em Paris no dia 3 de fevereiro de 1909. Embora de origem judaica, seus pais não praticam nenhuma religião e passam essa conduta para os filhos. Bernhard Weil, o pai, é um médico nascido na Alsácia. Sua esposa, Selma, nascida Reinherz, veio da Galícia. É uma mulher enérgica que oferece ao filho André, nascido em 1906, e à filha Simone uma boa formação, e exige deles elevado desempenho. É uma família burguesa marcada pelo livre-pensar, por grande erudição e pelo amor à ciência. André se tornará um matemático famoso e fará carreira nos Estados Unidos. Simone passa muito tempo se comparando aos talentos do irmão e desenvolve um complexo de inferioridade que tentará compensar atingindo bons resultados em outras disciplinas.

Simone é uma criança doentia e frágil, que muitas vezes recusa alimentos. Depois, desenvolverá uma anorexia crônica e perceberá todo contato físico (inclusive o sexual) como repugnante e impuro (psicanalistas enxergam uma relação entre os dois fatos, e não estão necessariamente equivocados) Aprende a ler cedo com o irmão André, que também lhe serve de parâmetro. Sua formação se concentra em conteúdos intelectuais. Não há brinquedos na casa dos Weil, livros são o único meio didático. Em termos físicos e de habilidades manuais, a pequena Simone não recebe muitos estímulos, e passará a vida sendo "desajeitada" — algo que revela ser desvantagem na vida adulta, quando ela quer conhecer a vida dura nas fábricas e na agricultura.

Sua fragilidade física faz com que, durante alguns períodos, tenha professores particulares. De 1919 em diante frequenta o ginásio em vários colégios diferentes. Suas matérias preferidas são latim, grego e filosofia. Seu grande incentivador é o professor de filosofia René Le Senne. Simone lê jornais comunistas, chamando a atenção no ambiente escolar conservador e burguês. No Liceu Henri IV, o professor de filosofia Émile Chartier, apelidado de Alain, influencia o seu pensamento, principalmente na filosofia da moral e da religião. Orientada por ele, aprofunda-se nas obras de Platão, Spinoza, Descartes e Kant.

Sua maior influência, naqueles anos, são os textos de Karl Marx, que aguçam a sua sensibilidade para a questão social e a opressão das pessoas no capitalismo. Alain orienta sua discípula a redigir tratados filosóficos sobre determinados temas, exercício que aprimora seu pensamento. Ele também exerce uma elevada influência ética ao lhe transmitir que o ser humano primeiro precisa preencher sua responsabilidade moral em relação a si próprio antes de exigi-la de outras pessoas. Simone Weil internaliza essa conduta. Em sua breve vida, não importa por que caminho siga, sempre tentará primeiro obedecer aos parâmetros que considera verdadeiros e corretos, e procurará ser um exemplo para os outros. Segundo Alain, a pessoa crente vivencia seu *éthos* para Deus, não para o próximo, quando a fé deveria ser vivida sem um fim determinado.

Antes de se bandear para a mística cristã nos últimos anos de sua breve vida, Simone Weil é agnóstica, fato para o qual contribuem tanto a formação em uma família secularizada judia como as aulas de Alain e a leitura de Karl Marx. Ela própria se designa, em um primeiro momento, como adepta de um "ateísmo maduro", compreendido por ela como ascese do pensamento em relação à imagem de Deus, para evitar uma falsa relação homem-Deus e libertá-la de motivos egoístas. Retrospectivamente, Simone Weil escreve sobre o agnosticismo de sua juventude, que tentava se manter distante de imagens e questões de Deus:

> Desde a minha juventude, sempre fui da opinião de que nos faltam as condições para compreender o problema de Deus, e que o único método seguro de evitar uma falsa solução consiste em sequer pensar sobre Ele. Portanto, foi o que fiz. Não afirmei e nem neguei Deus.

Nos anos de liceu, Simone Weil tentou viver o *éthos* transmitido por Alain, o de ser um exemplo para os outros sem, no entanto, impor exigências. Apesar de sempre rechaçar qualquer contato físico, consegue fazer amizades graças a seu jeito gentil, interessado e aberto e sua extraordinária força de vontade. Essas amizades não duram muito; nem sempre são livres de conflitos, reservas e inseguranças.

Em 1928, Simone Weil é aceita na École Normale Supérieure, uma escola de elite. Mas enquanto os colegas preparam suas carreiras burguesas, Simone se engaja na luta de classes, participando de atos e manifestações socialistas, sindicalistas e pacifistas. Chama a atenção pela postura inflexível de seus artigos e textos em publicações de esquerda. Ingressa na Liga pelos Direitos Humanos, organiza palestras para o povo, funda um "grupo para formação social", apoia uma campanha contra a obrigatoriedade do serviço militar para os alunos da École Normale Supérieure. Em 1930, conclui o curso com um exame e sua defesa. O título de seu trabalho final é "Ciência e Percepção em Descartes". Nele, amplia a máxima de Descartes ("penso, logo existo") para "eu posso, logo existo". Segundo ela, toda pessoa, não apenas o intelectual pensador, é capaz de se aprofundar na verdade pela força de vontade. Por meio da consciência de dizer "eu", o eu atinge um poder quase divino: "Eu sou Deus."

Sua incondicionalidade, suas opiniões firmes e mesmo o fanatismo nas questões das quais está convencida, volta e meia, assustam colegas e conhecidos. O filósofo Raymond Aron, por exemplo, que apreciava os ensaios de Simone Weil, constatou: "Mesmo assim, o contato intelectual com Simone me pareceu quase impossível. Ela parecia não conhecer dúvidas, e mesmo que suas opiniões fossem mutantes, sempre eram categóricas." E Simone de Beauvoir, que encontra sua xará por acaso naqueles anos, relata:

> Houve uma grande crise de fome na China, e me contaram que ela [Simone Weil] desatou a chorar ao saber da notícia. Suas lágrimas me fizeram respeitá-la ainda mais do que o seu talento para a filosofia. Eu a invejei por possuir um coração capaz de bater pelo mundo inteiro. Um dia, encontrei-a. Não sei como chegamos ao tema, mas ela me disse, em um tom enérgico, que uma única coisa contava no mundo de hoje: uma revolução que garantisse comida para todas as pessoas. De maneira não menos peremptória, retruquei que o problema não consistia em fazer as pessoas felizes, e sim em encontrar um sentido para sua existência. Ela olhou firme para mim. "Vê-se que você nunca passou fome", disse. Com isso, acabou nossa conversa e estavam cortadas as relações.

SERVIÇO ESCOLAR E DEBATE EM TORNO DO MARXISMO

Com a conclusão de seu curso na École Normale Supérieure, Simone Weil se qualifica como filósofa examinada e pode trilhar o caminho no serviço escolar. Nos anos seguintes, trabalha em diversos colégios na província: em Le Puy, na região de Auvergne, bem como em Auxerre, Roanne, Bourges e Saint-Quentin, no departamento de Aisne, no norte da França. Esses anos em que leciona são interrompidos vez ou outra por doenças ou estadias em fábricas, experiências que os intelectuais faziam para, de um lado, ampliar seu horizonte e integrar as vivências em seu sistema marxista, e, por outro, fazer chegar aos operários as reivindicações socialistas de participação nos meios de produção e no poder — propósito que, no entanto, encontra reduzidas compreensão e receptividade.

De 1931 até sua morte, em 1943, Simone Weil luta com a crescente decadência física. Com enorme disciplina e força de vontade, vai ao extremo em termos físicos e intelectuais. Come muito pouco, vive em ascese, trabalha de dia na escola ou na fábrica e passa as noites escrevendo seus artigos e ensaios, recalca as crises de enxaqueca que pioram cada vez mais e esconde os colapsos físicos. Os pais ajudam sempre, pagam seu aluguel, compram comida, subornam os donos de restaurantes e cafés onde ela geralmente pede os pratos mais simples e baratos para que lhe sirvam porções maiores e mais nutritivas, ou a convidam para passar férias na Espanha ou na Suíça. Simone nunca conseguiu se desligar dos pais, material e intelectualmente, e na verdade comete um lento suicídio ao longo dos anos, pela ascese motivada pela luta de classes e, depois, por razões místicas, mas também por autorrenegação e repulsa a todo contato físico. Em termos psicológicos, sua ascese é também expressão de distúrbios na relação com o próprio corpo e com a odiada sexualidade — é a tentativa de permanecer "pura" por dentro e por fora. Não se sabe se um evento na juventude com um exibicionista no parque influenciou esse comportamento, mas é provável que as raízes dessa neurose fossem mais profundas.

Por fora, para seus colegas e discípulos, no entanto, Simone Weil dá a impressão de ser uma mulher extraordinária, com muita força de vontade, uma grande intelectual. Para muita gente, ela se torna mesmo exemplar por seu estilo de vida coerente e pelas condutas idealistas. Nos círculos intelectuais, recebe cada vez mais aplauso pelos numerosos artigos e ensaios que publica em jornais, revistas e mesmo em publicações próprias nos anos 1930 e 1940. Além disso, durante seu tempo como professora consegue inserir suas reflexões filosóficas na prática escolar e extraescolar, atuando, assim, como cidadã engajada e filósofa. Simone veste-se de modo simples (dizem as más línguas que se enfeia propositalmente e até mesmo usa trajes masculinos para não parecer atraente), come pouco, não aquece o apartamento e doa o dinheiro poupado para a caixa dos desempregados ou organizações de ajuda socialistas, além de organizar cursos para trabalhadores e desempregados. Tudo isso não lhe rende só amigos. Naquela época, Le Puy é uma cidade industrial com elevada taxa de desemprego. Com os problemas sociais daí decorrentes, há manifestações e protestos, e logo surgem denúncias junto à direção escolar de que Simone Weil teria participado de uma dessas marchas, fazendo agitações com palavras de ordem de esquerda. O reitor manda chamá-la e lhe sugere uma transferência para outra cidade. Simone Weil recusa, orgulhosa, dizendo que primeiro quer terminar o ano letivo. Quando o reitor ameaça demiti-la, ela rebate de modo insolente: "Sempre considerei uma demissão a coroação de minha carreira." Esse tipo de reação pode ser considerada destemida ou arrogante, orgulhosa e pouco sábia. Seja como for, ela acaba não sendo transferida e leva a cabo o ano letivo, até porque é uma professora popular entre os alunos.

Nas férias de verão, em 1932, Simone Weil viaja para Berlim a fim de escrever sobre a situação política no país vizinho. Ali conhece o filho de Trotski, Léon Sédov, e contrabandeia para ele uma mala com documentos e endereços para fora do país (mais precisamente, confia a mala à mãe, que está em Hamburgo).

Na volta, começa o próximo emprego em uma escola em Auxerre. Mais uma vez, a mãe lhe ajuda a encontrar um apartamento e a mobiliá-lo. Mas o recomeço em Auxerre, uma cidade burguesa, é uma decepção. Sua relação com a direção escolar se deteriora logo, a ponto de Simone virar as costas para a diretora, mal esta entra no recinto. Além disso, acusam-na de preparar aulas excessivamente sofisticadas sobre Descartes, Spinoza e Marco

Aurélio. Tem mais sucesso nas atividades extraescolares. Conhece o autor comunista Boris Souvarine, que edita a revista *Critique Sociale*. Logo se forma uma amizade estreita — pelo menos nos parâmetros daquilo que Simone é capaz de mostrar. Além disso, engaja-se no sindicato dos educadores. Influenciada por Souvarine, autor de um livro sobre Stalin e o stalinismo, escreve artigos sobre o fracasso do comunismo na Rússia. Afasta-se cada vez mais da doutrina marxista e das narrativas que idealizam a União Soviética, principalmente nos círculos de comunistas de salões ocidentais. Segundo sua opinião, o comunismo na Rússia não conseguiu libertar o operariado e apenas produziu uma nova forma de governo parecida com o fascismo. Já não é uma revolução dos trabalhadores, e sim dos funcionários, sendo que o operariado continua oprimido. Diferentemente do que Marx previra, a revolução não colocou os meios de produção nas mãos dos trabalhadores, e sim nas mãos dos funcionários do partido. Nesse sentido, pouca coisa mudou nas relações de produção e na questão social, e a classe operária continua tão oprimida quanto antes. Alguns anos depois, Simone Weil descreverá o seu afastamento do comunismo marxista:

> Sempre ansiei por uma transformação social em prol dos mais desfavorecidos, mas nunca pendi para o partido comunista, nem mesmo na minha juventude. Aos 18 anos fui atraída pelo movimento sindical. De lá para cá, nunca mais parei de me afastar dos comunistas, até o ponto de considerá-los os principais inimigos, que continuavam disseminando ilusões para políticos que hoje carregam grande responsabilidade.

Em uma resenha daquele tempo, ela critica energicamente o método de Lenin, que estabeleceu a verdade *a priori* por meio da doutrina do partido. A filosofia de Lenin, diz Weil, não passa de um materialismo grosseiro. Apesar de suas relações pessoais com trotskistas, inimigos dos bolcheviques, ela, internamente, permanece distante deles. Embora ajudasse a contrabandear documentos secretos e, temporariamente, acolhesse trotskistas perseguidos, conseguindo advogados e dinheiro para eles, o próprio Trotski, que também foi abrigado pelos Weil e iniciou com Simone uma discussão política, classificou-a como "totalmente reacionária".

Depois de perder seu emprego em Auxerre no final do ano letivo 1932-1933 (a diretora simplesmente cortou o curso de filosofia do plano de aulas), Weil volta a passar as férias na Espanha, então ainda uma república não devastada pela guerra civil. De volta à França, aceita um emprego em Roanne, na região de Auvergne. Mais uma vez, envolve-se no sindicato, principalmente na localidade próxima de Saint-Étienne, onde tem amigos.

UM ANO DE APRENDIZADO NAS FÁBRICAS

Simone Weil foi se distanciando cada vez mais do trabalho político, em especial do embate com o comunismo. Por outro lado, como escreveu para a amiga (e futura biógrafa) Simone Pètrement, pretendia se dedicar unicamente à pesquisa teórica do marxismo. Para essa finalidade, em 1934 planejou viajar para a União Soviética a fim de conhecer as condições de vida e tirar suas próprias conclusões. Mas os vistos lhe são recusados, o que fortalece as reservas em relação ao "paraíso dos operários". Já que não pode pesquisar as transformações sociais na Rússia, decide conhecer finalmente as condições de vida do proletariado industrial francês. Em 1934, pede uma licença de um ano. Nos meses seguintes, trabalha em diversas fábricas, períodos interrompidos por licenças médicas: uma empresa do ramo eletroeletrônico, uma fundição e a indústria automobilística Renault. Esses estágios fortalecem sua opinião sobre a alienação do operariado no processo do trabalho e em sua rejeição à teoria marxista, que rotula como "mitológica". Segundo ela, a alienação não se baseia no patrimônio particular dos capitalistas — o qual, na União Soviética, passou para o Estado, como sendo o novo grande capitalista — e tampouco no modo de produção (a industrialização da produção e a racionalização do processo de produção), e sim decididamente na diferenciação entre funções de direção e de execução, ou seja, entre trabalho intelectual e manual. Isso, e não apenas a divisão desigual dos meios de produção, leva à alienação do homem moderno de seu trabalho e, assim, do sentido da vida, degradando sua dignidade, independentemente do regime político. Uma revolução não poderia mudar essas relações, seria um pensamento demasiado primitivo. Só a transformação gradual das estruturas socioeconômicas poderia inaugurar um processo sadio da emancipação do mundo do trabalho.

O ano que passou nas fábricas (na verdade, são sempre períodos de algumas poucas semanas) clareia o pensamento de Simone Weil, tornando-o mais sóbrio. A maioria dos trabalhadores sequer pensa sobre propostas de transformação e nas opiniões pós-marxistas a respeito da alienação no mundo operário. Ao contrário, o que Simone Weil vê é, por um lado, um puro embrutecimento e a submissão humilde às condições reais (portanto, nada de alienação com fundo revolucionário), e, por outro, exemplos de pura solidariedade entre os operários, principalmente nas pequenas coisas do cotidiano, uma solidariedade e solicitude que não se baseiam em consciência de classe proletária, e sim em empatia, profunda simpatia pelo sofrimento dos outros. Isso não está muito longe do mandamento cristão do amor ao próximo — e, de fato, os operários nas fábricas são menos forjados pela luta de classes do que por uma socialização mais ou menos cristã. Naquele período, Simone Weil mantém um diário de fábrica em que registra suas experiências e seu processo de maturação e transformação interior. Conheceu embrutecimento, inveja e desconfiança, mas também solidariedade, amizade e ajuda ao próximo, sem palavras grandiloquentes. No dia 2 de janeiro de 1935, ela faz uma anotação sobre seu trabalho em uma fundição de metal (pela vida ascética e a anorexia, está fragilizada, cada vez menos apta ao trabalho pesado, e tem várias crises):

> Forno. No primeiro dia, por volta das cinco horas, com a dor das queimaduras, exaustão e dor de cabeça perco completamente o domínio sobre meus movimentos e não sou mais capaz de fechar o forno. Um caldeireiro vem correndo e o fecha no meu lugar. Quanta gratidão nesses momentos!

Uma anotação importante do dia 15 de janeiro de 1935 mostra que Simone Weil reconhece o equívoco da teoria comunista da redenção da classe trabalhadora por meio da revolução e da transferência dos meios de produção para a propriedade estatal a partir de sua experiência prática:

A exaustão finalmente me faz esquecer os verdadeiros motivos da minha estada na fábrica, tornando quase insuperável a maior tentação dessa vida quase: não pensar mais, único meio de não sofrer. Só no sábado à noite e no domingo voltam as lembranças. Fragmentos de ideias, lembro que também sou um ser pensante. Sou tomada de horror ao constatar minha dependência das circunstâncias externas: bastaria que me obrigassem, um dia, a um trabalho sem descanso semanal — o que é sempre perfeitamente possível — e eu me tornaria um animal de carga, obediente e submisso (pelo menos a meu ver). Restam apenas o sentimento de fraternidade, a revolta em face da injustiça imposta aos outros, mas até que ponto isso tudo resistiria no longo prazo? Não estou distante de pensar que a saúde da alma de um trabalhador depende em primeiro lugar de sua constituição física. Não vejo como os frágeis poderiam evitar cair em desespero — na bebida ou na vagabundagem, no crime ou outras coisas, ou, simplesmente, embrutecendo (e a religião?). A revolta é impossível, exceto alguns momentos luminosos (e me refiro mesmo ao mero sentimento).

É a renúncia de Simone Weil à ideia da revolução socialista e, ao mesmo tempo, a certeza de que a única chance para transformar e melhorar a condição humana deve vir do próprio homem e da consciência de sua dignidade. Ela escreve a uma discípula sobre a experiência nas fábricas:

Acima de tudo, acredito que escapei de um mundo de abstrações para estar entre pessoas reais — boas ou más, mas de uma bondade ou maldade verdadeiras. Principalmente a bondade, em um ambiente de fábrica, quando existe, é algo real, pois o menor ato de gentileza, de um simples sorriso até um gesto de ajuda, requer a vitória sobre o cansaço, sobre a obsessão com a remuneração, sobre tudo aquilo que deprime e leva a pessoa a se retirar para dentro de si mesma.

Este afastamento da crença nas bênçãos da revolução comunista deixa Simone Weil um tanto desorientada. Falta a superestrutura idealista, a ancoragem ética em uma crença deste mundo ou de outro. Em seu diário de fábrica, a religião ainda é desacreditada como forma de embotamento por alienação. Do trabalho na fábrica, ela tira a amarga lição da humilhação: "O sentimento de dignidade pessoal, produzido pela sociedade, foi rompido. É preciso criar outra coisa para si mesmo, embora a exaustão destrua a própria capacidade de pensar." Naqueles meses, no entanto, ainda não estava claro para ela o que poderia ser essa "outra coisa".

TRÊS ENCONTROS ESPIRITUAIS

Quando, poucas semanas mais tarde, viaja mais uma vez para a Espanha e para Portugal com os pais, experimentará um grande desencanto que se expandirá dentro de sua alma, a caminho de uma liberação. Em uma aldeia de pescadores portugueses, assiste a uma procissão noturna com velas, orações e cânticos antigos em homenagem ao patrono da igreja:

> Eu jamais escutara nada tão comovente, com exceção do canto dos rebocadores do Volga. De repente, tive certeza de que o cristianismo é a religião preferida dos escravos, e que os escravos não poderiam senão se apegar a ele, e eu idem.

A experiência de rendição incondicional, da submissão a uma crença, da humilhação em seu significado original (isto é, submissão à humildade), em um primeiro momento, é algo chocante, estranho, que a assusta, mas ao mesmo tempo a deixa curiosa. De acordo com declarações posteriores, é seu primeiro contato (de três) com o catolicismo; são encontros que a levam à iluminação mística.

Antes, porém, ela ousa dar mais um salto nos eventos políticos mundiais — já não mais como ativista a serviço de uma ideologia socialista, mas como lutadora na linha de frente: em agosto de 1936, vai para a Espanha para ficar ao lado dos republicanos na "Coluna Durruti", grupamento sindical-anarquista internacional contra o fascismo de Franco. Mas ela sequer chega a ir para o combate. Quando alguém lhe explica como manejar uma arma, comporta-se de maneira tão desajeitada que, para evitar o perigo de vida e integridade física da tropa, mandam-na para a cozinha. Mesmo lá acaba acontecendo um acidente, pois, em sua miopia, pisa em uma panela com óleo quente e sofre graves queimaduras.

Weil passa o resto da sua "missão militar" em hospitais de Pina, no Ebro e em Barcelona, acolhida pelos pais, que se apressaram para ir ao seu encontro. Depois, é levada para Sitgès, onde é cuidada pelo pai em um quarto de hotel, recuperando-se aos poucos. Em Sitgès, Simone Weil também fica sabendo das atrocidades cometidas por combatentes republicanos contra civis indefesos. A partir de então, a crença ingênua em uma simples separação do mundo em bem e mal, libertadores e opressores, cai completamente por terra. Em um artigo escrito depois de sua volta à França, Simone Weil traça um resumo sem ilusão: "Se os infortúnios da época significam que a guerra civil hoje se torna uma guerra como qualquer outra e quase inevitavelmente uma guerra internacional, só se pode tirar uma conclusão: é preciso evitar também a guerra civil."

Sua conduta na luta contra o mal, incluindo o combate real com armas, voltará a mudar poucos anos depois, durante a Segunda Guerra Mundial, com a dura lei da necessidade. Mas a essa altura Simone Weil já será outra pessoa por dentro, iluminada e fortalecida em suas convicções transcendentais. Pois a experiência da procissão na aldeia portuguesa não será a única. Na primavera de 1937, Simone vai para a Itália, e a viagem não se limita à clássica excursão de formação em Florença, Roma e Assis. Naturalmente visita as obras-primas da arquitetura, da escultura e da pintura. Também se emociona com a alegria serena das paisagens italianas e descobre um símbolo de Deus na beleza: "Em tudo aquilo que desperta em nós o sentimento puro e genuíno da beleza, Deus está realmente presente. Existe, por assim dizer, uma encarnação de Deus no mundo cuja característica é a beleza [...]. O belo é algo em que a atenção pode permanecer." O conceito de atenção, que tinha importância central já no ensino da oração medieval, assume um novo significado ético para Simone Weil como "ação não atuante":

> O poeta cria a beleza ao manter a atenção voltada para o real [...] Os valores reais e puros do verdadeiro, do belo e do bom no fazer e nas ações de uma pessoa são produzidos por um único e mesmo ato: uma determinada aplicação da plenitude da atenção em relação ao objeto.

O momento mais significativo, porém, é a sua ida à missa de Pentecostes na Basílica de São Pedro. Ela se sente misteriosamente atraída pela solenidade e beleza da liturgia festiva católica, pela consagrada majestade das orações em latim e pela pureza do canto dos meninos na Capela Sistina. Essa impressão é reforçada pouco depois em uma visita a Assis, onde nasceu São Francisco. Na capela da Porciúncula de Santa Maria degli Angeli, ela diz ter tido uma segunda experiência mística:

> Em 1937, passei dois dias maravilhosos em Assis. Quando eu estava sozinha na pequena capela românica do século XII de Santa Maria degli Angeli, aquele incomparável milagre de pureza onde São Francisco rezou tantas vezes, me vi obrigada, por algo mais forte do que eu, a ficar de joelhos pela primeira vez na vida.

Um terceiro episódio místico ocorre no ano seguinte, na Semana Santa de 1938, quando Simone Weil visita a igreja da Abadia de Saint-Pierre de Solesmes, antigo mosteiro beneditino do século XI, no qual desde o século XIX se cultiva o canto gregoriano e a sua restauração. Escreve ao seu confidente, o dominicano Joseph-Marie Perrin:

> Em 1938, passei dez dias em Solesmes, do Domingo de Ramos à Terça-Feira de Páscoa, assistindo a todos os serviços religiosos. Estava com dores de cabeça lancinantes; cada som doía como se fosse uma martelada; e então um extremo esforço de atenção permitiu-me sair dessa carne miserável, deixá-la sofrer sozinha agachada em seu canto e encontrar a alegria pura e perfeita na beleza inaudita das canções e das palavras. Por analogia, essa experiência também me permitiu compreender melhor como se pode amar o amor divino por meio da adversidade. Não preciso acrescentar que, no decorrer desses serviços, o pensamento da Paixão de Cristo encontrou definitivamente o caminho para meu âmago.

Simone Weil recebe mais um contato espiritual: para ela, o verdadeiro, o belo e o bom na arte são realizados por meio da atenção concentrada do artista. A beleza que se revela na obra de arte confere dignidade, tanto para quem cria quanto para quem recebe, libertando, por momentos, da degradação e permitindo participar da beleza, símbolo de Deus. Foi essa sua percepção quando se deparou com o poema "Love", do metafísico inglês George Herbert (1593-1633). Nele fala o amor, que tudo compreende e perdoa, a um pecador. O poema termina com o verso: "'Sente-se! Quem provou da minha carne se recuperou.' Então, sentei-me à mesa — e comi." Simone decora o poema, recita-o repetidamente, como um mantra, e em algum momento tem a sensação de que Cristo em pessoa desce até ela e se apodera dela. Fica consternada, todo o seu pensamento anterior agnóstico e pós-marxista desmorona: "Em minhas reflexões sobre a insolubilidade do problema de Deus, jamais previra essa possibilidade: a de um contato real aqui na Terra, entre o ser humano e Deus. Provavelmente já escutei tais coisas sendo ditas vagamente, mas nunca acreditei." Simone Weil afirma para si e para a posteridade que não foi histeria nem ilusão, nem mesmo uma adaptação espiritual da leitura de autores místicos:

> Além disso, nem meus sentidos, nem minha imaginação foram envolvidos de forma alguma quando fui tomada repentinamente por Cristo. Só no sofrimento senti a presença de um amor que se lê no sorriso de um rosto amado. Eu nunca li os místicos, porque nunca senti nada que me mandasse lê-los. [...] Deus, em sua misericórdia, me impediu de ler os místicos para que ficasse irrefutavelmente claro para mim que eu não inventei esse encontro inesperado.

BUSCA PELA IGREJA UNIVERSAL

A despeito dessas e outras experiências místicas, apesar de compreender Cristo como Encarnação de Deus e vivenciar isso na comunhão, na ceia compartilhada, o sacrifício da carne e do sangue de Cristo, Simone Weil nunca se professou explicitamente católica. Não se sabe até hoje se ela recebeu o batismo pouco antes de morrer. As declarações de testemunhas de seus últimos dias e horas divergem a esse respeito. Suas interpretações da graça divina se aproximam, na verdade, da doutrina protestante. E de forma alguma ela, de ascendência judaica, considera os judeus irmãos mais velhos dos cristãos. Considera o Antigo Testamento um livro de história judaica cheio de atrocidades. Javé, para ela, é um deus da guerra, e a fé judaica, uma justificativa para o povo judeu se elevar acima de outros de maneira hipócrita e intolerante. Críticos depois acusaram Simone Weil de indiferença, até mesmo de hostilidade para com o povo judeu em uma época de racismo e genocídio perpetrado pelos nazistas. O cientista político Athanasios Moulakis vai direto ao ponto quando observa a empatia de Simone Weil pelos trabalhadores explorados em fábricas e na agricultura, mas critica sua ignorância do destino dos judeus como sendo de desdenhosa indiferença:

> Ainda que, em 1939, Simone Weil não tivesse detalhes sobre Oranienburg e Dachau, nem nunca tenha tentado obter, ao contrário de outras informações de difícil acesso, sua indiferença para com a perseguição aos judeus continua sendo absolutamente surpreendente em uma pessoa que coloca o infortúnio no centro de seu pensamento. A desgraça do século não é a fábrica, e sim a câmara de gás.

No que diz respeito ao catolicismo, Simone Weil se sente atraída pela ideia da encarnação de Deus em Seu Filho, a experiência mística do contato físico por meio de Cristo, mas ao mesmo tempo acusa a Igreja católica de estreiteza mental e espiritual em seu propósito de querer ser "católica", ou seja, universal e abrangente. A Igreja católica, segundo a crítica de Weil, no momento é repressiva e desperta medo e opressão nas pessoas. E ela rejeita o culto aos santos (não se trata de idolatria, como afirma o antigo preconceito protestante, mas da veneração dos defensores de Deus) ou, na melhor das hipóteses, é indiferente. Sua visão dualista de um mundo dividido em bem e mal, no entanto, corresponde ao catarismo que floresceu no sudoeste da França (na Occitânia) no século XII. Os cátaros flagelavam a corrupção moral da Igreja oficial e defendiam uma doutrina maniqueísta que equiparava o mundo terreno ao mal, esperando a única salvação possível no além, mantendo a maior distância possível de tudo o que era terreno durante a vida, maldizendo guerra e violência e rejeitando o dogmatismo e o poder mundano da igreja. Precisamente por isso a Igreja classificou os cátaros como hereges e os combateu. Foram perseguidos, suas cidades e castelos foram conquistados e queimados, eles próprios torturados e mortos. Simone Weil, por outro lado, vê nos cátaros os representantes da pura ideia de Cristo, que, aliás, nunca teria ocultado a ancestralidade espiritual da antiguidade grega:

> Por pouco que se conheça os cátaros, parece claro que eles, de alguma forma, herdaram o pensamento platônico, os cultos e mistérios secretos daquela civilização pré-romana que compreendia o Mediterrâneo e o Oriente Médio. E como que por acaso, alguns aspectos de sua doutrina aludem ao budismo, a Pitágoras, Platão e à doutrina druídica, que outrora marcou os mesmos lugares.

Segundo Weil, a Igreja católica oficial da Idade Média cortou suas raízes helenísticas e orientais, sendo privada, assim, da identidade mística universal.

É precisamente essa conexão com o Oriente que Simone Weil procura em sua compreensão da fé em Cristo, mesmo quando estuda os escritos budistas e hindus, tentando associar suas ideias com as do cristianismo (só exclui o judaísmo, o que denota algum preconceito). É claro que essas últimas reflexões sobre os conteúdos das religiões mundiais permanecem fragmentárias devido à morte prematura da filósofa e também da enorme tarefa que elas representavam. No entanto, mostram que Simone Weil — embora "enraizada" em sua ideia original da Igreja universal no catolicismo — ousou pensar para além do catolicismo. Não sabemos se ela teria tido sucesso nessa etapa.

"ENRAIZAMENTO" E AUTORRENÚNCIA

"Enraizamento", *enracinement*, é o conceito central dos últimos escritos filosóficos com os quais Weil tentou se salvar do dilema marxista e sociocultural do "desenraizamento". Isso foi precedido pelo reconhecimento (já formulado por Karl Marx) da "alienação" do homem de seu trabalho no curso da produção industrial, monótona e racionalizada de mercadorias e da perda dos meios de produção. Mas Simone Weil vê o problema das pessoas modernas de forma mais ampla, sem se limitar a fatores puramente socioeconômicos. Em vez disso, fala de um desenraizamento do ser humano, da perda de participação em uma tradição na qual ele se insere por meio do nascimento, do lugar (ou seja, a "pátria"), da profissão e do meio ambiente. Somente por meio dessa participação na tradição as pessoas podem aceitar e cumprir positivamente suas tarefas. É por isso que, em suas ideias sobre um "enraizamento" das pessoas, Simone Weil vai muito mais longe do que os teóricos marxistas: não é por meio de uma revolução que os meios de produção devem ser transferidos das mãos privadas para as mãos do Estado, porque isso significaria apenas continuar o antigo sistema capitalista sob nova liderança. Em vez disso, trata-se de dar raízes e participação às pessoas, fazendo com que cada trabalhador possa ter uma casa e um pequeno terreno com oficina e jardim. Além disso, ela vislumbra uma humanização do trabalho, por exemplo, promovendo pequenas estruturas de produção (fábricas) e introduzindo o trabalho em equipe nas empresas maiores.

Isso, por si só, não seria uma nova abordagem sociopolítica (conhecemos essas ideias e demandas dos anarquistas que experimentaram estruturas semelhantes em comunas rurais no início do século XX). Em vez disso, Simone Weil também está preocupada com um "enraizamento" espiritual. Ele só é possível quando a pessoa se reconhece como parte de algo maior, da criação divina. Os meios de conhecimento são a já mencionada "atenção", a "ação sem agir" e o voltar-se para o verdadeiro, o belo e o bom. A maneira mais intensa e pura é a oração. O objetivo da oração não é interpretar as imagens e sinais, mas entendê-los. A oração, a conversa com Deus e a encarnação de Jesus Cristo são processos de conhecimento em direção à luz. O conhecimento do belo, no entanto, não inclui apenas o que é perceptível no real (a beleza na obra de arte, na natureza, nas relações humanas), mas também prepara para o amor. Esse não é, como muitas vezes se entende, um amor ao próximo de um indivíduo humano por outro, mas sim Deus, que vive em cada ser humano, e esse divino no ser humano ama o próximo. Todo amor humano é apenas uma imitação do amor divino, só por isso o homem pode sentir e reconhecer o belo como belo, porque o amor divino também se expressa neste processo de conhecimento.

Outra forma de alcançar a luz divina e o amor divino, segundo a visão de Simone Weil, pode ser a ascese, a mortificação da própria vontade. Simone Weil também recorre à tradição espiritual do culto cristão ao sofrimento, que tenta seguir a paixão de Jesus em sua crucificação — seja ativamente, por exemplo, na autoflagelação, ou passivamente, na renúncia ascética até a autodestruição. A própria Simone Weil se esforçou por "seguir a cruz" a fim de atingir um conhecimento superior. Essa autorrenúncia culmina no seu mandamento de que "ame não ser nada", formulado em seu livro *A gravidade e a graça*, publicado postumamente em 1948.

Da autorrenegação até a automortificação é um passo, e Simone Weil demonstrou isso em sua breve vida. Pode-se criticar, entretanto: até que ponto seu postulado após o enraizamento e depois de encontrar o amor divino por meio da atenção e da oração combina com essa atitude de negação absoluta? A esperada liberação do asceta da vida é, antes, uma negação da vida (portanto, também da criação divina). Karl Jaspers reconheceu claramente este paradoxo em seu livro *A fé filosófica* e o descreveu como a "sedução" para aquele que busca a Deus: "São as grandes seduções: por meio da fé em Deus afastar-se das pessoas, justificar a solidão por meio do suposto conhecimento da verdade absoluta, obter satisfação por meio de crença de ter a posse do Ser, o que, de fato, é falta de amor." Simone Weil não resolveu essa contradição óbvia até seu próprio fim. Em seu livro *A gravidade e a graça*, ela se afasta do amor pela criação e pelo próximo, quando, em seu caminho rumo ao conhecimento do pensamento, exige de si mesma: "Matar, por meio de seu pensamento, tudo o que você ama: a única maneira de morrer."

DEVER E OBEDIÊNCIA CONSENTIDA

Simone Weil trilhou esse caminho mentalmente — e, no entanto, em um surpreendente ato de vontade de ação, de *vita activa*, contradisse essa negação da vida. Essa rebelião e esse compromisso com a vida foram desencadeados pela Segunda Guerra Mundial. Para Simone Weil, a guerra é também uma confirmação extrema de sua tese do desenraizamento humano: "O desenraizamento é, de longe, a doença mais perigosa nas sociedades humanas, porque se automultiplica." Em sua opinião, a Declaração dos Direitos do Homem, aprovada em 1789, é insuficiente e deveria ser substituída por uma "Declaração dos deveres para com o ser humano". De acordo com ela, as pessoas têm que parar de apenas insistir nos seus direitos e exigi-los, isso apenas resultaria em falta de responsabilidade. Nos últimos meses de sua vida, ela escreveu o ensaio *O enraizamento: prelúdio para uma declaração dos deveres para com o ser humano* (publicado postumamente em 1949), espécie de testamento filosófico. Nele, contradiz a negação da vida que ela própria pratica e o abraço ascético da morte e convida as pessoas para praticar a obediência e o dever para o benefício de todos — a "obediência consentida".

Apesar da crescente deterioração de seu estado de saúde, Simone Weil demonstrou esse compromisso social nos últimos anos de sua vida. Seu destino é totalmente capturado pela guerra, mas com um pouco de sorte e com a sua força de vontade férrea, admirada por muita gente, consegue escapar do perigo repetidas vezes. Quando tropas alemãs invadem a França em maio de 1940, Simone Weil e seus pais inicialmente ficaram em Paris. Só em 13 de junho, quando os alemães já estavam no entorno da cidade, os Weil fogem em um dos últimos trens para Nevers, na parte ainda não ocupada da França, de onde seguem de carona e a pé para Vichy, Toulouse e finalmente para Marselha. Simone tem a firme intenção de viajar para a Inglaterra o mais rápido possível para se juntar à resistência francesa no exílio.

Em Marselha, há milhares de refugiados à espera de passaportes, vistos e passagens para países estrangeiros por meio de organizações humanitárias. Simone não pode aceitar um emprego em uma escola para meninas em Constantine, na Argélia Francesa, porque não recebeu os documentos oficiais necessários. O sul da França responde ao governo baseado em Vichy, que depende da Alemanha, sob o comando do marechal Philippe Pétain. Campos de confinamento são montados, refugiados e exilados são presos e deportados ou extraditados para campos alemães. Apesar da preocupação com sua própria saúde e a de seus pais, Simone Weil tenta dar o exemplo de destemor e de compromisso com os outros: lida intensamente com cátaros e maniqueus, comunidades religiosas que rejeitam o dogmatismo da Igreja católica oficial, e que, por isso mesmo, são, para ela, as verdadeiras testemunhas de Cristo. Escreve um diário (a partir do qual é compilado, depois da sua morte, o volume *A gravidade e a graça*). Em ensaios e cartas ao ministério em Vichy, ela se engaja em prol de pessoas da Indochina francesa presas nos campos, doa os próprios cartões de alimentação e participa das reuniões dos Jovens Operários Cristãos (JOC). Também busca contato com um grupo de resistência que logo seria desmantelado pela Polícia Militar. É várias vezes interrogada na delegacia, mas sempre consegue evitar sua prisão, graças às respostas inteligentes.

Para evitar ser vigiada pela polícia, trabalha em uma fazenda em Ardèche, administrada pelo filósofo Gustave Thibon, onde ajuda na colheita e no estábulo. As noites são reservadas às discussões filosóficas. Mais tarde, em um livro de memórias, Thibon se expressa de forma bastante cética sobre sua famosa empregada temporária:

> Tive a impressão de estar diante de uma pessoa simplesmente fechada para o meu modo de pensar e de sentir, para tudo o que representa, para mim, o significado e a seiva da vida. Em suma, essa foi a revelação dos meus antípodas: encontrei-me diante de uma nova terra e estrelas desconhecidas e me senti sem pátria. Não sabia que, ainda que não fôssemos guiados pelas mesmas estrelas, nossas almas se encontrariam no mesmo céu. Minha única impressão positiva foi um respeito incondicional por um ser cuja grandeza eu vagamente suspeitava por conta de toda a sua alteridade espiritual e emocional. [...] Sua humildade é inspirada por um egoísmo negativo, ela se retrata em uma imagem vazia, assim como o orgulhoso esculpindo a própria imagem em relevo.

Um exemplo dessa humildade, segundo Thibon, é, por exemplo, a recusa de Simone Weil de ficar na casa da fazenda para passar a noite. Em vez disso, dorme no chão, ao ar livre, ou em uma casa semidestruída nas proximidades. Ela recusa alimentos que supostamente faltariam aos habitantes da cidade. Rejeita bruscamente um padeiro que gentilmente quer lhe dar um pedaço de pão sem cartão de racionamento. À noite, estuda Platão e as obras do místico João da Cruz, nas quais encontra o conceito de sofrimento por causa da cruz, bem como o chamado para superar as necessidades naturais ("dependências") a fim de se aproximar de Deus. Como é um tanto desajeitada nos trabalhos domésticos e no estábulo, muda-se para outra propriedade e ajuda na colheita das uvas. Ali, começa uma espécie de oração interior, rezando o Pai-Nosso repetidas vezes no original em grego, até ter a sensação de um toque místico, em que crê sentir o próprio Cristo.

"DESCRIAÇÃO"

No fim de outubro de 1941, Simone Weil volta para a casa dos pais em Marselha. O perigo aumenta. Cada vez mais refugiados são detidos e entregues à Gestapo, que deporta os presos para campos de extermínio na Alemanha. Nos meses seguintes, Simone Weil se aproxima do catolicismo, ainda sem se batizar. Mantém laços estreitos com o padre Joseph-Marie Perrin, frequenta regularmente a missa dominical e faz contato com o grupo de resistência católica *Témoignage chrétien* [Testemunha cristã]. Suas experiências místicas se tornam mais frequentes, especialmente na prática da "atenção" na oração. A um amigo poeta, Joë Bousquet, inválido de guerra e paralítico, ela escreve: "A atenção é a forma mais rara e pura da generosidade. A poucos espíritos é dado descobrir que coisas e seres vivos existem. Desde a minha infância, nunca quis outra coisa senão ter esta revelação completa antes de morrer." Simone se via naquela época como "católica de *iure*", no sentido abrangente do que se poderia chamar de fé implícita. Por outro lado, recusa-se a ser chamada de "católica de fato". Acima de tudo, irrita-se com a fórmula de condenação eclesiástica *"anatema sit"* ("está excluído"), excomungando fiéis que abandonam os caminhos reconhecidos do catecismo eclesiástico. De acordo com Simone Weil, esse pensamento só revela o totalitarismo da igreja. Até mesmo sua imagem de Deus se distancia da ideia católica de um Deus pessoal, presente no mundo e que nele pode interferir a qualquer momento. Simone Weil acredita em um Deus todo-poderoso, mas é um Deus que renunciou ao seu poder, tornou-se fraco e abdicou, retirou-se do mundo. Em vez disso, o homem, criatura de Deus, recebe o livre-arbítrio. Mas Deus ainda está presente no mundo: na ordem do mundo, na beleza e na alma do homem. No entanto, se esvazia de si mesmo, está presente apenas indiretamente, não diretamente; portanto, é impessoal e (ao contrário do que o catolicismo ensina) não é mais um ser pessoal. Essa alienação de Deus, segundo Simone Weil, repete-se na Encarnação, ou seja, em Jesus, e na morte na cruz. Nessa renúncia, nessa abdicação de si mesmo, Deus expressou Seu amor absoluto. Imitar essa alienação de Deus é a tarefa do homem: ao renunciar à própria autonomia, ao eu pessoal, livrar-se do pecado original e, assim, reconstruir-se em Deus, o mesmo que renunciou à sua existência no mundo para voltar ao seu todo-ser. Simone Weil chama esse ato de renúncia humana e regressão em Deus de "Descriação". O ato da criação é abolido, superando assim o mal, e o ser humano e o mundo são aperfeiçoados: "Concordar com o amor para não ser mais como deveríamos ser não é aniquilação, e sim uma transição vertical para a realidade superior do ser." Em sua última carta ao padre dominicano Perrin, Simone Weil tenta superar a velha questão da teodiceia (a pergunta de por que Deus permite toda a infelicidade no mundo), ao equiparar o infortúnio com a misericórdia de Deus e interpretar a renúncia e a devoção como um ato de amor:

> [...] é no próprio infortúnio que brilha a misericórdia de Deus. Em seu âmago, no centro de sua amargura inconsolável. Se caímos, permanecendo no amor, até o ponto de não conseguir mais segurar o grito: "Meu Deus, por que me deixaste?" e se persistirmos nesse ponto sem parar de amar, tocamos, por fim, algo que não é mais infelicidade e nem alegria, mas o ser puro, supersensível, íntimo, essencial, comum à alegria e à dor, que é o próprio amor de Deus.

Finalmente, Simone Weil e seus pais conseguem vistos para os Estados Unidos. Deixam Marselha de navio em 14 de maio de 1942, fazem escala em Casablanca e, de lá, atravessam o Atlântico até a América. Desembarcam no porto de Nova York em 6 de julho de 1942 e encontram um apartamento em Manhattan. Desde 1941, o irmão de Simone, André, vive na América com a esposa e o filho, e ensina matemática na Pensilvânia. Enquanto ele e os pais estão felicíssimos por terem escapado da deportação e do assassinato, Simone quer voltar de qualquer jeito para a Europa e servir como enfermeira — melhor ainda, como agente no front contra os nazistas. Elabora um plano para a formação de enfermeiras no front e o apresenta a diversas personalidades do governo francês no exílio, entre outros, Charles de Gaulle, que, no entanto, rejeita o plano como irrealista e diz que Simone Weil é louca. Em novembro de 1942, ela consegue permissão para viajar para a Inglaterra — no meio da guerra, um empreendimento extremamente ousado — para, ali, trabalhar para o governo francês no exílio. Em Londres, ninguém acha muito divertido esse ato da mística que quer salvar o mundo. Míope e fisicamente desajeitada, é a pessoa menos apta que se possa imaginar para missões como agente e lutadora de elite da resistência na França. Mas Simone Weil insiste. Queixa-se a um membro do governo do exílio:

> Não posso mais viver na situação em que estou neste momento. Ela me deixa à beira do desespero. [...] Eu aceitaria qualquer missão provisória, não importa onde, na propaganda ou na imprensa. [...] Tenho certeza de que não é questão só de caráter, mas de vocação.

O comitê da resistência lhe dá um pequeno escritório e uma tarefa: examinar projetos para a reconstrução política da França depois da guerra. Simone Weil se sente de tal forma imbuída de sua missão que começa a redigir textos sobre essas questões. Naqueles meses de inverno também escreve o seu livro *O enraizamento*. É a tentativa ousada de reconstruir a Franca e a Europa depois do esperado fim da guerra, não apenas em termos sociopolíticos e econômicos, mas também espirituais, promovendo a conciliação entre as pessoas e suas necessidades espirituais e religiosas com as circunstâncias daquele momento. A despeito de sua frágil constituição física, continua sonhando com uma participação como paraquedista em uma ação de sabotagem na França ocupada. Quem sabe, para se "abnegar" e celebrar a autoimolação na morte consciente a serviço do bem.

Ela não se poupa, trabalha noites a fio (embora seus clientes não fiquem muito convencidos com seus esboços), aluga um quarto na casa de uma inglesa simpática e maternal que se preocupa com a jovem que não come nada e tosse sem parar. O mergulho religioso se aprofunda. Todos os dias, frequenta a missa católica na igreja dos jesuítas. Um de seus últimos textos é uma espécie de profissão de fé que começa assim: "Creio em Deus, na Trindade, na Encarnação, na Redenção, na Eucaristia, na doutrina do

Evangelho." É como se, no final, ela tivesse se aproximado do catolicismo, *de jure* e *de facto*.

Quando Simone Weil não aparece no escritório no dia 15 de abril de 1943, a amiga Simone Deitz vai até a sua casa e a encontra desfalecida. O médico diagnostica tuberculose. Supostamente, Simone Deitz, católica, teria batizado a amiga poucos dias depois, ato válido para o catolicismo. Não há evidências de que isso tenha mesmo acontecido.

Simone Weil se recupera. Decepcionada com o governo francês no exílio e com sua recusa a chamá-la de forma mais permanente a trabalhar, pede demissão em 26 de julho, o que equivale a uma ruptura com os amigos e também com Charles de Gaulle. Seu estado de saúde volta a piorar. Em 17 de agosto de 1943 dá entrada em um hospital em Ashford, no condado de Kent. Continua recusando alimentação. No dia 24 de agosto entra em coma e morre poucas horas depois: devido à fraqueza geral do organismo, seu coração parou de bater. Simone Weil é enterrada no dia 30 de agosto de 1943, em Ashford, na presença de pouquíssimos amigos, e sem as bênçãos da Igreja, pois o padre que foi chamado de Londres perdeu o trem.

Assim acaba a curta e intensa vida de Simone Weil. Até hoje, sua ação e sua obra oferecem muitos pontos de partida para as mais diferentes visões de mundo, perguntas e doutrinas religiosas. O pensamento de Simone Weil continua contraditório, fragmentário, às vezes também irritantemente paradoxal. Por isso mesmo, até hoje os mais diferentes grupos e confissões religiosas, partidos e movimentos tentam se apropriar dela. Mas como lidar com essas contradições e o que achar dessa livre-pensadora, marxista-anarquista, católica e mística? Em uma de suas últimas cartas, de 4 de agosto de 1943, Simone Weil escreveu sobre o papel do bobo da corte nas peças de Shakespeare. Segundo ela, os bobos são exemplos:

> São os únicos que dizem a verdade [...]. Nesse mundo, só mesmo as pessoas que atingiram o último grau de humilhação, bem abaixo da mendicância, que não têm reputação social e nem a dignidade mais estimada, a razão, podem dizer a verdade. Todos os demais mentem.

Talvez Simone Weil tenha sido um desses bobos da corte, às vezes risível, muitas vezes irritante, mas sempre em busca da verdade e sempre falando a verdade, além de incômoda para os poderosos. Quem sabe a falta de coerência em sua vida e em seu pensamento tenham sido bem mais coerentes do que a maneira de pensar e viver dos pilares estabelecidos de uma sociedade, precisamente porque permitiu a dúvida e o equívoco, sem tentar desmenti-lo. Pois não há nada pior do que a injustiça de quem sempre busca ser justo.

Filosofia política

No ano de 399 antes de Cristo, um processo causa sensação em Atenas: Sócrates, um cidadão engajado na *pólis*, na vida pública, dirigente de uma escola filosófica (cujo descendente mais famoso é Platão), é acusado de não reconhecer os deuses e de corromper a juventude por seus inimigos, homens influenciados por Esparta que três anos antes estabeleceram um regime de poder oligárquico. O próprio Sócrates se defende no processo. Conforme relatou o discípulo Platão em seu texto *Apologia*, Sócrates refutou habilmente as acusações como sendo puras afirmações e alegações maliciosas. Indignado, Sócrates rejeita a proposta de um acordo, pelo qual seria libertado caso prometesse renunciar a filosofar, ou seja, renunciar à conversa pública com perguntas e contra-argumentos: "Se esta é a condição para me libertar, responderei: estimo vocês, homens de Atenas, e os amo, mas obedecerei mais a Deus do que a vocês, e enquanto eu respirar e tiver forças, não deixarei de filosofar e de animá-los."

O jeito direto e sem meias-palavras de Sócrates, que também não se considerava acusado, invocando o seu papel de defensor do direito e da justiça, acaba sendo fatídico, pois os algozes interpretam sua postura como ofensiva ao tribunal e ao Estado (a *pólis*). Querem dar um exemplo. Na primeira votação, declaram-no culpado e pedem que ele próprio sugira uma punição. Ele volta a se defender, lista os seus méritos e diz que, em vez de punição, mereceria uma boa refeição. Os jurados não deixam por menos: na segunda votação, condenam-no à morte. Sócrates sai do tribunal de cabeça erguida. Em suas palavras finais, acusa seus detratores de maldade, mas aceita a sentença. Aos amigos que o visitam na cela para discutir a possibilidade de uma fuga, ele avisa que não o fará, que prefere aceitar seu destino, pois se as sentenças não forem cumpridas, as leis perdem a força. Para ele, leis ruins devem ser modificadas e não transgredidas. Assim, Sócrates continua sendo até o fim o cidadão responsável que defende o funcionamento da vida social na *pólis*. Rodeado de amigos, sorve o veneno e sai da vida por vontade própria.

Durante milênios, a morte de Sócrates foi um tema popular na literatura e na arte. Na história da filosofia, no entanto, marcou um corte doloroso e traumático que teve efeito durante quase dois milênios e meio. Em 1954, a filósofa Hannah Arendt fez uma conferência intitulada "Filosofia e política", publicada postumamente, em 2007, e intitulada "Sócrates", no volume *A promessa da política*. Classificou a morte de Sócrates como a grande catástrofe da filosofia que se prolongou da Antiguidade até a Era Contemporânea. Desde então, diz Arendt, a unidade entre pensar e agir foi destruída. Como filósofo e pensador crítico, Sócrates sempre foi um cidadão engajado na vida pública de Atenas, a *pólis*, que fazia seus simpósios com os discípulos em plena praça pública, a *ágora*, nunca colocando a filosofia acima dos interesses genuínos da *pólis*, a qual sempre mediu segundo o teor de verdade de suas ações (a sua política). Desde então, segundo Arendt, toda a filosofia ocidental ficou parada no equívoco de que a política não é capaz da verdade e a filosofia não é objeto de uma sociedade que negocia atos políticos. Em vez disso, em todos os tempos, sistemas e escolas, a filosofia preocupou-se apenas consigo mesma e até defendeu zelosamente sua postulada autonomia contra a *pólis*. O ideal da liberdade *para* a política foi substituído pelo ideal da liberdade *da* política. Especialmente na era burguesa, essa conduta levou a uma atitude paradoxal da principal camada cultural em relação à comunidade à qual essa camada se sobrepunha: a ideia de que a política é um mal incômodo, que a política e a cultura são incompatíveis, que a cultura apenas pode ser concebida sem a política e que a política é um perigo para a sociedade como nação cultural. Assim, a filosofia se retirou por livre vontade e sem angústia interior para a torre de marfim, a partir da qual procurou interpretar as relações sociais, sem estar no meio delas e sem querer moldá-las. É precisamente o contrário do posicionamento de Sócrates, o qual, quando solicitado a não mais filosofar, respondeu que não o faria porque queria continuar a "animar" os cidadãos da *pólis*. Sócrates entendia a filosofia como fogo, elemento que inspira calor na sociedade, mas também instrumento para trazer a chama purificadora e consumidora.

Ao espírito frio e congelado da filosofia de seu tempo, Hannah Arendt propõe um recomeço. Intelectual judia cuja vida foi ameaçada pelas ideologias do século XX, fez isso na certeza de que a retirada voluntária da filosofia condicionou uma renúncia ao engajamento e uma perda de controle na configuração das condições. Nove anos depois da vitória sobre o nazismo hitlerista e um ano depois da morte de Stalin, Arendt desafia a corporação dos filósofos a trazer seu pensamento de volta para o mundo, politizá-lo, compreender-se como membros da *pólis*, como fazia Sócrates, e não deixar a política para a casta dos políticos, como se a política não fosse problema de todos os que vivem na *pólis*.

> Se algum dia os filósofos, a despeito de seu necessário alheamento das coisas do cotidiano, chegarem a uma verdadeira filosofia política, teriam que tornar a pluralidade — que, para o bem e para o mal, faz nascer todo o reino dos assuntos humanos — objeto de seu espanto (*thaumazein*).

Hannah Arendt (1906-1975)
Engajamento filosófico na era do totalitarismo

No verão de 1962, Hannah Arendt, jornalista, historiadora e filósofa mundialmente famosa, retirou-se para sua casa de férias em Palenville, perto de Nova York. Poucas semanas antes, sofrera um grave acidente de carro: o táxi em que ela viajava fora atingido por um enorme caminhão. Arendt sofreu hematomas, fraturas, feridas, concussão cerebral, hematomas nos olhos e danos no músculo cardíaco, além de perder vários dentes. O dano cardíaco, mais tarde, será corresponsável pela sua morte. Mas naquele ano de 1962, a filósofa, que sobreviveu à fuga e a perseguição na era nazista, mostra-se dura e indomável. Assim que recebe alta do hospital e consegue voltar a andar e trabalhar, vai para a casa de férias dedicar-se a um novo livro — com tapa-olhos e um lenço na cabeça ainda desfigurada por feridas (a poetisa Elizabeth Sewell, que conheceu Hannah Arendt na época, ficou surpresa ao ver uma mulher que "parecia um pirata").

Naquelas semanas e meses, Hannah Arendt se debruça sobre um tema que é tudo, menos leve para férias de verão. Estuda um vasto material que reuniu em Jerusalém no ano anterior, quando era correspondente da revista *The New Yorker* na capital do novo Estado de Israel, cobrindo um processo que o mundo inteiro acompanhou com atenção: o julgamento do criminoso de guerra nazista Adolf Eichmann, que organizou a deportação e o extermínio de judeus alemães. Alguns meses depois, ele foi condenado e executado, em 1º de junho de 1962. Mas a figura de Eichmann e, acima de tudo, a motivação de suas ações e sua avaliação histórica, não largam mais Hannah Arendt. Suas matérias para *The New Yorker* despertaram surpresa e indignação, menos por causa dos fatos (descritos, aliás, com muito mais detalhes por outras mídias) do que pela maneira como a judia Arendt classificou Eichmann em termos morais e filosóficos. Ela não o descreveu como assassino diabólico, monstro assustador, e sim como funcionário mesquinho e preguiçoso, um "criminoso de escrivaninha". É nesse contexto que forjou a expressão que logo se torna o bordão de uma polêmica, a "banalidade do mal".

Com isso, não queria dizer que o mal que Eichmann (como protótipo do perpetrador nazista) fez era algo banal no sentido de menos grave. Em vez disso, contrariamente a um assassino que age com cálculo e intenção maliciosa, para Hannah Arendt, Eichmann é um perpetrador sem motivo, que agiu sem cálculo. Mas se esse motivo desaparece e se torna supérfluo, o ato como tal torna-se banal, não em seu efeito (o assassinato de vítimas indefesas e inocentes), e sim na motivação. Essa abordagem foi e é duramente criticada por muitas pessoas, especialmente por sobreviventes do Holocausto. Hannah Arendt foi acusada de falta de empatia com as vítimas, de traição, sendo judia, à religião mosaica e ao povo israelense. Para refutar essas alegações e trazer a discussão pública de volta a um nível saudável de respeito mútuo, naquele verão de 1962, Hannah Arendt decidiu retrabalhar o assunto, o que resultou no livro *Eichmann em Jerusalém* (1963). Mas suas esperanças de uma discussão imparcial das suas teses se frustraram. Durante anos, o debate tomou conta do noticiário, de programas de entrevistas, fóruns de leitores. Arendt sofre ofensas e até ameaças de morte. A "polêmica Eichmann", que não foi uma polêmica real na medida em que a maioria dos porta-vozes da mídia já havia se pronunciado contra a autora, determinou o debate público por vários anos e se tornou uma guerra ideológica.

Arendt não só teve que se defender contra a hostilidade e o preconceito, o abreviamento malicioso de suas teses e a difamação pessoal, mas também contra tentativas de apropriação pela extrema esquerda e círculos nacionalistas-conservadores. Não se encaixava no padrão de pensamento dos porta-vozes da época. Era difícil classificá-la. Era judia, mas criticava o Estado de Israel. Alemã de origem, em termos de língua e cultura, foi obrigada a fugir do regime nazista e se exilou nos Estados Unidos, sua nova pátria eletiva. Escrevia em inglês, recebeu a cidadania americana, e mesmo assim foi uma crítica veemente de tendências antirrepublicanas nos governos dos presidentes Truman e Nixon. Tinha orgulho da liberdade de expressão na democracia americana e, ao mesmo tempo, era cética em relação à hegemonia americana. Era vista como sendo "de esquerda", mas combatia o comunismo. Em seus ensaios e livros, criticava tanto o nazismo quanto o stalinismo, para ela, sistemas totalitários que desprezavam o ser humano e promoviam assassinatos em massa.

INFÂNCIA E JUVENTUDE EM KÖNIGSBERG

As origens e a socialização de Hannah Arendt dificilmente poderiam ter sido mais "alemãs" e remetem a uma época e a um sistema social que em parte ainda têm características pré-modernas. Ela nasce em 14 de outubro de 1906 em Linden, perto de Hanôver, filha do engenheiro Paul Arendt e de Martha Arendt, nascida Cohn. É uma família de judeus assimilados de classe média. Depois, a família se muda para Königsberg (hoje Caliningrado), na Prússia Oriental, onde também vivem os avós Arendt e Cohn. Poderia ter sido uma infância feliz, inserida na vida confortável e um tanto tranquila de uma cidade prussiana nas fronteiras do Reich, passando férias de verão na casa do mar Báltico, cuidada por pais e avós. Hannah é uma criança brilhante e muito inteligente (de acordo com seu próprio relato, aos 14 já tinha lido as obras de Kant, o famoso filósofo que nasceu naquela cidade), mas também muito sensível e egocêntrica.

A doença do pai, infectado com sífilis na juventude e que passa os últimos anos de sua vida em sanatórios, é estressante para toda a família. O adorado avô de Hannah, Max Arendt, morre em março de 1913, cerca de seis meses depois de seu pai, Paul. A reação da criança à morte do pai parece calma, quase fria (talvez sua maneira de lidar com tais desafios existenciais). Martha Arendt relata que Hannah tentou confortá-la: "Mamãe, lembre que isso acontece com muitas mulheres." Quando a mãe, pouco depois, passa dez semanas em Paris, Hannah fica com as avós, sem sentir falta dela, segundo relatos.

Quando a Primeira Guerra Mundial estoura, em agosto de 1914, e as tropas russas invadem a Prússia Oriental, a família foge para Berlim para ficar com uma irmã de Martha. Após a vitoriosa batalha de Tannenberg sob o comando do general Paul von Hindenburg, os russos recuam, e os Arendt podem retornar a Königsberg. A mãe, socialdemocrata, educa a filha de acordo com princípios modernos e reformistas, e estimula sua forte sede de conhecimento. Desde cedo, Hannah lê literatura filosófica e teológica e aprende grego. Quando a revolução espartaquista fracassou, em janeiro de 1919, e Rosa Luxemburgo e Karl Liebknecht foram assassinados, os eventos foram discutidos na aparentemente provinciana Königsberg, em grupos de discussão socialistas, dos quais fazem parte Martha e sua filha, então com apenas 12 anos.

Martha Arendt, que depois da morte de seu marido sobrevive com economias e alugando quartos, decide se casar pela segunda vez em 1920, com o comerciante de ferro Martin Beerwald, também viúvo. Martha e Hannah Arendt vão morar com ele e suas duas filhas de 19 e 20 anos. Por intermédio de seu amigo Ernst Grumach, cinco anos mais velho, Hannah conheceu Anne Mendelssohn, descendente de Moses e Felix Mendelssohn.

Ernst Grumach, que em 1923 assistiu, em Marburg, às palestras sobre filosofia de Martin Heidegger, conta, entusiasmado, sobre aquele espírito brilhante. Ele acende em Hannah, que se tornou o centro de um grupo de amigos de jovens intelectuais judeus, o desejo de estudar, ela mesma, com Heidegger, venerado por seus estudantes como o "mago da palavra".

HANNAH ARENDT (1906-1975)

Hannah Arendt é independente e teimosa no pensar e no agir, entra em conflitos com a mãe (apesar de sua mente liberal), cada vez menos se sujeita a regras e convenções, desafia seus semelhantes intelectualmente e reivindica para si o que considera ser seu por direito. Quando, certa vez, briga com um professor no colégio por quem se sentiu ofendida, instiga os colegas a boicotar as aulas. A trama é descoberta, e a "líder" acaba expulsa da escola. A mãe usa de toda a sua capacidade de persuasão para arrancar um acordo da direção da escola: Hannah está autorizada a prestar os exames de conclusão na condição de aluna "externa". Martha Arendt também garante que Hannah passe um semestre em Berlim para assistir às palestras do teólogo Romano Guardini como ouvinte. Ali, também conhece os escritos de Sören Kierkegaard e se aprofunda na obra de Kant, especialmente na *Crítica da razão pura*. Além disso, estuda "Psicologia das visões de mundo", publicado por Karl Jaspers em 1919, sem imaginar que poucos anos depois conheceria pessoalmente o psicólogo e filósofo, ligando-se a ele por uma amizade duradoura.

Em seis meses de estudo particular, Hannah consegue absorver a matéria de dois anos letivos. Forma-se na primavera de 1924 com notas brilhantes e ganha, como prêmio, uma moeda de ouro com a efígie do duque Albrecht I da Prússia. Com essa condecoração, visita sua antiga escola, olhando, orgulhosa e algo desdenhosa, para seus ex-colegas e professores. São anos de estudo apaixonado, embora um tanto assistemático. Deve-se atribuir à sua juventude e à sua sede inesgotável de conhecimento, mas também a certo amor romântico e paixão pelo mundo, uma série de poemas escritos naquele período sobre amor, natureza, experiência do mundo e dor. Esses primeiros poemas testemunham uma grande sensibilidade, um manuseio confiante da língua alemã, o desejo de conhecimento filosófico, um fogo juvenil — mas permanecem tentativas ecléticas baseadas em modelos românticos e expressionistas.

PROFESSORES E MENTORES

No outono de 1924, incentivada pelos relatos de seu amigo Ernst Grumach, Hannah Arendt vai para Marburg e frequenta palestras sobre língua e literatura grega e teologia protestante. Acima de tudo, assiste às conferências de Martin Heidegger. Fica fascinada com esse revolucionário da filosofia, com o seu pensamento ousado, mas também com o homem — Heidegger tem então 35 anos, é atraente, carismático. Em 1969, Hannah Arendt rememorou o entusiasmo: "O rei secreto no reino do pensamento, portanto, tão escondido neste mundo que nunca se pode saber com certeza se existe." Assim como Edith Stein, a quem sucede na posição de assistente de Edmund Husserl, Heidegger é discípulo do filósofo em Freiburg. Com base na fenomenologia de seu orientador, aplica o método e o desenvolve para, finalmente, diferenciá-lo e questioná-lo. Em 1922, ganhou um cargo de professor extraordinário em Marburg e é adorado pelos alunos como uma figura luminosa.

Em 1969, Hannah Arendt tentou explicar esse carisma místico:

> Os alunos eram atraídos para Marburg, porque diziam que ali havia alguém que realmente compreendia as coisas que Husserl havia proclamado, sabendo que elas não eram uma questão acadêmica, mas a preocupação de pessoas pensantes, não só ontem e hoje, mas desde tempos imemoriais, e que, precisamente porque o fio da tradição foi rompido, redescobre o passado. [...] Simplesmente, os rumores sobre esse homem indicavam que o pensamento voltara à vida, que os tesouros da cultura do passado, que muitos julgavam mortos, voltaram a falar, dizendo coisas bem diferentes do que os desconfiados suspeitavam. Existe um professor; talvez possamos aprender a pensar. [...] e o que você aprendeu agora é que o pensar enquanto atividade pura, sem ser movido pela sede de conhecimento, pode se tornar uma paixão que organiza e domina todas as outras habilidades, todos os outros talentos.

Heidegger também atenta para a talentosíssima e disciplinada estudante Hannah Arendt, e logo eles têm um caso amoroso, relacionamento que dura vários anos e é mantido em segredo para não manchar a "boa reputação" de Heidegger (homem casado e professor) e a posição subordinada da estudante. Para se libertar das presas intelectuais e emocionais do "mago", Hannah Arendt deixa Marburg em 1926 e vai para a universidade de Freiburg, onde frequenta as conferências do professor de Heidegger, Edmund Husserl. Pouco depois, muda-se para Heidelberg, onde leciona outra sumidade da filosofia contemporânea, Karl Jaspers. Ele já tinha quase 40 anos quando decidiu abandonar a sua carreira de psicólogo e neuropsiquiatra e entrou no terreno da filosofia. Na filosofia da existência, desenvolvida por ele, questiona como o homem realiza — ou não — suas possibilidades.

Também ocorre nessa época o "encontro" de Hannah Arendt com a escritora romântica Rahel Varnhagen. Sua amiga Anne Mendelssohn lhe falara do espólio de Rahel na Biblioteca Estadual de Berlim. Arendt passou décadas trabalhando sobre Rahel — com algumas longas interrupções temporais e mentais —, personagem que, gradualmente, tornou-se uma figura-chave em sua própria vida (a biografia de Rahel escrita por Arendt foi publicada pela primeira vez em inglês em 1958). Hannah descreve essa parente por afinidade como "minha melhor amiga, infelizmente morta há cem anos". Hannah Arendt completou seus estudos com Jaspers em 1929 com uma dissertação sobre "O Conceito de Amor em Santo Agostinho". Nela, com base no método fenomenológico de Husserl e com um estilo ainda fortemente influenciado pela linguagem abstrata de Heidegger, examina os vários termos de amor (*amor*, *appetitus*, *eros*, *dilectio*) nos escritos dos antigos Pais da Igreja.

Na universidade, Hannah Arendt conhece o colega Günther Stern, mas o perde de vista. Quando se muda para Berlim depois de se doutorar, reencontram-se e se apaixonam. Casam-se em 1929. Günther Stern adota o pseudônimo Günther Anders e ganha renome com artigos e livros filosóficos e literários. Mas Hannah não consegue se libertar de seu antigo mestre e amante Martin Heidegger, que ainda exerce um enorme fascínio sobre ela, embora — e ela sabe disso — ele e sua mulher Elfriede sejam levados cada vez mais pela onda do nacional-socialismo (Günther Stern lembrou que, durante um encontro com o casal Heidegger, mencionou que era judeu, e foi quando Elfriede se virou bruscamente).

Depois, logo após a ascensão dos nacional-socialistas ao poder, Heidegger tornou-se membro do NSDAP, antes que ele e sua filosofia fossem atacados e condenados pelo regime e ele se retirasse para Todtnauberg, na Floresta Negra, até o fim da guerra. O comportamento de Heidegger pode ser atribuído ao fato de ele gostar de ficar recluso no campo em uma aura de pensamento puro, viver em circunstâncias simples em uma cabana de madeira, vestindo roupas de camponês, com um grande temor inconfesso da modernidade e das velozes transformações tecnológicas, sociológicas e intelectuais, esperando para si um espaço de refúgio espiritual nas promessas vagamente romantizadas e revanchistas do movimento populista. A atitude de Hannah Arendt para com Martin Heidegger foi ambivalente ao longo de sua vida: por um lado, valorizava-o como o grande inovador espiritual da filosofia, o criador do pensamento puro nos tempos modernos; e guardava memórias gloriosas de seu caso de amor relativamente breve. Por outro lado, teve repulsa por sua virada para o nacional-socialismo, que, no entanto, considerava um "equívoco". Após o fim da Segunda Guerra Mundial, ela buscou um relacionamento amigável com Heidegger, marcado pelo respeito pelas suas realizações.

FUGA E EXÍLIO

Nos anos 1920, Hannah Arendt também sofre a influência intelectual e política de Kurt Blumenfeld, um dos líderes do movimento sionista. Ele aguçou a compreensão de sua própria identidade judaica nacional, embora fosse crítica da política nacionalista do Estado de Israel, fundado em 1948. Mas não foi apenas no que diz respeito à "questão judaica" que o pensamento de Hannah Arendt se tornou mais político nos últimos anos da República de Weimar. De uma forma geral, foi afastando-se da esfera do pensamento "puro", contemporâneo e politicamente privado de filosofia alemã clássica e se tornou cada vez mais uma filósofa política. Em seu pensamento, não se retira da *pólis*, da vida pública, mas tenta conciliar pensamento e ação, filosofia e política, desprezo moral e devoção desafiadora à vida em seus inúmeros artigos, ensaios e livros escritos no exílio americano a partir da própria experiência amarga de fugir do nazismo, do antissemitismo e do recomeço.

Como filósofa política, Hannah Arendt não fundou um sistema ou uma escola, mas — e mais ainda postumamente — desenvolveu uma influência mundial na atitude crítica da intelectualidade em relação ao poder, ao totalitarismo, às ideologias de direita e esquerda e às perversões. Seus tratados atingem milhões de pessoas em vários países e culturas. Ela une o método fenomenológico de Husserl à revolução no pensamento promovida por Heidegger e suas próprias experiências privadas e políticas, muitas vezes sofridas. Como pensadora, ao contrário de Heidegger, não se situa acima do mundo, e sim no meio dele. Enfrenta questões e problemas contemporâneos sem sucumbir à tentação de seguir padrões comuns de pensamento e comportamento, mesmo correndo o risco de ser mal compreendida e difamada, como depois se verá na polêmica em torno do caso Eichmann. Disso tudo, é claro, a jovem filósofa ainda está muito longe em 1933. É justamente naqueles anos durante os quais ela está tão assoberbada com as preocupações e dificuldades do dia a dia (e o instinto de sobrevivência) que mal consegue pensar em colocar em um tratado mais abrangente suas visões sobre questões contemporâneas.

A figura em que se projeta naqueles tempos de fuga e exílio é Rahel Varnhagen, a mulher romântica, ao mesmo tempo serena e intelectualmente astuta, que buscou em vão sua felicidade no amor e cada vez mais, ao contrário da assimilação em uma sociedade burguesa supostamente iluminada, reconheceu e aceitou o seu destino como marcado pelo antissemitismo. As lacunas no destino da judia Rahel Varnhagen, de acordo com a visão resignada de Hannah Arendt, refletem-se nas próprias experiências nas décadas de 1920 e 1930 como perversão das normas e dos costumes sociais. Günther Stern deixa a Alemanha no final de fevereiro de 1933, alguns dias antes do incêndio do Reichstag, e vai para o exílio em Paris. Sua esposa Hannah inicialmente fica em Berlim e chega a disponibilizar seu apartamento na Opitzstrasse como refúgio para membros da oposição. Mas ela está sendo observada. Algumas semanas depois, ela e sua mãe Martha são presas. Por meio de charme e mentiras habilidosas, Hannah consegue enganar e encantar o jovem interrogador. Ela e a mãe são liberadas após algumas horas. Pouco depois, Hannah e Martha Arendt deixam Berlim com os pertences e manuscritos mais essenciais na bagagem e vão para a região dos Montes Metalíferos (Erzgebirge), na fronteira com a Tchecoslováquia. Passam uma noite com intermediários que moram bem na fronteira. A porta da frente fica do lado alemão, um portão na parte de trás do prédio leva ao território tcheco. Começa um exílio do qual Hannah Arendt oficialmente nunca mais retornará.

Filha e mãe (cujo segundo casamento fracassou) vão para Praga, então ponto de encontro de exilados alemães, depois seguem para Genebra e, finalmente, para Paris. Ali Hannah encontra seu marido Günther Stern. Mas àquela altura, o casamento já tinha fracassado. Com a fuga e sem seus direitos civis, Hannah Arendt é apátrida, um estado miserável que tornará o exílio e o restante da fuga mais difíceis para ela e que durará dezoito anos, até obter a cidadania americana. Ela escreverá mais tarde sobre o destino dos apátridas que não têm lobby ou defensor:

> Enquanto a humanidade estiver organizada nacional e territorialmente na forma de Estados, os apátridas não são simplesmente expulsos de sua pátria ou país de adoção, mas excluídos de todos os países, já que nenhum é obrigado a aceitá-los e naturalizá-los — o que significa que estão praticamente banidos da humanidade. O exílio forçado é, portanto, um dos crimes contra a humanidade, e alguns dos piores crimes reconhecidos desse tipo foram cometidos de fato, e não acidentalmente, depois do degredo em massa.

Por mais que o exílio inicialmente tenha sido marcado por profundas dificuldades e preocupações, também significa realização no âmbito pessoal: em Paris ela conheceu e se apaixonou pelo filósofo e comunista antistalinista Heinrich Blücher, sete anos mais velho. Tendo se divorciado de Günther Stern em 1937, casou-se com Blücher em janeiro de 1940. Naquele ano, após a ocupação do norte da França por tropas alemãs e a instalação do governo de Vichy no sul do país, Hannah Arendt foi enviada ao famigerado campo de Gurs, nos Pireneus. No entanto, consegue fugir e se esconde na casa de amigos perto de Montauban. Lá reencontra Heinrich Blücher, que também ficara preso por um tempo. Junto com Martha Arendt, conseguem escapar para a América via Espanha e Portugal em maio de 1941. Hannah Arendt e Heinrich Blücher alugam um pequeno apartamento em Manhattan (Martha Arendt também tem um quarto no mesmo prédio e cuida da casa e da cozinha para todos). Enquanto Blücher inicialmente só encontra trabalho pesado (só mais tarde pôde ensinar como professor convidado em várias universidades e faculdades), Hannah Arendt consegue ganhar a vida como jornalista, colunista, editora e assistente. Trabalha para o jornal judeu-alemão *Aufbau*, para a organização Jewish Cultural Reconstruction e para a editora americana Schocken (onde, entre outras coisas, supervisiona a edição dos diários de Franz Kafka). Em seu trabalho, conhece personalidades importantes da vida cultural, como T.S. Eliot, Kurt Wolff, W.H. Auden e Hermann Broch. Aprende rapidamente o inglês e logo é capaz de escrever artigos e ensaios no idioma estrangeiro. Devido às experiências e às notícias da União Soviética stalinista, Hannah Arendt e Heinrich Blücher renegam o comunismo e se tornam defensores de uma ordem social democrática livre como havia nos Estados Unidos (embora com ressalvas; por exemplo, era contrária à segregação racial que existia ali e à campanha de difamação comunista de McCarthy).

No início de 1943, chegam à América as primeiras notícias sobre os campos de extermínio operados pelos nazistas. No início, o público americano não se atreveu a acreditar no que era inconcebível. Hannah Arendt relembra:

Primeiro, não acreditávamos, embora meu marido e eu sempre disséssemos que aquela gangue era capaz de qualquer coisa. Mas não acreditávamos, até porque ia de encontro a todas as necessidades militares. Meu marido é um ex-historiador militar e conhece alguma coisa. Ele disse, não acredite; eles não podem fazer mais isso! E então, seis meses depois, acreditamos porque nos provaram. Foi um choque. Antes, você dizia: bem, temos inimigos. Isso é bastante natural. Por que um povo não deveria ter inimigos? Mas era diferente. Realmente foi como se um abismo se abrisse.

"ELEMENTOS E ORIGENS DO DOMÍNIO TOTALITARISTA"

A vida e as experiências daqueles anos de exílio acabaram sendo os melhores "mestres" para a primeira grande obra política e filosófica que Hannah Arendt iniciou em 1945, paralelamente a todas as suas atividades, no último ano da guerra. Foi lançada em 1951 em Nova York, intitulada *As origens do totalitarismo*. Em três partes, examina os fenômenos do antissemitismo, do imperialismo e do totalitarismo.

Com base em um estudo histórico do surgimento e formação de tendências antissemitas na França e na Alemanha, principalmente na Prússia, até o final do século XIX (o "Caso Dreyfus" na França), Hannah Arendt tenta demonstrar quais condições e padrões sociais foram necessários para estabelecer o antissemitismo como um fenômeno amplo, que acabou desembocando em uma orgia de violência apoiada ideologicamente pelos nacional-socialistas. De acordo com ela, o antissemitismo era um problema marginal enquanto os judeus tinham funções e posições claramente definidas dentro de um Estado — como financiar o orçamento do Estado por meio de empréstimos —, mas sem buscar posições de poder na vida política. Quando, no moderno Estado-nação, os judeus perderam essas funções de credores para bancos não judeus, tornaram-se socialmente supérfluos e foram sendo cada vez mais deslocados de suas posições tradicionais.

Portanto, segundo Arendt, não foi o fato de deter poder o que entregou os judeus à campanha antissemita. O que os tornou suspeitos e incentivou teorias da conspiração foi justamente o não tomar posse do poder, a recusa de participar dele. No plano político, isso logo se revelou no estabelecimento de partidos antissemitas que usavam conteúdo nacionalista em suas campanhas. Mas no século XIX também existiam preconceitos no campo da esquerda, que equiparava o "capital" a "inimigo da classe", ou seja, os judeus, enquanto donos do capital, eram difamados como adversários do proletariado. Essa argumentação não levava em conta que, de um lado, os judeus ricos já não tinham mais a função social de credores de dinheiro, investindo sua riqueza crescentemente em empreendimentos próprios (portanto, tendo uma função social enquanto patrões), por outro lado, na esteira do processo de industrialização, os judeus do leste viviam uma vida pobre e proletária nas cidades grandes, formando uma camada social cuja representação política paradoxalmente foi negada pela esquerda socialista.

Essas tendências antissemitas do século XIX, no entanto, ajudaram na assimilação dos judeus burgueses nos Estados-nação. Mas o preço foi alto: os judeus assimilados ou negavam suas origens, sua cultura, até mesmo suas crenças (as numerosas conversões, principalmente à denominação protestante, testemunham isso) e se tornaram arrivistas sociais, que ainda carregavam o estigma invisível do *homo novus*, ou então se resignavam ao status de "excepcional", de extraordinário, de especial, compensando e sublimando com grandes realizações no campo das artes ou das ciências naturais emergentes. De acordo com Arendt, o escândalo supostamente inesperado e socialmente imprevisível em torno do julgamento de alta traição contra o capitão judeu Alfred Dreyfus e sua condenação à prisão perpétua na Ilha do Diabo representaram uma nova qualidade no desenvolvimento do antissemitismo francês e europeu. Embora, poucos anos depois, com ajuda do protesto aberto de Émilie Zola, Dreyfus tenha sido absolvido e reabilitado militarmente, as barreiras de inibição para o uso da violência antissemita caíram a partir de então. Além disso, segundo Arendt, a "turba" entrou na cena do debate público. A sociedade de massas e a questão social não resolvida do empobrecimento proletário buscavam uma válvula "política". A turba, diferentemente do conceito de "povo", era composta de pessoas desclassificadas de todas as classes. Precisamente por essa razão, era tão difícil de ser capturada política e socialmente e, portanto, mais fácil de ser seduzida e instrumentalizada. No lugar de "argumentos" sociais e políticos, começaram a surgir ideologias biológicas e racistas que alimentavam o antissemitismo e começaram a ser comunicadas a essa turba, abrindo o caminho para o antissemitismo racista e de base ideológica do século XX.

Também a história do imperialismo surgido no século XIX, segundo ela, estaria intimamente ligada à transformação do ressentimento sociopolítico em racismo. O lugar da velha burguesia paternalista foi tomado pela burguesia capitalista que ansiava pelo poder no Estado e pela emancipação política dentro de uma sociedade feudal tardia. O funcionamento de Estados-nação ampliados (e sua expansão colonial) exigiu novas estruturas organizacionais: a burocracia se expandiu e se aperfeiçoou. Isso, por sua vez, foi um pré-requisito logístico para administrar as tendências antissemitas no Estado: a burocracia zelava pela aplicação e cumprimento de leis e regulamentos. Onde antes faltava um instrumento de monitoramento e havia inúmeras lacunas no sistema, agora o indivíduo era impiedosamente registrado e perseguido (a erradicação de grande parte dos judeus europeus no século XX nunca teria sido possível sem esse aperfeiçoamento burocrático). Assim, a fusão de antissemitismo, ideologia étnica e burocracia, a expansão imperialista, a formação da massa e, portanto, a desintegração dos Estados-nação tornaram-se o terreno fértil para o surgimento de sistemas totalitários. O governo total (ou totalitário) virou uma forma de governo no século XX e se tornou o assunto da ciência política. Em seu estudo, Hannah Arendt compara o estado nazista ao stalinismo e traça paralelos surpreendentes entre os dois sistemas totalitários — paralelos que, inicialmente, não se suspeitaria que existissem em ideologias aparentemente antagônicas. Em sua opinião, nenhum dos sistemas se enquadra nas seis formas de governo descritas por Aristóteles (democracia, aristocracia, monarquia e suas formas decadentes de oclocracia/governo da multidão, oligarquia/governo de uma pequena casta, e ditadura). Ambos têm elementos ditatoriais, mas ao mesmo tempo diferem da ditadura clássica pelo seu "princípio Führer" ideologicamente fundamentado, a "estrutura de cebola" do aparelho governante (ou seja, a estrutura hierárquica é interrompida e embaralhada por uma série de instituições paralelas que disputam mutuamente os departamentos, as competências e as responsabilidades), o "movimento" (em vez de um partido), uma ideologia que orienta e o exercício do terror (em particular por meio da criação de campos de concentração).

De acordo com Hannah Arendt, tanto Hitler quanto Stalin conseguiram usar o movimento ideológico para transformar a sociedade de classes em uma sociedade de massa na qual a multidão poderia ser dirigida e seduzida a fim de derrotar as posições políticas tradicionais (da classe trabalhadora crítica do capitalismo e do feudalismo) em favor de uma reavaliação geral dos valores intelectuais. Nessa confusão surgiu o (pretendido) caos, que por sua vez os sistemas totalitários diriam combater com suas políticas racistas e desumanas de perseguição e assassinato em massa. Em ambos os sistemas, o império da lei se transformou no império do terror, que por sua vez não é um meio para um fim, mas um fim em si mesmo para manter o domínio totalitário. O estalinismo e o nacional-socialismo, segundo Arendt, criaram uma atmosfera social de "abandono organizado", de medo e denúncia, em que cada um suspeitava e desconfiava dos outros, uma atmosfera que é contra a natureza humana enquanto *zoon politikon*, um ser político. O governo totalitário é um regime de aniquilação, morte e fim. Em vez disso, de acordo com Arendt, Santo Agostinho disse que o homem foi criado para "ser um começo". Esta é a verdadeira força do homem: frustrar a lógica compulsiva do totalitarismo por meio da ação espontânea e imprevisível ("natalidade", "espontaneidade" e "pluralidade") e opor a vontade de liberdade e de vida à vontade de aniquilação.

O livro *Elementos e origens do totalitarismo* foi amplamente divulgado no mundo ocidental (chegou um tanto atrasado na Alemanha, devido à tradução que só veio quatro anos depois, mas também à complexa relação de recalque do passado nacional-socialista). Karl Jaspers disse que o livro era "historiografia em grande estilo". A análise de Arendt do sistema nacional-socialista em particular parecia evidente para muitos dos destinatários. No entanto, choveram críticas do lado socialista: a autora foi acusada de não ter fontes de material suficientes para estender tal análise do totalitarismo à União Soviética stalinista. Ainda florescia nos círculos comunistas (também no Ocidente) a lenda da "boa" União Soviética e a figura de Stalin como um patriarca zeloso que, usando meios drásticos, conseguiu o que era necessário (como a derrubada do nacional-socialismo). (Essa controvérsia se estendeu ainda até os anos 1990, quando uma disputa de historiadores examinou qual dos dois regimes, o de Hitler ou o de Stalin, foi o "pior", usando o número de vítimas em sua argumentação.) Além disso, a intelectualidade de esquerda sentiu-se atingida pela análise de Arendt, na medida em que o modelo explicativo dela negou o conto de fadas marxista da perversão natural do capitalismo burguês em direção ao nacional-socialismo e identificou estruturas semelhantes no socialismo real sob Stalin.

Seja como for, cabe a Hannah Arendt o mérito de não considerar o sistema nacional-socialista como a obra de um indivíduo (Hitler), como personificação do mal em si, mas como um sistema feito pelo homem baseado em uma ideologia racista. É uma antecipação de seu livro *Eichmann em Jerusalém*, pois ela reconheceu, já em 1951, que o "mal" (Hitler ou Eichmann) não existia, no sentido de que não havia nenhuma figura "sobre-humana" (satânica), nenhum ídolo. Em vez disso, os perpetradores do nacional-socialismo (bem como do stalinismo) eram "apenas" pessoas sedentas de poder, que, sem uma massa disposta a ser seduzida e sem o sistema ideológico que sabiam manipular, jamais teriam chegado ao governo ou exercido o poder por tanto tempo. É como deve ser compreendida a expressão da "banalidade do mal": não é o mal que foi cometido que é banal, e sim os maus que fizeram o mal, figuras ridículas e cômicas (ainda que as vítimas sofressem), não eram príncipes das trevas.

De maneira geral, o poder explosivo do livro de Arendt sobre sistemas totalitários reside no fato de que ele criticou e negou a ideia que circula no pensamento ocidental desde Platão, a de que uma comunidade ideal pode ser construída e fabricada autoritariamente, assim como o carpinteiro fabrica uma cadeira: em Platão, é o "rei filósofo" que pensa e conduz o bom Estado. No imaginário do século XX, foram ideologias como o comunismo ou o nacional-socialismo que acreditaram poder criar a nova sociedade e o novo homem. Cada uma dessas tentativas, segundo Arendt, está fadada ao fracasso porque se dá sem o que é realmente político: porque a *pólis* é originalmente o lugar no centro de uma cidade onde as pessoas se reúnem para trocar opiniões e decidir sobre ações. O "princípio de fabricação" da ideologia, no entanto, destrói o espaço público, a vida pública, a diversidade de opiniões e os substitui pela arbitrariedade e pela "verdade" estabelecida, que não passa de mentira e ilusão e desemboca em burocracia, paternalismo e totalitarismo. Em geral, não existe verdade, apenas o direito a opiniões contrárias, à pluralidade e à espontaneidade, e a divulgá-las publicamente.

"*VITA ACTIVA*"

Essa constatação leva Hannah Arendt ao seu próximo tratado extenso e amplamente recebido, *A condição humana* (no original, *Vita activa*), publicado em 1960. Nele, ela examina três formas básicas do estar ativo: trabalhar, produzir e agir. O trabalho é a atividade que serve essencialmente à manutenção da vida biológica e tem processos cíclicos recorrentes (por exemplo, agricultura, cozinha, tarefas domésticas). Já a produção de objetos (mercadorias) transcorre de maneira linear: da ideia à realização na forma de um produto material tangível. Oferece às pessoas a possibilidade de se opor às forças hostis da natureza e, assim, criar um lugar no mundo (a produção de obras de arte é um caso especial, pois não serve a um propósito imediato, e em vez de olhar para o futuro, é direcionada para o passado enquanto memória). Agir, finalmente, ocorre entre pessoas, sem mediação material.

A base é a pluralidade, o fato de as pessoas se relacionarem no espaço público, a *pólis*, espaço em que não importa *o que* se é (como ferreiro ou carpinteiro), mas *quem* se é: é ação política que garante a continuidade entre as gerações, ou seja, liga local e temporalidade, memória e presente, e assim cria história. A historicidade, por sua vez, cria constância na cultura da memória. E evita o esquecimento, na medida em que pluralidade e natalidade são pré-requisitos para a ação: todo recém-nascido tem a opção de se vincular às tradições da historicidade e dar continuidade a elas, ou de trazer para o mundo algo novo ou modificado.

Mas esses três tipos de vida ativa, segundo Arendt, estão sujeitos a mudanças desde os tempos antigos. Para os gregos antigos, a *vita contemplativa*, a vida do espírito, era tão importante quanto a *vita activa*, a vida em atividade. Na Idade Média, isso mudou: sob a influência dos padrões cristãos, privilegiou-se o afastamento da vida pública, e a contemplação religiosa recebeu uma prioridade mais alta do que a ação. Em vez de liberdade *para* a vida pública (política), buscou-se a liberdade *da* vida pública, razão pela qual caiu o interesse pelos assuntos públicos. Na era moderna, entretanto, esse desenvolvimento se reverteu de novo gradualmente, a *vita activa* ganhou importância e valor, mas o trabalho e a produção receberam agora mais peso do que a ação política. A ampliação das estruturas capitalistas levou mesmo a uma despolitização, até a "sociedade de detentores de empregos" na segunda metade do século XX. O *Homo politicus* da antiguidade agora degenerou para *Animal laborans*, uma criatura trabalhadora e sofredora que não se volta para a liberdade no mundo em seu tempo livre, e sim para hobbies privados e sem mundo (e, portanto, sem valor).

Arendt chama as esferas nas quais as atividades ocorrem de espaço privado, espaço social e espaço político. A Antiguidade grega não diferenciava o privado do político, o conceito de sociedade (o espaço social) ainda não era utilizado. Foi apenas nos tempos modernos que os negócios e a economia mudaram do espaço privado para o público e se tornaram assunto da política. Quando essas questões privadas e econômicas penetram no domínio da política surge a sociedade; a política, ao contrário, torna-se a função da sociedade, e a economia torna-se sua superestrutura. Como resultado, tanto o espaço privado quanto o político são penetrados e sobrepostos pela sociedade. Segundo Arendt, existe a ameaça do conformismo total, do comportamento reservado, do tabu contra a pluralidade na troca pública de opiniões. Dessa forma, o Estado, a *pólis*, passa a ser o mero administrador das expectativas sociais e econômicas. Mesmo após o fim do nacional-socialismo (1945) e do stalinismo (com a morte de Stalin em 1953), segundo Arendt, ainda existe o risco de instalação de sistemas totalitários. A "sociedade de detentores de empregos" engole o indivíduo, coloca-o inteiramente a serviço de seu sistema, devora tanto a vida privada como a política, coloca o funcionamento no lugar da vida. Quebra-se, assim, a pluralidade de pessoas e de opiniões, que surge precisamente do fato de que indivíduos que diferem uns dos outros lidam uns com os outros, agindo e falando no espaço público. A responsabilidade que o homem assumiu como agente e locutor pelo seu próprio nascimento, pela existência entre sua própria espécie, é entregue à sociedade totalitária. O *quem* é erradicado e reduzido ao *quê*. Até mesmo o conceito de vida é distorcido: se, na Antiguidade, ainda se falava de uma vida boa como um ideal, na sociedade de detentores de empregos a vida se reduz à existência biológica, as pessoas correm o risco de perder a independência, regredindo a um estado animal, de onde acabaram de emergir como resultado da evolução e do surgimento da consciência humana.

REENCONTRO COM HEIDEGGER

A reputação de Hannah Arendt cresceu enormemente nas décadas de 1950 e 1960, tanto na América como na Europa e (um tanto atrasada) em sua terra natal, a Alemanha. A obtenção da cidadania americana (1951), palestras e cátedras visitantes nas universidades de Berkeley, Chicago e Nova York, prêmios e reconhecimentos (como o Prêmio Lessing da Cidade Livre de Hamburgo) atestam isso. Sua crescente reputação também é alvo de críticas, principalmente nas fileiras da esquerda comunista, no episódio da controvérsia de Eichmann, mas também da maioria das associações e organizações judaicas, que consideram sua visão diferenciada do vilão Adolf Eichmann "comum" e "banal" uma afronta às vítimas do Holocausto.

No plano privado, após o fim da Segunda Guerra Mundial, Hannah Arendt tenta se reconectar cautelosamente com as próprias raízes na Alemanha. Visita o casal Jaspers, que durante a era nazista viveu na Alemanha, mas permaneceu moralmente íntegro e se mudou para a Basileia após a guerra. A relação com seu antigo professor e sua esposa é afetiva como sempre, e Arendt sente que "voltou para casa". O encontro com Martin Heidegger e sua esposa Elfriede, em Freiburg, na Brisgóvia, já é mais difícil e tenso. O casal, outrora nazista convicto (especialmente Elfriede Heidegger, que é também antissemita ardorosa), foi afastado depois de alguns anos pelos propagandistas culturais do regime, provavelmente também porque o poder explosivo do construto intelectual de Heidegger era estranho para os novos governantes e duvidoso em sua intelectualidade virtuosa. O reencontro de Hannah Arendt com Heidegger após tantos anos de vida e destino separados é amigável, mas transcorre em clima de desconfiança mútua. Arendt permanece leal a seu grande mestre filosófico e antigo amante, na medida em que reconhece suas realizações intelectuais sem inveja e as valoriza mais do que o seu equívoco político e ideológico. Mas a velha intimidade não é revivida, especialmente porque Elfriede Heidegger ainda é reservada e tem ciúmes da "rival" mais jovem, mais atraente e muito superior a ela intelectualmente. Em uma carta a seu marido, Heinrich Blücher, Hannah Arendt sentencia: "Infelizmente, ela [Elfriede Heidegger] é simplesmente estúpida." Martin Heidegger, por sua vez, tenta recuperar parte de sua reputação perdida, enviando manuscritos em parte inéditos à sua ex-discípula e amante, talvez por esperar proteção ou uma defesa pública da agora mundialmente famosa historiadora e filósofa.

"A VIDA DO ESPÍRITO"

A última grande obra de Hannah Arendt, *A vida do espírito*, ficou incompleta. Postumamente, saíram em 1978 as partes "Pensar" e "Querer" (enquanto a terceira parte, "Julgar", ficou incompleta). Repetidamente, ela falava sobre seu filosofar, que é sempre politicamente orientado para a ação. Dizia que, no sentido tradicional da ciência filosófica pura e isolada, que paira sobre os eventos da atualidade, ela não era uma filósofa (como em uma entrevista de televisão de 1964): "Não faço parte do grupo dos filósofos. Minha profissão — se é que se pode falar dela — é teoria política. [...] Na minha opinião, abandonei definitivamente a filosofia. Estudei filosofia, como você sabe, mas isso não significa que continue sendo filósofa." Já na palestra "Filosofia e política", proferida em 1954, justificara a sua guinada para a ciência política com uma acusação contra a filosofia universitária clássica, afirmando que a sentença de morte contra Sócrates, filósofo e cidadão da *pólis* (399 a.C.), separou a política da filosofia. Desde então, a filosofia tem perseguido a pura busca da verdade, enquanto a política se tornou mera troca de opiniões. Filosofia e política tratavam-se de maneira presunçosa: o filósofo evita as trocas públicas, enquanto o político, em sua dependência da opinião pública, evita a busca do filósofo pela verdade. A redução a si mesmo é, para Arendt, o maior déficit da filosofia ocidental. Apenas Immanuel Kant apontou na *Crítica do julgamento* que o julgar só pode acontecer com base em uma "forma expandida de pensar". O fato de Hannah Arendt, em *A vida do espírito*, ter criado uma obra decididamente filosófica no final de sua vida contradiz seu próprio eufemismo e prova a extensão do registro da historiadora, cientista política, jornalista e filósofa.

A vida do espírito é também um retorno de Hannah Arendt a seus primórdios filosóficos, à época em que, em sua dissertação (1929), se ocupava com os conceitos de amor em Santo Agostinho. Como tratado sobre a vida contemplativa, é um reflexo do volume anterior, *A condição humana*, que tem por conteúdo a ação. Em seu livro sobre Adolf Eichmann, Arendt apresentou a tese de que ele pode ter feito o mal, mas por não ter refletido suas próprias ações por causa da limitação espiritual, foi "banal". Foi um agir mau, sem motivação, e sem a "vontade de fazer o mal". Analogamente, agora levanta a questão de até que ponto o pensamento ou a consciência, enquanto função do pensamento, podem prevenir o mau comportamento. Referindo-se a Kant, explica que pensar é função da razão, enquanto conhecer é função do entendimento. A mente produz conhecimentos empiricamente verificáveis. A tarefa da razão, por outro lado, é criar sentido.

Em um passo seguinte de seu raciocínio, Arendt postula que Ser e Parecer são idênticos, pois nenhum ser é possível sem a existência de um espectador que perceba tal ser (*das Seiende*). Enquanto Descartes diz: *cogito ergo sum*, "Penso, logo existo", Arendt contrapõe que as pessoas não podem ser solipsistas, solitárias; elas existem apenas na pluralidade. Uma existência humana que não é percebida por outros não é uma existência. Arendt vai ainda mais longe e afirma que a teoria dos dois mundos de Platão, segundo a qual o mundo sensualmente perceptível e o mundo racional devem ser distinguidos, é um equívoco. A separação do mundo em verdade e percepção, em espiritualidade e matéria, deve ser superada, reivindica Arendt. Um novo conceito de ser deve ser construído, abolindo a separação entre Ser e Mundanidade (*Sein* und *Weltlichkeit*). Arendt vê uma saída para essa teoria de dois mundos de ser e parecer na fenomenologia de Husserl e na filosofia existencial de Jaspers. Enquanto Martin Heidegger novamente faz uma separação, ao diferenciar entre "ser próprio" e "ser impróprio", Arendt alerta que todo parecer é "inseparável de um mundo de aparências [...] do qual nunca podemos escapar."

Enquanto em seu livro anterior, *A condição humana*, Arendt examinava e lamentava a retirada das pessoas do mundo da ação, ela agora adverte contra a retirada do pensamento do mundo. O pensador nunca encontra sentido no isolamento, mas apenas na pluralidade, no diálogo. Com isso, contradiz seu professor Martin Heidegger (que cortou o próprio pensamento do diálogo ao se retirar para o isolamento). Pensar, para Arendt, deve ocorrer sem perda do mundo. O pensamento usa a memória para tornar presente na imaginação aquilo que não está sensivelmente presente. Mas o sentido de pensar não está em lembrar, mas em preparar as pessoas para a ação e, assim, ajudar a determinar seu futuro (aqui se encerra o círculo para *A condição humana* de Arendt). E o pensamento tem mais outra função: por meio da consciência, a pessoa é capaz de distinguir o certo do errado (nesse aspecto, Eichmann, como pessoa não pensante, não poderia desenvolver o juízo reflexivo para entender suas ações como erradas).

Na segunda parte de seu livro *A vida do espírito*, Hannah Arendt examina o querer. Assim como o pensar, também o querer corresponde à *vita contemplativa* e tem impacto na ação, a *vita activa*. Diferente do pensamento enquanto tomada de consciência, o desejo é direcionado para o futuro. Na história humana, tem havido uma batalha contínua entre querer e não querer, travada em ação. A filosofia tem respondido de diversas formas à questão de saber quem deve ser mais valorizado, se a vontade ou a razão. São Tomás de Aquino (1224-1274) acreditava que a vontade é um órgão executivo da razão, enquanto Duns Scotus (1265-1308) ensinou que a razão fornece argumentos para a vontade e, portanto, está a seu serviço. A própria Hannah Arendt agora se concentra na espontaneidade que determina a essência da vontade e da ação. Cita Santo Agostinho, segundo o qual o homem foi criado "para que haja um começo". Portanto, de acordo com Arendt, o homem está condenado à liberdade quando nasce. O homem pode fazer o que quiser, mas não pode não fazer nada. Ninguém é solipsista (no sentido de Descartes), todos estamos no mundo junto com outros. É preciso, portanto, aprender a se relacionar. Toda ação pressupõe, portanto, um pensamento e uma vontade: o homem faz parte da *pólis*, da pluralidade, do agir no espaço público, que é determinado pelo pensar e pelo querer. Mas toda vontade política colide com outras vontades políticas, cuja competição agora pode ser realizada com violência ou persuasão. A advertência de Hannah Arendt aos seus semelhantes é no sentido de superar o abismo de alienação entre a filosofia pura e a relação com o mundo, entre pensar, querer e agir no espaço público. A filosofia política, diz, seria uma oportunidade de refutar a teoria dos dois mundos estipulada desde Platão e de superar a divisão que levou ao surgimento dos sistemas totalitários no século XX. Para dar este passo, é necessária uma terceira função espiritual, a capacidade de julgamento.

A Hannah Arendt não conseguiu completar a sua última obra, *A vida do espírito* (só existem palestras sobre os conceitos de juízo em Kant.) A primeira folha da terceira parte já estava na máquina de escrever, na qual ela datilografou o título "Julgar", quando ela morre repentinamente, sentada em sua poltrona, entre amigos que estão de visita. O médico da família diagnostica infarto do miocárdio. É o dia 4 de dezembro de 1975. Cinco anos antes, no dia 31 de outubro de 1970, morrera seu marido Heinrich Blücher, igualmente de infarto. Ambos jazem em um túmulo do Bard College em Annandale-on-Hudson, no estado de Nova York.

O existencialismo

A Antiguidade grega conhecia o mito de Sísifo, condenado ao proverbial trabalho eterno pelos deuses por causa da sua renitência, principalmente contra o deus da morte, Tânatos. Ele foi condenado a rolar um pesado bloco de pedra com suas mãos até o cume de uma montanha, e toda vez que estivesse quase alcançando o topo, a pedra voltava a rolar para baixo. Sísifo foi condenado a esse trabalho insano e pesado para toda a eternidade, sem esperança de redenção ou piedade.

Em 1942, em meio à ocupação alemã, saiu em Paris o ensaio de Albert Camus, *Le mythe de Sisyphe* (*O mito de Sísifo*). O texto teve uma grande influência na filosofia do existencialismo, que estava se formando, e é visto hoje como a principal obra filosófica do autor. Nele, Camus ousa uma surpreendente reinterpretação do antigo mito. Sísifo, agora, é um símbolo para a alienação do homem de sua vida, o divórcio entre ação e não ação, entre a nostalgia pela busca do sentido e o absurdo. Não há escapatória daquele estado absurdo. Não se pode especular com a piedade dos deuses (de qualquer maneira, o existencialismo rejeita a existência de uma instância superior ou até mesmo de um redentor divino). Ao próprio homem, a saída está vetada: segundo Camus, o suicídio — que ainda foi considerado como salto irracional pelos precursores do existencialismo (Kierkegaard, Husserl, Jaspers, Heidegger) — não oferece saída do absurdo, mas apenas representa uma traição na razão clara do homem, um escape no lugar da revolta. Nas palavras de Camus:

Se existe o absurdo, então só no universo do homem. No momento em que esse conceito se transforma em trampolim para a eternidade, já não está mais associado à clarividência humana. Então o absurdo não é mais a evidência que o homem constata, sem consentir com ela. A luta, então, foi evitada. O homem integra o absurdo e, assim, faz desaparecer a sua verdadeira essência, que é oposição, turbulência e divisão. Esse salto é uma tentativa de escapar.

Segundo a convicção de Camus, as reações válidas de Sísifo à sua existência em perpétuo absurdo não deveriam ser redenção, por um lado, ou mesmo resignação, por outro. Ele deve, sim, conhecer sua situação (com a ajuda de seu intelecto), aceitá-la (naturalmente não com humildade cristã ou modéstia resignada em si, mas, pelo contrário, orgulho e autoconsciência) e, finalmente, revoltar-se contra o absurdo. Essa revolta não precisa ser a ruptura dos grilhões do destino; exteriormente, Sísifo não será capaz de mudar o seu destino. Mas o homem pode expressar sua revolta supostamente aceitando o absurdo, sem se abandonar ao desespero e sem esperar a redenção divina. Sísifo se tornou uma pessoa revoltada pelo simples fato de continuar a fazer o seu "trabalho de Sísifo", sem se desesperar ou dar o salto para o suicídio. Ao reconhecer o absurdo de sua punição, Sísifo a nega e já está em revolta (Camus elaborou seus pensamentos sobre isso em seu ensaio *O homem revoltado*, de 1951). Na desilusão, porém, a pessoa realiza um ato de liberdade: desprende-se da mentira, do consolo, da falsa esperança, da "má-fé".

O conceito de "má-fé" foi introduzido por Jean-Paul Sartre na filosofia em sua principal obra, *O ser e o nada* (1943) — antes, havia surgido nos diários de Simone de Beauvoir. A má-fé impede o homem de realizar a sua liberdade. Segundo a concepção de Sartre, o homem não tem direito à liberdade, mas é obrigado a ela. Mais ainda: está condenado a ela. Nenhuma outra pessoa, nem mesmo uma autoridade superior, é capaz de tirar do "eu" a responsabilidade pela liberdade. A liberdade é o cerne de toda experiência humana, aquilo que, na fenomenologia, o distingue dos objetos que vê e descreve. O homem não tem uma natureza fixa, ele apenas a cria por meio daquilo que faz. O homem não *é*, ele só *se torna* quando deixa para trás as circunstâncias e convenções dadas, a facticidade, superando sua "má-fé" e transcendendo sua existência para o mundo exterior. Sartre resumiu isso na fórmula concisa: "A existência precede a essência." O homem é lançado ao mundo e deve primeiro definir-se; encontrar e inventar sua essência na revolta. Para isso, é libertado, mesmo que esteja acorrentado, como Sísifo. O existencialismo foi mais do que uma filosofia de vida, foi um humanismo sem promessa de salvação, uma religião sem Deus, um transcendentalismo sem transcendência, um *éthos* sem ética (pelo menos em Sartre), um movimento reformista da geração mais jovem que se expandiu após 1945. As restrições externas na França durante a Segunda Guerra Mundial (ocupação, divisão da sociedade francesa em simpatizantes da Resistência e colaboração ativa ou tolerada) deram origem a esta filosofia de liberdade existencial e libertação como uma contrarreação. Mas também o sentimento de uma juventude que queria reconquistar, depois da guerra, o que foi perdido e o que lhe foi negado também foi importante aqui. O existencialismo partiu essencialmente de três filósofos na França (todos eles também grandes romancistas): Jean-Paul Sartre, Albert Camus e Simone de Beauvoir. Espalhou-se por todo o mundo ocidental e encontrou — politizado — seu eco nos movimentos de libertação na Hungria e na Tchecoslováquia. O existencialismo foi o terreno fértil para os mais variados movimentos de protesto e correntes de reforma de vida nas décadas de 1940 a 1980, culminando na revolta dos anos 1960 e no movimento pelos direitos das mulheres. Seu estopim intelectual foi uma obra de Simone de Beauvoir, *O segundo sexo* (1949).

Simone de Beauvoir (1908-1986)
Liberdade e emancipação

Em 1943, na Paris ocupada pelos alemães, o escritor e filósofo Jean-Paul Sartre, de 38 anos, recém-retornado do cativeiro, e sua namorada de 35, Simone de Beauvoir, também escritora, encontram-se no Café Flore. Convivem depois de anos de separação, pois seu relacionamento, já lendário nos círculos intelectuais da Rive Gauche da época, vai muito além de um simples caso de amor: é um grupo de trabalho, uma conversa intelectual contínua, um simpósio literário-filosófico, cujo cenário é ora o Café Flore ora o Café Les Deux Magots, no bairro de Saint-Germain-des-Prés, ora quartos de hotel baratos, porque Sartre e Beauvoir não têm apartamento próprio e preferem a vida nômade e sem posses que lhes garante independência material e liberdade.

E "liberdade" é o conceito central na filosofia que ambos professam, o existencialismo. Naquele ano de 1943, o existencialismo era recém-nascido: Sartre publicara sua principal obra filosófica, *O ser e o nada*, na qual retomou e desenvolveu teorias de Kierkegaard e teses de *Ser e tempo* de Heidegger. Simone de Beauvoir acaba de se lançar como escritora com o romance *A convidada*, mas ainda não ganhou renome como filósofa independente. Só depois da retirada dos ocupantes alemães, com a libertação da França e a restituição da república, ela desenvolverá a sua própria modificação da liberdade existencial e da responsabilidade moral e a apresentará em ensaios e livros fundamentais, ainda sob as impressões da ocupação, da colaboração e da resistência. Muito em breve, será admirada e rejeitada, glorificada e odiada, tratada como grande filósofa independente ou considerada apenas discípula e seguidora devota de Sartre. Naquele ano de 1943, encontra-se ainda nos primórdios de sua carreira filosófica e literária, sem saber qual seria a sua posição no mundo intelectual.

Uma anedota ilustra isso: quando Beauvoir e Sartre estão conversando no Café Flore, um conhecido, o filósofo Jean Grenier, pergunta à desavisada Beauvoir: "E a senhora, madame, é existencialista?" O termo "existencialismo", introduzido pouco depois de *O ser e o nada*, de Sartre, espalhou-se muito rapidamente, sem se referir apenas à obra de Sartre (e um pouco mais tarde à de Simone de Beauvoir, Albert Camus e outros), mas se tornando sinônimo (um tanto impreciso) para o sentimento de vida de toda uma geração jovem depois da guerra. Foi um movimento filosófico que conquistou o mundo a partir dos cafés intelectuais da Montparnasse parisiense e alcançou muito além dos círculos espirituais, tornando-se, em vez disso, uma espécie de movimento de reforma de modo de vida, substituto religioso sem religião, irradiando para além das manifestações de 1968, do movimento hippie e até o movimento pacifista dos anos 1970 e 1980. Só diminuiu com o colapso do comunismo após 1990, tornando-se história.

Mas naquele longínquo ano de 1943, os existencialistas nem imaginam os efeitos que sua filosofia um dia terá na vida intelectual e social. Mais que isso: sequer sabiam que eram existencialistas! Simone de Beauvoir lembra aquela experiência com Jean Grenier no Café Flore e sua reação inicialmente defensiva:

> Eu lera Kierkegaard. Quando se falava de Heidegger, havia o termo 'filosofia existencial', mas eu desconhecia o significado da palavra 'existencialista' que Gabriel Marcel [outro filósofo do círculo de Beauvoir] acabara de lançar. Além disso, a pergunta de Grenier feriu minha modéstia e meu orgulho.

Pior: os adversários do jovem grupo de filósofos em torno de Sartre e Beauvoir usam a palavra em um sentido depreciativo para desacreditar os existencialistas. Sartre e Beauvoir só aos poucos adotam a denominação, sem orgulho ou irritação, simplesmente aceitaram que a sua filosofia fosse batizada por outros. Posteriormente, Simone de Beauvoir não cansou de repetir que não era filósofa, mas escritora, e que reconhecia seus limites no campo da filosofia, que foi apenas a porta-voz de Sartre e sua colaboradora. Isso contradiz sua real importância para a história da filosofia em geral e para o posterior desenvolvimento do existencialismo em particular, bem como para a história da emancipação e do feminismo no século XX.

Parece que Simone de Beauvoir — cuja trajetória a arrancou das origens burguesas e católicas conservadoras — internalizou o clichê tradicional do papel mais do que ela própria gostava de admitir. Em suas memórias, por outro lado, diferencia seu significado histórico-filosófico e o conecta com sua origem social e sua educação:

> Se me pareceu bastante natural seguir a doutrina de Kierkegaard e a de Sartre e me tornar "existencialista", foi porque toda a minha história de vida me preparou para isso. Desde a infância, por temperamento, eu tendia a confiar nos meus desejos, nas minhas expressões de vontade [...]. Aos 19 anos, já estava convencida de que compete ao ser humano, e apenas a ele, dar sentido à sua vida, e que ele está à altura de tal tarefa.

Essa é uma declaração tardia da grande filósofa e escritora — e até certo ponto, uma lenda. Seu caminho na vida não foi tão retilíneo, sua autoimagem não foi livre de conflitos e soberana como ela quis fazer acreditar os leitores de suas memórias, cujas tiragens atingiram cifras de milhões no mundo inteiro.

Mas quem realmente estava por trás da lenda da grande filósofa e escritora existencialista e emancipadora Simone de Beauvoir?

UMA MOÇA BEM-COMPORTADA

Simone de Beauvoir nasce em Paris em 9 de janeiro de 1908. O apartamento de classe alta dos pais fica no Boulevard de Raspail, no elegante sexto arrondissement da Rive Gauche. Apesar de atuar como professora nas províncias por alguns anos, Simone passará a maior parte de sua vida naquele bairro. Seu pai, Georges Bertrand de Beauvoir, tem título de nobreza, mas não possui castelo nem a ambição de pertencer a uma classe alta. Trabalha como advogado em um escritório, e mais tarde no Tribunal de Apelação, sem muita convicção, já que se casou com Françoise Brasseur, uma jovem de uma família abastada e arquicatólica de banqueiros do norte da França. Como compete a uma moça bem-comportada, Simone é educada segundo princípios burgueses e católicos. Depois dela, nasce em 9 de junho de 1910 a irmã Hélène, apelidada *Poupette*, "bonequinha". E ambas são tratadas como bonequinhas, com vestidinhos de seda cheios de babados, longos cabelos encaracolados, meias brancas como a neve, cuidadas por uma governanta, levadas várias vezes por semana à Santa Missa pela devota mãe.

Mas a fachada burguesa logo começa a rachar: em 1909, o banco privado do pai de Françoise, Gustave Brasseur, vai à falência, o que significou que o dote, que só seria pago à filha após sua morte, perde-se. Embora, além do título de nobreza, Georges de Beauvoir tenha uma renda aceitável, sucumbe cada vez mais ao vício do jogo. O casamento sofre e a autoimagem burguesa fica arranhada. Mas ainda há o suficiente para manter as aparências, o que inclui a educação das filhas. Simone, que aprendeu a ler cedo e é estimulada em sua sede de conhecimento por seu pai liberal, inicialmente recebe aulas particulares, depois frequenta uma escola particular católica duas vezes por semana.

Apesar de toda a excelente educação que recebe, uma coisa é clara: como moça de boa família, deve arrumar um bom partido, e para isso é preciso saber manter uma conversação em alto nível, além de ter um bom grau de senso doméstico e religiosidade. Tudo o que é relativo ao físico e à sensualidade é tabu segundo o código moral da época, o desejo erótico é equiparado a pecado e vício, principalmente pela mãe, Françoise. A leitura também é regulamentada: até obras que hoje figuram entre os clássicos, como Flaubert, Maupassant, os irmãos Goncourt e Proust são considerados moralmente repreensíveis. Mesmo assim, Simone consegue ler os livros às escondidas. Desde cedo, começa a duvidar do significado dessa vida burguesa, especialmente sobre a legitimidade de impor ideias firmemente estabelecidas a outros. Simone também percebia como paternalismo e obrigação a fé católica que lhe era transmitida com fervor.

Simone tem 11 anos — A Primeira Guerra Mundial acabou há um ano — quando o seu mundo começa a ruir definitivamente. O pai dilapida o patrimônio familiar na Bolsa, pois as ações russas, compradas muito tempo antes da Revolução de Outubro, perdem o valor de um dia para o outro. Assim, resta à família sua remuneração de advogado. Mas Georges se vicia cada vez mais no jogo. Perde o emprego, troca de trabalho várias vezes. Os Beauvoir se veem obrigados a entregar o apartamento luxuoso e se mudam para um domicílio menor, em uma rua mais pobre, onde precisam subir cinco lances de escada (segundo o entendimento da época, o quinto andar é o da pequena burguesia), sem elevador, água encanada, aquecimento ou banheiro. A empregada é despedida, a mãe Françoise passa a cuidar das pequenas tarefas domésticas. Simone e Hélène já não parecem mais "bonecas", usam roupas simples, gastas, às vezes manchadas. "Quase algo como a pobreza", avalia Simone a situação da família em suas memórias. A mãe ainda se esforça na criação de suas filhas para serem mulheres devotas, para o caso de não receberem um bom dote. Simone torna-se membro de uma ordem religiosa leiga que se autodenomina grandiosamente "Anjos da Paixão". Mas o "anjo" Simone recusa-se cada vez mais a corresponder às expectativas. Na escola, a menina mentalmente precoce é considerada inteligente. Com base em suas leituras, começa a pensar de forma independente e a questionar.

Para ela, os livros são mais do que apenas recipientes para armazenar conhecimento. São interlocutores críticos, mostram caminhos de resistência e prometem um objetivo: liberdade. Já na puberdade, esse termo é, para ela, tão promissor quanto o sol no firmamento — embora ainda não consiga imaginar o que a liberdade pode realmente ser e que pouco tem a ver com excesso, desencadeamento ou mesmo irresponsabilidade. O termo "liberdade" mais tarde se tornará um conceito central na filosofia existencialista de Sartre e de Beauvoir.

Simone observa como sua mãe sofre com as expectativas burguesas e familiares, bem como as religiosas, e que a fachada de uma família feliz e próspera é esburacada, uma construção de mentiras que ameaça desmoronar. A mãe, Françoise, jamais conseguirá se livrar dessas algemas. Simone percebe a falsidade e o atraso da situação. Decide levar uma vida de solidão, se necessário, porém autodeterminada. Ninguém deve interferir em sua existência livremente escolhida: nem a família, nem a sociedade, nem mesmo Deus. Simone rompe deliberadamente com a crença que lhe foi imposta: paga por isso com um nível quase insustentável de solidão (e com o risco de fracassar sozinha). Mas ganha responsabilidade pessoal e liberdade, o que vale a pena para ela.

Simone não é a única a pensar assim. No fundo, sua natureza é saudável e autoconfiante, ela não cede a represálias externas. Outras de sua geração são menos resistentes: a amiga Zaza, que também sofre de expectativas civis e religiosas, se mutila e corta a perna com um machado. Poucos anos depois, Zaza, que por uma questão de convenção burguesa não pode se casar com o homem que ama, morrerá de uma doença infecciosa aos 21 anos. Simone sempre afirmará que as circunstâncias a mataram.

Sua única saída desses dilemas, como ela sabe muito bem, é a educação. Começa a estudar com afinco, logo é considerada uma aluna modelo e se forma com distinção. Uma das matérias novas é filosofia. Para Simone, logo fica claro que deseja estudar filosofia, mesmo contra a vontade declarada de seus pais, que consideram a disciplina um palavreado vazio. Para ela, o desejo de estudar não é um fim em si mesmo, não serve à reputação intelectual. Ela já leu o filósofo francês Alfred Fouillée, que argumenta que o homem não nasce livre, ele se torna livre. O desejo de liberdade não move as pessoas para o "bem" ou para uma "boa decisão", e sim para uma decisão que é totalmente sua, própria. É o que Simone deseja alcançar para sua própria existência: levar uma vida conscientemente decidida que conduza à liberdade. Mesmo sem saber, e muito antes de Sartre escrever *O ser e o nada*, ela já era existencialista. O instituto modelo para estudos filosóficos é a École Normale Supérieure, que ainda não aceita mulheres (alguns anos depois, Simone Weil, a outra grande filósofa francesa daqueles anos, foi uma das primeiras mulheres a ter acesso ao instituto). Simone de Beauvoir vai para a Sorbonne e, de lá, para o conceituado Instituto Católico, onde estuda matemática. Ao mesmo tempo, estuda língua e literatura no também católico Instituto Sainte-Marie. Ademais, assiste a palestras filosóficas na Sorbonne. Naqueles anos, estudou *Tempo e liberdade* de Henri Bergson e conheceu a fenomenologia de Edmund Husserl. Lê e estuda muito, sem método, sem diálogo crítico com outros. Sente-se como um navio carregado à deriva em um vasto oceano. Tem um breve caso de amor com um primo, que logo termina, e Simone chega à conclusão de que todo casamento é imoral, porque como se pode tomar uma decisão do "eu" hoje para o "eu" de amanhã?

Finalmente, presta o exame que lhe permite lecionar em liceus (*agrégation*). Simone de Beauvoir é a segunda mulher depois de Simone Weil a passar nesse exame. Ao mesmo tempo, escreve uma tese sobre Leibniz. Conclui os exames com as melhores notas e os diplomas mais requintados e começa, em 1929, um período experimental como professora estagiária no Liceu Janson-de-Sailly, em Paris. É quando conhece Jean-Paul Sartre: ele tem 24 anos e ela, 21. A vida de ambos mudará fundamentalmente — e, com ela, a história da filosofia do século XX e a atitude diante da vida de toda uma geração.

UM PACTO BEM-SUCEDIDO

Jean-Paul Sartre não era exatamente o tipo de homem mais atraente: com apenas 1,53 metro de altura, tinha lábios protuberantes de carpa, o olho direito era virado para fora e cego em virtude de uma doença infecciosa na infância. À primeira vista, parecia até repugnante. Mas sua eloquência (mais tarde em suas viagens de palestras na América, conseguia tagarelar com apenas algumas palavras em inglês), a inteligência aguda, o espírito brilhante, a sagacidade sutil e, acima de tudo, a fama precoce fizeram dele o ídolo do movimento existencialista e o tornaram irresistível para as mulheres.

Assim como Simone de Beauvoir, Sartre também era de família de classe média. Também teve que lidar com um trauma: se, para a namorada, foi o declínio social da família, no caso de Sartre foi sua aparência feia e a cegueira precoce do olho direito. Em vez de ficar tímido com as pessoas, o jovem Sartre decidiu contrariar o destino (nas palavras de Sartre: "contingência [acaso] e brutalidade") com um ato de livre-arbítrio. Em vez de ser desprezado pela feiura, transformou-se em um líder que encantava e seduzia, se não com o erotismo do corpo, pelo menos com o do espírito.

Em julho de 1929, por meio de um amigo, Simone de Beauvoir conheceu Sartre, três anos mais velho que ela, líder brilhante de um grupo de intelectuais que frequentava os cafés de Saint-Germain-des-Prés. Mais tarde, Sartre, Beauvoir e os discípulos existencialistas espalharam a lenda de que o encontro fatídico foi amor à primeira vista. Os diários de Beauvoir, publicados muito mais tarde, transmitem algo diferente. Aliás, em suas memórias, que alcançaram uma audiência de milhões, ela pintou uma imagem brilhante e perfeita de sua vida e da de Sartre. A realidade, entretanto, parece que foi um pouco diferente.

Outros membros do grupo são o romancista Paul Nizan e os filósofos René Maheu, Gabriel Marcel, Raymond Aron e Maurice Merleau-Ponty. Simone causa uma tremenda impressão nos jovens filósofos, menos por seu conhecimento de Leibniz e Kant do que por sua beleza. Já velho, Maheu relembrou: "Que coração! Ela era tão autêntica, tão bravamente rebelde, tão genuína [...] e tão inconfundivelmente atraente, seu próprio gênero e seu próprio estilo, nenhuma mulher jamais foi como ela." Mas isso foi escrito de um ponto de vista muito posterior. Na verdade, Simone de Beauvoir primeiro precisou conquistar o próprio valor emancipado dentro do grupo, além da mera aparência, um valor baseado em seus conhecimentos, suas opiniões e (mais tarde) suas publicações.

Só depois que o ciumento Maheu, que nutria esperanças por Beauvoir, é reprovado nos exames de *agrégation* e deixa Paris (posteriormente, teve uma carreira brilhante como professor e diplomata) é que Sartre e Beauvoir se aproximam. Encontram-se nos Jardins do Luxemburgo, e logo se tornam amantes. Certa noite no parque fazem um pacto, inicialmente limitado a dois anos, que é depois (tacitamente) estendido e, finalmente, durou até a morte de Sartre. O conteúdo desse acordo: ambos distinguem entre amor necessário e amor contingente (acidental, não necessário). A relação entre Sartre e Beauvoir é necessária e, portanto, deve perdurar, mas a relação permanece aberta a casos fortuitos. A fim de cortar pela raiz qualquer ciúme e sigilo, ambas as partes contratantes se comprometem à transparência. O pacto se mantém, mas a separação controlada pela mente entre o amor necessário e o acidental nem sempre acontece sem emoções: as chamas do ciúme e da vulnerabilidade surgem repetidamente nas cartas e diários de Sartre e Beauvoir.

Os amores mudam com bastante frequência, Beauvoir também mantém relações com mulheres (e às vezes com estudantes menores de idade, o que lhe dá a aura de "bruxa" para seus inimigos), e ocasionalmente os parceiros também têm um *menage-à-trois* (ou *quatre*). Aliás, a partir dos anos 1940, a ligação entre os dois grandes existencialistas foi se transformando em uma amizade puramente platônica, uma frutífera relação de trabalho, e a partir daí ambos seguem caminhos separados no difícil campo da sexualidade.

Inicialmente, a relação entre Sartre e Beauvoir não era de igual para igual, principalmente no campo intelectual. Sartre é a figura principal, e Beauvoir confessa que se sentiu mentalmente inferior, até tinha certo medo. Mas também via o encontro com uma mente brilhante como a de Sartre como uma oportunidade, admitindo que era "muito mais curiosa do que teimosa e preferia aprender a brilhar". Em seu diário de setembro de 1929, resolveu que o papel de Sartre era estar "em meu coração, em meu corpo, e, acima de tudo (pois poderia haver muitos outros em meu coração e em meu corpo), ser o amigo incomparável de meus pensamentos".

Algumas semanas depois, Beauvoir sai da casa dos pais e subloca um quarto na casa da avó. A jovem de 21 anos agora também está livre e desvinculada, pois ganha o próprio dinheiro como professora. À noite e nos fins de semana, anda com Sartre e seu grupo por cafés e pubs que estão na moda entre os intelectuais e também sacia a fome de "aventuras" frequentando estabelecimentos menos respeitáveis. Embora Sartre tenha deixado Paris em novembro de 1929 para cumprir o serviço militar na província (perto de Tours), ele e Simone mantêm contato próximo. O "pacto" se mantém, apesar ou precisamente por causa da distância física. Simone de Beauvoir vai lecionar na província, em escolas secundárias em Marselha e Rouen, enquanto Sartre trabalha em uma escola em Le Havre após o serviço militar. Depois, ambos voltam a Paris, pré-requisito indispensável para a continuidade da relação, que se transforma cada vez mais em trabalho filosófico em equipe.

Logo cedo, ambos expressaram seu distanciamento da dependência no amor. Já em 1930, Beauvoir escreveu sobre seu relacionamento com Sartre: "Perdi meu orgulho e, portanto, perdi tudo." Em sua principal obra, *O ser e o nada* (1943), Sartre afirma que o desejo sexual é um problema porque afeta a liberdade, e que uma pessoa livre deve ser dona de seus sentimentos, e não serva deles. Simone de Beauvoir não aceita isso facilmente, o que dá origem a várias controvérsias. Sartre a acusa de ser sentimental: "Você não pensa quando pensa em termos de problemas." A eterna conversa filosófica entre ambos é e continua sendo uma luta ao longo da vida pela soberania da interpretação.

A LUTA PELA LIBERDADE EXISTENCIAL

Sartre e Beauvoir receberam, do amigo e também filósofo Raymond Aron, um impulso decisivo para a independência filosófica e, finalmente, para o desenvolvimento do existencialismo em 1932. Ele passara um ano no Institut Français de Berlim, onde estudou, entre outras coisas, a fenomenologia de Edmund Husserl. Sartre fica fascinado com as observações de Aron: uma filosofia que observa as coisas tais como elas são, recusa todos os teoremas tradicionais exagerados e, em vez disso, retorna aos fenômenos! Beauvoir também está interessada, embora já tenha conhecido a fenomenologia na Sorbonne. Sartre não desiste. Ainda cumpre o serviço escolar, mas quando ganha um ano de licença no verão de 1933, viaja para Berlim, independentemente das novas condições políticas no país. Aliás, chama a atenção que ambos, tanto Sartre quanto Beauvoir, embora sem ignorar os eventos políticos na Alemanha e na Europa na década de 1930, os deixassem de lado. O mundo de Saint-Germain-des-Prés é vasto nas mentes dos existencialistas iniciantes e abrange todos os países e épocas, mas estranhamente só chega até o Reno. Sartre passa vários meses nos seminários filosóficos em Berlim, onde estuda intensamente a fenomenologia de Husserl e conhece a filosofia existencial de Martin Heidegger. Não leva muito a sério Hitler e os novos governantes nazistas — parecem estar abaixo de seu mundo filosófico e de sua dignidade e, além disso, a visão de mundo de Sartre naquela época era centrada na França, para não dizer, em Montparnasse. Com Beauvoir acontece o mesmo. Mais tarde, fará a autocrítica: "Os assuntos públicos nos causavam repulsa, [...] não reconhecemos o peso da realidade em todas as áreas. Nós nos vangloriávamos de uma 'liberdade radical'."

SIMONE DE BEAUVOIR (1908-1986)

Liberdade inclui viajar, o que Sartre e Beauvoir fazem cada vez mais nos anos antes da eclosão da guerra: juntos, exploram a Alemanha (nazista!), a Áustria, a Tchecoslováquia, o sul da França e a Itália. Após seu retorno à França, Sartre, novamente no odiado serviço escolar, passa por uma crise depressiva, o que Beauvoir comenta com uma afirmação algo ligeira, mas séria, de que ele, Sartre, deveria, segundo sua visão filosófica, controlar melhor o corpo com a mente, pois sua loucura é só a crença na loucura.

Mas isso não resolve o problema principal de ambos, o serviço escolar. Naqueles anos, ambos sonhavam com uma existência autodeterminada e em liberdade enquanto escritores, jornalistas e filósofos autônomos. Com uma diferença crucial: "A profissão na qual Sartre via sua liberdade compreendida", disse Simone de Beauvoir em retrospecto, "ainda significava uma libertação para mim". Ou seja, ao passo que, para Sartre, enquanto homem e filho de família burguesa, o fato de ter uma profissão que correspondesse à sua liberdade ainda era visto como natural, para Simone de Beauvoir, filha e descendente de uma família socialmente falida, isso não era óbvio. Para ela, autodeterminação anda de mãos dadas com a luta por uma voz literária. Entre 1926 e 1934, começa sete romances, sem terminar nenhum. Todavia carece de maturidade linguística, de um tema brilhante, de experiência de vida. Não acreditava ainda em uma vida fora do serviço escolar, mesmo que ansiasse por isso. Só no final dos anos 1930 começou seu romance *A convidada*, publicado no meio da guerra e da ocupação em 1943 e que se tornou um grande sucesso — e nada mais.

Já com Sartre, a coisa é diferente: ele volta definitivamente para Paris em 1937. O rápido sucesso de seus romances, peças, ensaios e tratados filosóficos, que agora são publicados em sucessão constante, permite-lhe viver como um autor *freelancer*. Em 1938, é lançado o seu primeiro romance, *A náusea*. O livro o tornou famoso da noite para o dia e foi um grande sucesso. A filosofia existencialista já está delineada em rudimentos: o personagem principal, Roquentin, deve escrever uma biografia sobre um marquês, mas não avança na pesquisa. Em vez disso, ele é dominado por nojo: nojo pelo modo de vida burguês, nojo pelo valor da historiografia, nojo por todos os tipos de substâncias líquidas e gordurosas e, acima de tudo, nojo da "facticidade" de uma dada situação que ameaça tirar a liberdade de alguém. Mas

Roquentin encontra uma saída: enquanto está sentado em um café, ressoa uma *chanson*. De repente, sua repulsa se foi. Em vez do sentimento vago e negligente de sua existência e de suas experiências, existe a clareza da arte. A melodia não *existe*, ela *é*. Roquentin entende que a criação de uma obra de arte promete libertar dos grilhões da existência e da contingência da realidade. Decide escrever um romance. Usa a liberdade para a decisão que é concedida a todo ser humano e que o eleva acima da insensatez de um mundo aleatório e da alienação que nele vivemos.

Cinco anos depois, ao voltar da guerra e da prisão, Sartre expõe longa e sistematicamente suas reflexões sobre uma filosofia da liberdade existencial. Em 1943 publica seu volumoso tratado *O ser e o nada*, que, apesar das condições adversas (a França continua ocupada pelos alemães), torna-o imediatamente conhecido e um dos principais representantes da filosofia contemporânea. Segundo a concepção de Sartre, o homem é condenado à liberdade absoluta. Não pode apelar para um direito que é capaz de exercer uma vez sim, outra não. É a liberdade de decidir e agir. Mesmo em situações quase desesperadoras, as pessoas podem e devem opor sua vontade à contingência da facticidade e, assim, provar sua liberdade. O homem é lançado ao mundo, mas — visto que não há autoridade divina superior — precisa primeiro se definir enquanto ser humano. "A existência precede a essência" é a fórmula concisa de Sartre. Significa que o ser humano deve primeiro se definir por meio de suas ações para se desligar da mera existência. Essa liberdade absoluta o eleva acima de outros seres vivos. No fim, está a morte, que extingue a consciência adquirida, mas não pode privar as pessoas da dignidade da essência conquistada.

Mesmo em situações extremas, em que a pessoa aparentemente enfrenta a facticidade sem esperanças, pode não mudar a situação como tal pela forma de enfrentá-la, mas sim sua atitude em relação a ela. Sartre dá o exemplo de um condenado. Ele não tem a liberdade de mudar algo na sentença e em sua execução, mas tem a liberdade de lidar com as circunstâncias conscientemente e aceitá-las de olhos abertos para colocar sua essência acima da existência e salvar a liberdade interior. Porque, ao tomar uma decisão, você decide quem você quer ser. Curiosamente, em *O ser e o nada*, Sartre adota um termo que havia muito aparecia nos diários de Beauvoir e que deve ter desempenhado um papel importante nas conversas de ambos na década de 1930: a "má-fé" (*la mauvaise foi*). Para escapar da "condenação" à liberdade, muitas pessoas recorrem a um truque: aceitam supostas restrições, que tomam a decisão por elas, mas ao mesmo tempo as privam da liberdade. É um ato de má-fé. Sartre dá um exemplo: o garçom de um café se move como um garçom, faz o papel de garçom, embora na realidade, em sua essência, pudesse ser uma pessoa diferente, mais livre. Ao fazê-lo, nega sua liberdade, a possibilidade de chegar à "transcendência", ou seja, de ir além de suas propriedades. Torna-se insincero e falso, traidor de sua essência. Em uma entrevista, Sartre delineou sua filosofia em poucas frases: "Não existe um caminho predeterminado que leve o homem à salvação; ele deve se reinventar permanentemente. Mas é livre para inventá-lo, é responsável, sem desculpas, e toda a sua esperança depende somente dele mesmo."

O CONCEITO DE LIBERDADE PARA BEAUVOIR, A RESPONSABILIDADE E "O OUTRO"

No ano da publicação do livro inovador de Sartre, *O ser e o nada*, Simone de Beauvoir também alcança a liberdade existencial, mas de certa forma essa decisão é tomada à sua revelia: depois de iniciar um caso amoroso com sua aluna Nathalie Sorokine, a mãe da moça a denunciou no Ministério da Educação por "incitação de menores à libertinagem". Depois de algumas idas e vindas legais, Beauvoir é demitida do serviço público em junho de 1943. Não está claro se o caso com Sorokine foi o fator decisivo. De uma maneira geral, as autoridades francesas (os ocupantes alemães se contiveram em tais questões) olhavam com suspeitas para o grupo ao redor de Sartre e Beauvoir, especialmente porque suas discussões em cafés sobre "liberdade" podiam ser interpretadas como incitamento político contra o regime. Embora Beauvoir recebesse de volta sua licença de ensino depois da saída dos alemães, naquele momento ela já se decidira — agora, conscientemente — pela vida de escritora "livre".

Nos anos que se seguem, ensaios e romances surgem em rápida sucessão. Em ambos os gêneros, Simone de Beauvoir mostra estar no mesmo nível de seu companheiro Sartre. Em particular, suas réplicas da concepção de

Sartre de uma filosofia existencialista são bem recebidas pelos círculos intelectuais e mostram a autora como uma pensadora independente, madura e não conformista, já não mais na sombra do famoso Sartre. No romance *A convidada*, Beauvoir trata de um triângulo amoroso, tendo como pano de fundo as próprias experiências com Sartre e sua sequência de casos amorosos aleatórios, com homens e mulheres. No final, Françoise, a mais velha, mata a amante mais jovem, não por ciúme ou por desejo de matar, e sim para se libertar da insinceridade da prisão do *ménage-à-trois* que cada vez mais se tornou um calabouço do relacionamento e um poder que estrangula. Beauvoir prefaciou o romance com uma citação de Hegel: "Da mesma forma, toda consciência deve ir para a morte do outro." Françoise mata para recuperar sua liberdade de escolha. Nesse sentido, o assassinato não é um ato gratuito, sem motivação (como no romance de André Gide, *Os porões do Vaticano*), mas uma decisão consciente e uma expressão de vontade. Somente por meio desse ato Françoise recupera o domínio de si e do mundo. O romance termina com a afirmação clara: "Ela escolheu a si." O mesmo se aplica à autora Simone de Beauvoir: ela também se escolheu no final da guerra e rejeitou sua existência não livre, dependente, insincera e solipsista em favor da liberdade — mesmo que esta traga incertezas e perigos.

Dois ensaios que Simone de Beauvoir publicou logo após *O ser e o nada*, de Sartre — "Pirro e Cineias" (1944) e "Por uma moral da ambiguidade" (1947) —, representam um exame mais profundo e uma continuação crítica da filosofia existencialista sartriana. "Pirro e Cineias" retoma um episódio do livro de Plutarco, *Vida e feitos de gregos e romanos famosos*. O vitorioso general grego Pirro quer fazer sempre novas conquistas e forjar planos de guerra extensos. Seu orientador Cineias pergunta o que ele pretende fazer quando, em algum momento, tiver conquistado o mundo inteiro. Pirro responde que gostaria de descansar, e Cineias pergunta de volta: "Por que não descansa logo agora?" Os leitores alemães conhecem a mesma anedota em outra versão, a *Anedota para redução da moral do trabalho*, que o escritor Heinrich Böll adaptou em 1963 para a República Federal da Alemanha. Um turista elabora um plano de atuação para um pescador ocioso, de modo a que, uma vez rico e "independente" das necessidades cotidianas, possa finalmente se entregar ao ócio, podendo levar uma vida... de pescador! Voltando à versão original de Plutarco: Quem quis contrariar o argumento de Cineias? Na história de Böll, o turista se envergonha diante do modo de vida epicurista e ocioso do pescador. Mas Beauvoir interpreta a anedota de Plutarco com base na demanda existencialista de liberdade: para ela, lazer ou retirar-se para a vida privada não é a solução. Ao contrário: se você se afastar do mundo, logo se cansará do ócio e do isolamento, ou até desenvolverá sintomas depressivos. Visto que a existência humana significa transcendência e não imanência, o homem é constantemente chamado a agir. Nem se coloca a pergunta das consequências morais de tal ação. A princípio, Beauvoir está interessada apenas na realização do homem diante do ser, em um mundo sem Deus, mas que é permeado pelo medo da morte.

Dessa maneira, ela também contradiz Heidegger, que compreende o homem como um "ser da distância", cuja vida alcança significado a partir da morte. Nas palavras de Beauvoir:

> O homem não é para a morte; o homem *é* — sem razão, sem finalidade [...]. A existência humana existe em forma de projetos que não são projetos para a morte, mas para objetivos específicos. Ele caça, pesca, cria instrumentos, escreve livros: não são diversões, não são escapatórias, mas um movimento rumo ao ser: o homem faz para ser.

Só na ação se pode superar o medo da morte. "Enquanto o homem vive e planeja, a morte não existe." Mas se a autoridade divina deixar de existir enquanto guia moral, quem avalia as consequências da ação? Simone de Beauvoir oferece uma espécie de argumento circular que entende a liberdade do homem de agir como uma ética em si, uma máxima altruísta: "A liberdade, fundamento de todos os valores humanos, é o único objetivo que pode justificar as ações dos homens. [...] Uma atividade é boa quando almeja libertar a liberdade para si e para outros."

Em última análise — e é nisso que consiste o sabor do postulado da liberdade de ação —, o homem não pode seguir sozinho o caminho para a transcendência. Está inserido nas redes de outras pessoas. Isso garante, segundo a convicção de Beauvoir a partir do exemplo de Pirro e Cineias, uma ação responsável e comprometida com as outras pessoas:

Para que o meu apelo não caia no vazio, deve haver ao meu redor pessoas dispostas a me escutar; as pessoas devem estar no mesmo nível que eu. Não posso voltar atrás [...]. Mas também não consigo enfrentar o futuro sozinha [...]. Portanto, tenho que me esforçar para criar situações para as pessoas que lhes permitam acompanhar e transcender minha transcendência e, assim, me manter. Exijo, para as pessoas, saúde, educação, bem-estar, lazer, para que sua liberdade não seja consumida na luta contra a doença, a ignorância e a necessidade.

No entanto, o exemplo do general Pirro pode ter sido uma escolha simples: é relativamente fácil para ele tomar uma decisão a favor ou contra suas intenções de conquista. Mas e o garçom citado por Sartre como exemplo? Ele está realmente livre em sua decisão? Ou, para dar mais um passo: e as pessoas que estão presas à factualidade por causa de seu gênero, da cor de sua pele, de sua crença, de sua identidade sexual? Pode-se realmente deixar isso para trás tão "livremente"? Os obstáculos colocados pelos "outros" não seriam altos demais? O "horror" existencialista dos "outros" também influi: a partir da fenomenologia de Husserl, na qual também se baseia o existencialismo, a consciência humana, a partir da qual os fenômenos do mundo são vistos e só existem, passa a ser o seu centro. Portanto, "o outro" se torna uma ameaça ao eu. "O inferno são os outros" é uma frase muito citada de Sartre. Simone de Beauvoir também expressa repetidamente seu desconforto com "o outro". "A existência do outro", admite, durante seu tempo como professora na província, "sempre foi um perigo para mim, e eu não conseguia me decidir a encará-la com franqueza". Alguns anos mais tarde, depois de representar em *A convidada* um assassinato que acontece para que a heroína volte a se apoderar de si mesma e "se escolher", a autora se liberta do isolamento solipsista e do medo com esse extremo experimento literário. "Eu adquiri um sentido para a existência do outro", escreve Beauvoir em *A força da idade*, segundo volume de suas memórias.

Beauvoir ilustra o cerceamento da liberdade existencialista por meio das fronteiras traçadas por outros com o exemplo do destino de muitas mulheres: "Que possibilidade de superação [imanência]", pergunta, "tem uma mulher trancada em um harém?" Sartre não fornece a resposta. Seu exemplo do garçom pode ser desacreditado pelo fato de que o garçom pode estar em uma fase de crise econômica com alto desemprego, tem obrigações para com sua família, é um trabalhador não qualificado e, portanto, dificilmente teria a chance de fazer outra coisa que não exercer a função de garçom para transcender a própria imanência na ação livre. Há, conclui Beauvoir, uma grande diferença entre a possibilidade de liberdade e o poder necessário em uma situação específica para tomar uma decisão sobre a liberdade.

Simone de Beauvoir amplia suas reflexões sobre liberdade e moral no ensaio *Por uma moral da ambiguidade*, de 1947. Agora, o outro já não é mais visto como ameaça à própria consciência e liberdade, mas como uma necessidade para evitar que o ego se reduza à mera observação dos objetos. Essa abordagem é menos altruísta no sentido do amor cristão ao próximo do que "necessária" no sentido da transcendência dos existencialistas em relação à própria essência. Na opinião de Beauvoir, existe o mal fora da ética moral cristã. Segundo sua interpretação, o mal é a negação da liberdade. Para evitar isso, o "eu" deve reconhecer a liberdade do outro, ou seja, também assumir a responsabilidade pelo outro. Só assim o presente e o futuro podem ser moldados no interesse e para o benefício de "nós" e "eles". Isso também representa uma crítica indireta ao conceito de liberdade de Sartre. Segundo Beauvoir: "Uma pessoa que busca *ser* longe das outras pessoas busca isso contra elas, ao mesmo tempo que se perde." A tese de Sartre da má-fé que persiste contra a vontade em sua existência (como o garçom que não quer se libertar de sua existência de garçom) é abreviada, na visão de Beauvoir. Não só desconsidera as circunstâncias externas, mas também nega as necessidades e o anseio de liberdade dos outros: "Somente coexistindo com os seus semelhantes o homem pode encontrar uma justificativa para sua própria existência." Segundo Beauvoir, a responsabilidade compartilhada pelos outros é um "apelo" e é a única maneira de mudar o mundo. Caso contrário, restariam apenas a morte espiritual e a paralisia da vontade de liberdade, incluindo a própria. Aliás, compartilhar a responsabilidade em prol do outro não é um cerceamento do eu, mas contribui para a alegria de ser.

O existencialismo, não enquanto filosofia, mas enquanto sensação vivida, das décadas de 1940 e 1950 foi e é frequentemente equiparado à melancolia, à resignação e ao narcisismo esnobe. Injustamente, se seguirmos as explanações de Beauvoir, seu "Apelo" de 1947 (que parece uma rejeição do comunismo, a cujas tentações ela sucumbe um pouco mais tarde):

> Em contraste com as doutrinas totalitárias que sustentam a ilusão da humanidade acima do homem, em nossa concepção o ser humano vem em primeiro lugar [...]. O ser humano nos interessa não só como membro de uma classe, de um povo, de uma comunidade, mas também como indivíduo [...]. É verdade, porém, que a libertação humana de forma alguma é promovida por algum vagabundo que se deleita com um litro de vinho [...]. No entanto, não se deve esquecer de que existe uma conexão concreta entre liberdade e existência; querer que o homem seja livre, querer que haja um ser, é querer revelar o ser na alegria da existência [...].

> Se o prazer de um ancião ao tomar uma taça de vinho não conta, produção e riqueza não passam de mitos vazios. Só têm sentido se levarem à alegria viva do indivíduo. Se não amamos a vida em nossa existência e por meio de nossos semelhantes, é em vão tentar justificá-la de alguma forma.

A crítica de Beauvoir (ou, dependendo de seu ponto de vista, também: ampliação) do conceito de liberdade de Sartre mostra a autora como filósofa completamente independente de um existencialismo (humano).

Em última análise, para resumir, com os dois ensaios *Pirro e Cineias* e *Por uma moral da ambiguidade*, Simone de Beauvoir consegue uma ética do existencialismo que Sartre ficou devendo, embora a tenha prometido em uma nota de rodapé de *O ser e o nada*. (No legado do escritor havia anotações intituladas "Cadernos para uma moral", que, no entanto, permaneceram como fragmentos.)

"O SANGUE DOS OUTROS"

O romance *O sangue dos outros*, de 1945, é a expressão literária da preocupação de Beauvoir com uma filosofia moral existencialista. Embora discuta tópicos da época da ocupação e da Resistência, o subtexto levanta questões cruciais sobre as ações individuais e suas consequências para os outros. O protagonista Jean Blomart sofre com a contradição entre sua origem rica e a necessidade e pobreza do mundo. Sente-se culpado por sua existência. Para romper com isso, deixa a casa de seus pais e se junta ao movimento operário comunista e ao pacifismo para lutar por um mundo melhor. Rejeita Hélène no amor por achar que não deve vincular ninguém a si, tornando a outra pessoa infeliz com sua "maldição hereditária". Mas são precisamente a indecisão e a equanimidade, em pequena ou grande escala, que acabam por levar à Segunda Guerra Mundial e, portanto, a um sofrimento indescritível para milhões de pessoas.

Pressionado pelas circunstâncias, Jean Blomart decide tornar-se ativo no front e na Resistência. Hélène é fatalmente ferida em uma operação de resistência que lidera e morre diante de seus olhos. Como resultado, o complexo de culpa de Jean ressurge: "Ela está sofrendo. Por minha culpa. [...]. Porque eu não a amei e porque a amei. [...] Porque eu existo, e ela teve que se submeter a esse fato brutal. [...] Nunca deveria ter sido."

Paralelamente ao destino e à experiência de Jean, a autora conta o desenvolvimento de Héléné. Ela é egoísta por desespero e por aversão à existência. Em seu amor por Jean, acredita poder superar esse fastio e dar sentido à sua existência. Mas sua tentativa de possuir Jean é egoísta. A rejeição dele a mergulha em profundo desespero e indiferença em relação às consequências morais de seus atos: ela colabora com os nazistas. Mas quando é informada da deportação dos judeus (sua amiga é judia), desperta de sua indiferença. Decide trabalhar para o grupo de resistência de Jean. Ali desperta seu "verdadeiro" amor por Jean (não, como antes, o narcisismo possessivo). Na hora de sua morte, ela se supera por meio desse amor e tenta confortar Jean, atormentada pela autocensura: "Por favor, não tenha nenhum remorso. [...] eu fiz o que eu quis. Você não era nada mais do que uma pedra. E precisamos de pedras para construir estradas — de que outra forma, poderia escolher um caminho?" As palavras de Hélène dão a Jean a força para continuar sua luta pelo bem. Embora tenha se tornado culpado, ao mesmo tempo, por meio de sua luta, ajudou a reduzir a culpa no mundo e o sofrimento dos outros. É o homem livre, condenado à liberdade, uma liberdade que impõe responsabilidade e não poupa as pessoas da culpa: já no dia seguinte, Jean é responsável por uma ação contra os alemães, que fizeram reféns. Sabe que o ataque custará a vida dos reféns. Mas assume essa responsabilidade, não se afasta dela com "má-fé". Dá o sinal de início para a ação. Em suas memórias, Beauvoir defendeu seu "herói" Jean Blomart: "Uma pessoa verdadeiramente moral não pode ter a consciência limpa."

Em última análise, Jean Blomart acaba optando pela coletividade. Precisamente porque deixou a sua vida solipsista, burguesa e próspera, tornou-se uma pessoa em liberdade, que assume a responsabilidade com todas as consequências, sem esperança da graça divina nem do perdão. Carrega sua existência com todos os poréns, com todos os prós e contras, e só assim se torna verdadeiramente livre e essencial. Esta decisão não custa apenas o próprio sangue (no sentido verdadeiro e figurativo), mas também o dos outros.

"O SEGUNDO SEXO"

Sangue, suor e lágrimas — é o que entrega Simone de Beauvoir em seu próximo livro. Medido pelo efeito que teve na sociedade, certamente foi a sua publicação mais significativa e mais cheia de consequência: *O segundo sexo*, de 1949. Depois de se aprofundar detalhadamente na filosofia do existencialismo e no conceito sartriano de liberdade nos ensaios e romances anteriores, aplica agora seus conhecimentos a uma parte da sociedade que, até agora, geralmente foi mantida sem liberdade e presa nas amarras das convenções e do patriarcado: as mulheres. Na volumosa obra, reúne uma história da humanidade nos trajes do patriarcado, com trajetórias individuais de mulheres do passado e da época atual, inserindo ainda investigações sociológicas, biológicas, psicológicas e históricas. Não teme abordar desejos e tabus sexuais (como o amor lésbico), um escândalo na época. A gama de reações variou do entusiasmo aberto e da concordância furtiva até a malícia e ameaças de violência contra a autora. Mesmo personalidades existencialistas supostamente liberais, como Albert Camus, criticaram o livro e se afastaram (mas não apenas por causa disso) bruscamente de Beauvoir.

O livro foi traduzido para vários idiomas e teve sucesso no mundo inteiro, com um público de milhões de leitores, especialmente mulheres. O efeito foi retumbante. Para compreender o fenômeno, é preciso ter em mente que na França, por exemplo, as mulheres só conquistaram o direito ao voto após a Segunda Guerra Mundial. Na França e na Alemanha, até a década de 1960, não tinham sequer o direito de ter conta bancária, de escolher livremente a carreira e exercitá-la sem o consentimento do marido. E agora vem uma filósofa, de quem até então se achava que só conhecia o seu mundinho de cafés literários em Saint-Germain-des-Prés, aplica seus conhecimentos existencialistas de uma forma muito prática à situação atual e explica às mulheres do mundo em que padrões de pensamento e convenções tradicionais estão presas e que têm direito, até mesmo a obrigação, de se apoderar de sua liberdade para finalmente se tornarem pessoas inteiras e passar da existência à essência.

Beauvoir argumenta que a suposta diferença entre homens e mulheres se baseia em uma reivindicação milenar de predomínio do patriarcado que foi internalizado pelas próprias mulheres. Evocam-se qualidades e necessidades supostamente "naturais" de meninas e mulheres, que na verdade são construções, "mitos da feminilidade" (a partir de uma definição do etnólogo Claude Lévi-Strauss). Essas características não são apenas repassadas às meninas em sua infância (pela família e pela sociedade), mas também aceitas por elas de bom grado (especialmente porque uma criança não tem os meios intelectuais para duvidar e questionar). Entre esses mitos, estão as chamadas "qualidades femininas", como modéstia, virtude, timidez, vergonha sexual. Não que tais traços devam ser rejeitados por princípio, mas espera-se que existam em medida muito maior entre meninas e mulheres do que entre "meninos ousados e corajosos". Portanto, o "atuar" no mundo, a *vita activa*, é algo principalmente reservado para meninos e homens. São eles "os criadores de sua felicidade", porque saem para o mundo com a permissão de tomar as rédeas de seu destino, enquanto o papel das mulheres é reduzido a cuidar da casa e dos filhos, isto é, permanecendo no interior, na imanência. Não podem avançar para a transcendência de seu ser por meio de livre-arbítrio e ação, e permanecem joguetes do capricho de seu meio ambiente e do acaso, objetos condenados à mediocridade e à insinceridade, que se veem não como um "eu", mas como o "outro", do ponto de vista dos homens. Ou, para usar a terminologia de Sartre: as mulheres não vivem na consciência, "para si", e sim um insincero "dentro de si".

Mas é exatamente aí que começa a crítica de Simone de Beauvoir à concepção de liberdade de Sartre: como pode, pergunta, uma mulher nessas circunstâncias escolher a liberdade e deixar sua vida insincera para trás? O problema é mais profundo, depende não só de uma vontade subjetiva, mas também de circunstâncias sociais, jurídicas e políticas — bem como da adoção dos "mitos da feminilidade" pelas próprias mulheres. O livro de Beauvoir foi esclarecedor no melhor sentido da palavra: resume o que muitas mulheres no mundo não viam ou dificilmente ousavam pensar. Ela se atreve a ver e nomear as mulheres enquanto seres sexuais dentro de um contexto histórico. E aponta para as estruturas sociais e estatais dominadas pelos homens na época. A massa de mulheres que Beauvoir alcançou e sacudiu com seu best-seller mundial foi um importante estímulo. Sem *O segundo sexo*, correntes relacionadas a emancipação, feminismo, revoltas estudantis, pacifismo (protestos contra a Guerra da Argélia e a Guerra do Vietnã) e o movimento dos direitos civis dos negros podiam até ser concebidos, mas de forma alguma em escala tão extensa e com tanto êxito. Quanto ao significado de *O segundo sexo* para a filosofia existencialista, o tratado de Beauvoir não é apenas um exame crítico e outra obra importante, como *O ser e o nada*, de Sartre, mas também uma expansão e correção dos termos "liberdade" e "má-fé". Em 1979, um ano antes da morte de Sartre, Beauvoir insistiu na originalidade de sua linha de pensamento filosófica ao afirmar, em uma entrevista: "Fui eu quem pensou nisso! Não foi Sartre, de maneira alguma!"

CONHECER E ESCREVER

Apesar dessa crítica tardia (talvez tarde demais) ao amigo e colega Sartre, em vida e também depois Beauvoir permanece à sua sombra, tanto para seus numerosos leitores como para a academia. Ao longo de todos aqueles anos, Sartre foi a "estrela" cortejada pela mídia, que o apresentou como o "guru" do existencialismo. Por lealdade, amizade ou apego afetivo, Simone de Beauvoir sempre apoiou Sartre, indo até as raias da autorrenegação. Revisa e discute seus trabalhos, suas ideias e seus planos, mantém um discurso produtivo contínuo com ele ao longo de décadas, protege-o dos fãs excessivamente insistentes e de repórteres irritantes, cuida dele quando está quase cego nos últimos anos de sua vida, destruído pelo consumo de álcool e de estimulantes, fragilizado por derrames, tornando-se cada vez mais desamparado. É provavelmente a lealdade devotada de uma mulher que passou por bons e maus momentos com seu companheiro: juntos, fundaram a revista crítica *Les temps modernes* [Tempos modernos] em 1945 e a administraram por décadas (a revista existiu até dezembro de 2018). Entusiasmam-se com o sistema socialista na União Soviética e, mais tarde, renunciam a ele e o trocam pelo maoísmo. Com grande interesse pelas circunstâncias e transformações sociais e culturais, viajaram várias vezes aos Estados Unidos, à União Soviética, à China, à Índia, à África e, claro, ao continente europeu. Engajam-se na luta contra o colonialismo (em particular contra a Guerra da Argélia liderada pela França) e contra a Guerra do Vietnã nos Estados Unidos, acompanham com empatia o movimento do poder negro nos Estados Unidos e criticam a política do apartheid na África do Sul.

Quando Jean-Paul Sartre morre, em 15 de abril de 1980, Simone de Beauvoir, ela mesma marcada pela doença e pelo alcoolismo, fica arrasada. A doença, a velhice e a morte iminente, que ela deseja enfrentar com um consolo existencialista com os seus livros *Uma morte muito suave* (1964; sobre a morte da própria mãe) e *A velhice* (1970), agora que ela própria se sente afetada em sua existência, apresentam-se ao seu olhar e ao seu pensamento de modo cada vez mais enigmático e implacável. No entanto, em uma mistura de desafio e serenidade, Beauvoir tenta opor o inevitável à dignidade da liberdade autodeterminada, seu "para si", de seu conceito honesto de vida. No último volume de suas memórias, *A cerimônia do adeus* (1972), explica aos leitores as coordenadas constantes dessa existência autoconfiante e autodeterminada:

> Quando sigo a linha de base de minha vida, noto sua continuidade inquebrantável [...]. Duas coisas em particular deram unidade à minha existência: o lugar que Sartre nunca deixou de ocupar nela. E a lealdade com que sempre mantive o meu projeto original: conhecimento e escrita.

Simone de Beauvoir morre em 14 de abril de 1986 e é sepultada ao lado de Sartre no cemitério de Montparnasse. Como Heloísa e Abelardo, descansam lado a lado. Mas como foi longo o caminho desde as dependências a que estava sujeita a amante e freira medieval até a existência orgulhosa, autodeterminada e emancipada da filósofa e escritora existencialista! Em uma entrevista tardia com Margaret Simons, Beauvoir explicou seu ponto de vista sobre sua própria filosofia — não sem sutileza e humor, humildade e, ao mesmo tempo, uma autoconfiança orgulhosa e rebelde:

> Não sou filósofa, porque não criei um sistema, mas sou filósofa no sentido de que estudei muitas filosofias, sou licenciada em filosofia, ensinei filosofia, sou permeada pela filosofia, e, se filosofo em meus livros, é porque é minha perspectiva de mundo, e não posso permitir que queiram apagar minha visão de mundo.

Filosofia da responsabilidade em um mundo globalizado

Não parece ser acaso, e sim sinal de angústia interior, o fato de certos filósofos do século XX terem criticado a própria disciplina científica como inadequada e negadora da realidade. Tanto Simone Weil como Hannah Arendt consideraram a condenação do filósofo grego Sócrates, em 399 a.C., uma trágica encruzilhada no desenvolvimento de 2.500 anos de história da filosofia e cultura do Ocidente. Com essa condenação, a filosofia foi separada abruptamente da vida pública, e o pensamento, da ação. Passou a refletir sobre si mesma, sobre o pensamento puro e o conhecimento idealista, sem questionar o sentido e o propósito em uma sociedade em que pessoas pensantes e atuantes vivem e a moldam, sendo também moldadas por ela. A alienação do ser humano em um mundo mais complexo, um mundo de rupturas externas e internas e de imponderabilidades, em que a técnica e as tecnologias interferem cada vez mais profundamente na vida dos indivíduos, abrindo novas possibilidades e chances, mas também trazendo novos perigos do abuso — esse estranhamento não necessita apenas de "especialistas", mas também de filosofia, de amor pela sabedoria e pelo conhecimento, a instância capaz de fazer as perguntas críticas além das especialidades. A autorreclusão da filosofia ao se retirar para a torre de marfim e a relação aparentemente perturbada entre quem questiona e os destinatários desses questionamentos gerou uma crise da disciplina, e isso não apenas desde a

Era Moderna. Se não quiser definhar tal qual uma orquídea sob um tampo de vidro, a filosofia precisa voltar à *pólis*, para a praça pública, a *ágora*, onde, no século V antes de Cristo, Sócrates e seus discípulos ficavam sentados em círculo em meio ao povo, conversando sobre a origem, o fim e os porquês da humanidade.

A suíça Jeanne Hersch está entre os intelectuais do final do século XX que ousaram dar uma olhada completa na história da filosofia, tentando inseri-la em nosso tempo presente. Em seu livro *Das philosophische Staunen* [O espanto filosófico], publicado em 1981 e baseado em uma série de divulgação científica feita para a rádio suíça, ela ousa trazer precisamente para essa praça socrática um questionamento compreensível para todos, entrelaçando as questões de tempos passados e os problemas do presente e do futuro. Sua principal crítica à filosofia de seu tempo, paralisada em uma disciplina universitária:

> Parece-me que a filosofia contemporânea perdeu alguma coisa: não refletiu com suficiente precisão e profundidade os avanços técnicos e científicos. Seja por arrogância ou por sentimentos de inferioridade, não contribuiu suficientemente para que os contemporâneos se dessem conta desse progresso — que transformou seu mundo e sua sociedade — na dimensão intelectual e cultural, a fim de compreendê-lo e processá-lo. Em vez disso, desenvolveram-se as diferentes ciências humanas e sociais que têm por objeto o homem, a sociedade e a história. Não o homem que é parte da natureza e, com isso, objeto da biologia, e sim o homem histórico, que molda a sua sociedade, que tem consciência, sabe que vai morrer, que se espanta diante da sua sina e pensa.

No âmago dessa crítica não está apenas a vaidade profissional ferida de uma filósofa lamentando a perda de conteúdo de toda uma disciplina, e sim a preocupação com a essência da existência humana. "O que desaparece é o Ser e a possível relação com o Estar — ou seja, a verdade." Ela refuta com veemência a visão de que a *philosophia perennis* (filosofia perene) não trata de problemas reais, porque na visão de linguistas, estruturalistas e hermenêuticos, os problemas só derivam da língua e dos signos.

FILOSOFIA DA RESPONSABILIDADE EM UM MUNDO GLOBALIZADO

Jeanne Hersch contra-argumenta:

E, no entanto, essas ciências humanas e sociais parecem cupins. Esvaziam a filosofia por dentro, reduzindo a pó suas problemáticas, o questionamento pelo significado. Não resolvem os problemas, mas os dissolvem ao dissolverem a realidade, o próprio ser. A possibilidade de fazer essa pergunta desaparece com o senso de verdade.

Que consequências surgem a partir dessa constatação? Jeanne Hersch lança a pergunta à ciência:

A história das ciências revelou que determinada confusão filosófica pode ser heuristicamente fértil e útil para novas investigações. Sob uma condição: os próprios pesquisadores devem manter a cabeça fria e saber o que fazem, sem se deixar levar a equívocos pela falta de clareza metodológica, que pode ser fértil. Os problemas continuam. Caso contrário, a pergunta pelo sentido ficará confusa e, com ela, o próprio significado da condição humana.

Aos filósofos, dirige a advertência:

É tarefa básica da filosofia atual compreender os métodos e os conceitos das ciências que têm por objeto a natureza ou o ser humano, a sociedade ou a história, a fim de esclarecer seu entendimento e também a compreensão que os não cientistas têm delas. As questões da filosofia perene deveriam voltar a se impor. A verdade deve voltar a se relacionar com o ser, sendo decisiva para a liberdade humana. Os resultados convincentes e a linguagem clara das ciências não devem fazer com que as questões fundamentais colocadas pelo filósofo sejam obscurecidas por pseudossoluções.

Em relação ao futuro da filosofia no século XXI, Jeanne Hersch afirma que o verdadeiro problema não são as ameaças à humanidade e à condição humana: "Pois sem esses problemas, que muitas vezes queremos esquecer ou negar, não seríamos pessoas." Segundo ela, a vocação do ser humano e o seu sentido não residem na eliminação das ameaças e dos problemas da condição humana, mas no "dever de nos tornarmos seres responsáveis e livres".

Liberdade e responsabilidade, liberdade na responsabilidade: eis os polos do espanto filosófico de Jeanne Hersch. É onde, segundo ela, residem a essência do pensamento e o sentido da condição humana: "A melhor forma de saber que temos essa possibilidade e esse dever é por meio das várias formas do espanto filosófico."

Jeanne Hersch (1910-2000)
Liberdade e responsabilidade

Graças às conquistas da tecnologia, da digitalização e da medicina na nossa era supostamente tão civilizada, muita gente acha que terá, durante o tempo de sua vida no planeta Terra, um "seguro" total contra todo tipo de golpes do destino. Existem seguros contra doença, acidente, desemprego. Até o ato de morrer e a morte em si, embora inevitáveis, parecem adiáveis e — até certo grau — indolores, graças às "bênçãos" de um atendimento médico de primeiríssima qualidade.

Mas a realidade nos ensina que não é bem assim. Golpes do destino imprevisíveis, tais como doenças incuráveis, acidentes, catástrofes climáticas e naturais, a eclosão de pandemias que não recuam nem mesmo diante das fronteiras bem guardadas da civilização ocidental ameaçam as pessoas em sua integridade física e no bem-estar psíquico. O direito à felicidade pessoal (tal qual até a Constituição norte-americana preconiza) ou ao completo bem-estar físico, espiritual e social (um dos princípios supremos da Organização Mundial da Saúde) não é passível de ser resgatado. Começam a surgir dúvidas existenciais em relação às razões e aos fins de um destino "cego" que não conseguem ser respondidas pelos modernos profetas da felicidade, lançando-os em um desespero mudo. A filósofa suíça Jeanne Hersch passou a vida combatendo tais fantasias de onipotência e felicidade do homem moderno, consideradas por ela uma renúncia à maturidade humana em busca da liberdade e da responsabilidade. Em uma conversa com a jornalista e filósofa Gabrielle Dufour, Jeanne Hersch criou uma boa imagem para essa situação:

> Um bom carro não é aquele que corre muito na estrada, mas aquele que consegue vencer caminhos esburacados. Saúde é capacidade de resistência. Essa ambição patologicamente desmedida por saúde completa, felicidade completa etc, contém todos os germes de desespero e infelicidade. As pessoas seriam menos infelizes se não esperassem a felicidade completa, algo impossível.

Segundo Jeanne Hersch, as pessoas deveriam conhecer e respeitar seus limites e, dentro dessas restrições, agarrar a "chance de uma liberdade com responsabilidade". Para a filósofa, essa não é uma recomendação de um sermão dominical, mas diz respeito concretamente às questões ético-morais de uma sociedade altamente civilizada, como revela o exemplo da crescente demanda por uma ajuda digna para morrer e um fim digno e autodeterminado da existência terrestre:

> Vejamos o problema da eutanásia. Participei de uma audiência de uma comissão do Conselho Federal da Suíça. Eu disse que o compromisso de prolongar a vida humana chega ao limite quando o prolongamento artificial é um procedimento puramente mecânico e quando não se pode afirmar se a pessoa ainda está viva, porque são as máquinas que funcionam em seu lugar. Prolongar a vida, nesses casos, perde qualquer sentido. Não acho que devamos prolongar a vida artificialmente quando não há mais nenhuma perspectiva do restabelecimento da liberdade com responsabilidade. A meu ver, esse é o critério decisivo. Por outro lado, parece-me impossível ser a favor de uma lei que permite pôr um fim à vida humana só porque o paciente ou seus familiares assim o desejam, fiéis ao princípio de que cada

indivíduo pode dispor livremente sobre o seu corpo e a sua vida. Ser livre e responsável não quer dizer que podemos fazer com nosso corpo e nossa vida o que quisermos, seja lá o que for. Por isso, sempre enfatizo as palavras "livre e responsável". É preciso lutar por essa liberdade; e, em primeiro lugar, antes dessa mesma liberdade que nos foi dada de uma determinada maneira e, com isso, nos impõe suas obrigações.

Durante sua longa vida (morreu aos 90 anos de idade, no início do milênio que despontava), Jeanne Hersch foi admirada e respeitada enquanto instância ética, mas também sofreu muita hostilização por suas visões "conservadoras". No entanto, ela não podia ser classificada de acordo com padrões intelectuais tradicionais, tampouco professava alguma ideologia ou pertencia a um partido. Era socialista, mas rejeitava o comunismo e defendia valores conservadores; judia sem fé em Deus; admirava a religião cristã (sobretudo a católica), sem acreditar em Jesus como sendo filho ressuscitado de Deus; era pacifista, porém defendia o armamento militar e até mesmo armas atômicas para fins de dissuasão; exigia a exploração responsável dos recursos do planeta e, por isso mesmo, defendia o uso da fissão nuclear para geração de energia; antes das experiências do século XX, defendia a democracia, condenava regimes e ideologias totalitárias da forma mais veemente e era cética em relação ao capitalismo ocidental, sobretudo quanto à busca cega pelo lucro acima dos valores democráticos. As posturas de vida de Jeanne Hersch e suas convicções filosóficas não foram moldadas apenas por suas experiências no século XX abalado por crises, mas também pela origem de seus pais. Antes de se mudar para o "paraíso" suíço, vieram da Polônia, país em que, antes da Primeira Guerra Mundial, a população era marcada pela pobreza material, pelo retrocesso civilizatório, pela dependência política e pela intolerância religiosa.

INFÂNCIA NO EXÍLIO EM GENEBRA

Os pais de Jeanne, Liebmann Hersch e Liba Lichtenbaum, eram ambos originários da Polônia tsarista (Liba, de Varsóvia, e Liebmann, de Vilna, na Lituânia, na época parte da Polônia Oriental). O país era marcado por um catolicismo arquiconservador, quase uma religião de Estado, pelo poder autoritário do Estado russo e por um antissemitismo latente, o qual volta e meia se manifestava na forma de *pogroms*. Depois de terminarem a escola (nos ginásios, todas as aulas eram ministradas em russo, língua dos dominadores), Liebmann e Liba se mudaram para Genebra. Liebmann estudou economia e ciências sociais, e Liba, medicina. Ainda na Polônia, haviam mantido contatos com a Associação de Trabalhadores Judeus (Allgemeiner Jüdischer Arbeiter-Bund), um partido socialista clandestino formado em sua maioria por judeus poloneses e russos secularizados. Os correligionários financiavam um jornal com meios próprios, organizavam cursos de formação profissional e seminários políticos. O partido, proibido no império russo, transferira suas atividades cada vez mais para os círculos dos judeus exilados no mundo inteiro. Liebmann Hersch colaborava voluntariamente com o jornal do partido. Sua mulher e depois a filha, Jeanne, se tornaram simpatizantes do Bund.

Os estudantes Liebmann Hersch e Liba Lichtenbaum se conheceram em Genebra e se casaram. No dia 13 de julho de 1910 nasce a filha Jeanne. A irmã, Irene, nasce em 1917 e o filho Joseph, em 1925. Quando Jeanne nasce, os pais ainda são estudantes. Depois, Hersch segue carreira como professor de demografia e estatística na Universidade de Genebra, a mãe se torna médica e consegue um emprego no departamento de Desarmamento da Liga das Nações (o que levara Liba Hersch a dizer sempre que, "na Liga das Nações, os que tiveram formação militar trabalharam na área de higiene, e os que tiveram formação médica, no ramo do desarmamento"). Jeanne cresce com as ideias socialistas e filosóficas de sua época. A casa de seus pais é ponto de encontro dos exilados russos e poloneses e de intelectuais judeus socialistas. Os Hersch costumam abrigar refugiados judeus. Liba Hersch já está acostumada a colocar um prato a mais na mesa, porque sempre, a qualquer momento, um exilado pode bater à porta. Os Hersch e a maioria dos membros do Bund veem com horror e preocupação a tomada do poder na Rússia pelos bolcheviques na Revolução de Outubro de 1917 e a derrubada do governo burguês da Revolução de Fevereiro, sob o comando de Alexander Kerenski. Embora se considerem socialistas, são anticomunistas. O pai de Jeanne, Hersch, estava a caminho da Rússia para sondar se havia chances de futuro na república russa burguesa, mas volta imediatamente para Genebra quando ouve falar da tomada do poder pelos bolcheviques, liderados por Lenin, o que põe um fim ao sonho de uma volta para a Polônia ou para a Rússia. A família Hersch permanece na Suíça e, mais tarde, em 1931, Jeanne obterá a cidadania suíça em sua cidade natal, Genebra.

Para Jeanne, os acontecimentos políticos de 1917, mesmo ocorrendo na Rússia distante, têm um significado existencial. Por causa do Bund, ela se considera uma socialista anticomunista e judia secularizada antissionista. A principal lição de 1917, para ela, foi: "Em primeiro lugar, aprendi a jamais sacrificar a liberdade democrática. Nunca serei enrolada com a promessa de que receberei justiça social ou quaisquer 'liberdades concretas' pela renúncia às liberdades democráticas [...]."

ANOS DE APRENDIZADO NA ALEMANHA

Para os pais de Jeanne Hersch, uma boa formação escolar e acadêmica dos filhos é questão de honra inegociável. Além disso, muito jovem Jeanne já recebe aulas de piano no conservatório e ganha vários prêmios em concursos do instrumento. Mas com a conclusão da escola, em 1928, desiste de suas ambições de pianista e começa a estudar literatura com André Oltramare, em Genebra. No ano seguinte passa um semestre em Heidelberg, onde assiste a cursos de filosofia com Karl Jaspers. Para Jeanne Hersch, é um encontro determinante, o início de seu caminho como filósofa.

Jeanne Hersch rejeita o rótulo de "filósofa". "É como se alguém dissesse: sou poeta. Além disso, conheço bem demais minha leviandade para achar que tenho vocação para a filosofia." Isso é mais do que apenas modéstia. Na verdade, por trás disso se esconde a noção de que "estrelas" da filosofia costumam perder o vínculo com as questões da realidade, do dia a dia, das pessoas "comuns", passando a se mover narcisicamente no vácuo do pensamento puro. Para Jeanne Hersch, o que está em primeiro plano são as grandes questões atuais da sociedade, as necessidades existenciais das pessoas e a doutrina, a transmissão de suas descobertas. Isso não pode acontecer apenas em salas de aulas da universidade, mas também nas associações, nos clubes, nas escolas, em revistas ou programas de rádio. Isso explica que ela aceitasse participar de uma temporada de quarenta episódios da Rádio Suíça com palestras sobre a história do pensamento, desde a Grécia antiga até os dias de hoje, sob o título programático *Das philosophische Staunen* [O espanto filosófico]. A série teve grande popularidade, abrindo o pensamento filosófico para amplas parcelas da população, incluindo as não acadêmicas.

O encontro com Karl Jaspers foi determinante na vida de Jeanne Hersch. "Não entendia quase nada, porque meus conhecimentos de filosofia e de alemão eram escassos. Mas eu não hesitei um segundo sequer: *logo soube que ali havia algo que eu precisava compreender*." Jeanne Hersch procura Jaspers poucos dias depois de assistir à sua primeira palestra e pede permissão para assistir ao seu seminário sobre a Estética, não obstante seus parcos conhecimentos de alemão e filosofia. Em um primeiro momento, Jaspers a desaconselha. Mas quando Jeanne sai da sala tristonha, ele aquiesce: "Ok, se quiser, venha!". Jeanne Hersch estuda filosofia ferrenhamente e pede que um colega a ajude a traduzir o alemão. Pouco a pouco, consegue acessar a filosofia existencial de Jaspers. Acrescenta: "Quando escutei Jaspers, descobri a filosofia."

Mas Jeanne Hersch ainda nem cogitava se formar em filosofia. Depois de um semestre, volta para Genebra e, em 1931, termina o estudo de literatura com uma tese sobre Henri Bergson e passa mais um semestre em Paris. Porém, sua experiência em Heidelberg deixou marcas indeléveis. No inverno de 1932/1933, meses antes da tomada do poder por Hitler, ela volta para a cidade. Nem o início do governo nazista consegue barrar seu fascínio por um estudo filosófico com os grandes expoentes de seu tempo. Depois de um semestre estudando com Karl Jaspers, vai para Freiburg, onde vive e ensina Martin Heidegger. Posteriormente, fez a autocrítica sobre seu jeito de não prestar atenção à política. Mesmo quando, na Alemanha, já havia pessoas sendo perseguidas, detidas e presas por causa de sua convicção religiosa ou política, Jeanne Hersch não se deu conta. E a proibição para judeus alemães de se matricularem nas universidades, já em vigor, ainda não valia para judeus estrangeiros. Jeanne Hersch passa o semestre de verão de 1933 inteiro em Freiburg, totalmente fascinada pelo "mago" filosófico Heidegger.

Mais tarde, ela diferenciou suas experiências e percepções daquele verão e admitiu:

> Entendi então, no âmago do meu ser, como um regime totalitário se instaura, e que isso não tem nada, absolutamente nada, a ver com desenvolvimento intelectual. [...] Olhei para aquele homem [Heidegger], que foi um grande filósofo, um pensador profundo e rígido, ele estava ali, na minha frente, com seus olhos vermelhos febris, e às vezes fazia discursos inacreditáveis.

No dia 26 de maio de 1933, décimo aniversário da execução do terrorista nazista Albert Leo Schlageter, estava marcada uma festa universitária, e a estudante Jeanne Hersch assistiu à fala do reitor Heidegger e ao "programa" do corpo discente, em grande parte nacional-socialista:

> Eu já não conseguia mais penetrar nessa barreira humana. Não tive escolha a não ser me perder na multidão. Estava na segunda fila. Chega Heidegger. [...] A festa dura apenas cerca de quinze minutos. Erguendo o braço direito na saudação de Hitler, a multidão canta: "...quando o sangue judeu respingar da faca, tudo voltará a ficar bom..." Então Heidegger faz seu discurso; cantam o último verso da música, e pronto. [...] Ninguém me ameaçou. Mas quando foi dado o sinal para o fim da festa, fiquei paralisada. Era como se um grupo de cavaleiros tivesse passado galopando sobre mim. Eu estava quebrada por causa de nada, quero enfatizar isso. Apenas: ficar sozinho contra a humanidade é quase impossível. Nunca imaginei o poder das massas sociais.

Só mais tarde Jeanne Hersch conseguiu estabelecer uma conexão entre os acontecimentos políticos daqueles anos e o pensamento de Heidegger:

> Acredito que haja passagens na filosofia de Heidegger que são adequadas a todo tipo de compromisso. Há algo patético, mais ou menos mágico nisso que leva à irresponsabilidade. [...] As ideias que ele desenvolveu não foram sugeridas para nosso livre julgamento, como convém à atitude liberal de um filósofo. Ele nos obrigou a adotá-las. Sua filosofia contém algo como fórmulas de encantamentos que permitem que os espíritos da terra se levantem e exijam que alguém se submeta a eles.

Sua distância interior de Heidegger e seu pensamento permanecem — mesmo após sua renúncia ao cargo de reitor e sua retirada para o "exílio" interior de Todtnauberg.

Jeanne Hersch o vê como antagonista filosófico de seu grande amigo e mentor Karl Jaspers:

> Jaspers nunca teve confiança ilimitada em Heidegger — não o tipo de confiança que ele chama de comunicação em sua obra. [...] Em Heidegger, ele sentia falta do alicerce seguro que todo verdadeiro filósofo deveria ter dentro de si. Para Jaspers, toda atividade filosófica genuína está ancorada em uma atitude ética, quase metaética, em um nível existencial, ou seja, naquilo em que a própria ética se baseia.

Ela tira conclusões sobre seu próprio *éthos* de liberdade e responsabilidade a partir da experiência de Heidegger e sua falta de comunicação:

> Na comunicação, minha liberdade confia na liberdade do outro. Quero a liberdade do outro para que minha própria liberdade se torne mais livre quando voltar para mim. Bem, esse não foi o caso de Heidegger. [...] Quando você olhava para Jaspers, tinha todo o brilho de seu rosto e de olhos, enquanto com Heidegger você se deparava com chifres defensivos. Armava-se de uma defesa extremamente forte contra os outros e o mundo exterior.

Jaspers nunca foi cercado por uma multidão de alunos; ele tinha amigos. Não sei se Heidegger teve amigos.

DEFESA DA LIBERDADE

Depois desses estudos filosóficos e das experiências históricas e ideológicas, Jeanne Hersch volta para Genebra e consegue um emprego na École Internationale. Lá, com algumas interrupções, ensinou francês, latim e filosofia de 1933 a 1956. Gosta do trabalho, pois ele corresponde à sua compreensão (também filosófica) da comunicação entre pedagogo e alunos. Sua concepção de pedagogia é conservadora e se baseia no ensino clássico e humanístico. Ela enfatizou muito isso mais tarde, após as manifestações de 1968, quando se opôs ferozmente às "novas" abordagens de reforma do ensino (que, na verdade, já tinham sido experimentadas em várias escolas após 1900 e na década de 1920):

> Nunca fui, como alguns de meus colegas, amiga dos meus alunos, e nunca tentei manter relações pessoais com eles. [...] Na minha opinião, um professor não deve "tratar" seu aluno diretamente, da mesma forma que um psiquiatra não trata seu paciente com amizade. O ensino foi muito "psicologizado". [...] O professor deveria atender o aluno por meio da matéria dada, que é o lugar certo para um encontro puro. [...] É absurda a visão de que não se deve influenciar a criança como se fosse uma pessoa pronta. Somente por meio da diversidade de influências a personalidade é gradualmente formada e lapidada. Há muita bobagem nas teorias educacionais atuais.

Duas estadas no exterior interromperam a atividade docente de Jeanne Hersch na École Internationale de Genebra. Entre 1935 e 1936 ela passou um ano trabalhando como professora particular no Chile. Depois disso, tirou alguns meses para viajar pela América Latina e pelo norte da África. Em Paris, frequentou palestras do filósofo Gabriel Marcel. E no inverno de 1938-1939 acompanhou a família real tailandesa (a princesa Galyani era sua aluna na École Internationale) em uma viagem até o país, dando aulas aos dois príncipes e à princesa, ocasião durante a qual o príncipe herdeiro Ananda Mahidol, à época com 11 anos, foi apresentado a seu povo. Pouco mais de oito anos depois, em junho de 1946, ele morreria em circunstâncias nunca esclarecidas em decorrência de um tiro, e Bhumipol, seu irmão mais novo, subiria ao trono, governando durante setenta anos, até sua morte em 2016.

O primeiro livro de Jeanne Hersch é publicado em 1936 com o título *Die Illusion: der Weg der Philosophie* [A ilusão: o caminho da filosofia]. Com ele, ganhou o Prix Amiel. O objetivo desse livro de estreia era ousado: examinar a história da filosofia desde Platão e Aristóteles, com foco em seu teor objetivo de verdade, chegando à conclusão de que toda filosofia é um encadeamento de ilusões relativizadas. Foi Karl Jaspers quem teria estabelecido um ponto final e, ao mesmo tempo, um ponto de partida à conclusão de que não se pode saber nada. Jeanne Hersch acreditava que esse era o único caminho para colocar a liberdade como ponto de partida do próprio pensamento. Em uma entrevista, Jeanne Hersch explicou que

> a verdade filosófica não é uma verdade objetiva, embora não possa prescindir de objetividade. A verdade filosófica reflete a essência da liberdade, que tampouco pode prescindir da objetividade, mas que em sua essência é o oposto, porque é aquilo que foge da objetividade.

Segundo ela, o pensamento filosófico é, antes de tudo, um apelo à liberdade. Jeanne Hersch diferencia:

> Quando peço a alguém que reflita sobre o que eu considero a sua liberdade, isso não significa que ele não possa julgar o que eu disse no nível do discurso. Apesar disso, deve-se julgar o processo do pensamento em que de fato ocorre. [...] Por isso, Jaspers desenvolveu a tese segundo a qual todas as grandes filosofias, no fim das contas, são passíveis de serem formalmente reduzidas a contradições, tautologias ou círculos, portanto, a erros de lógica.

JEANNE HERSCH (1910-2000)

Jeanne Hersch passou a Segunda Guerra Mundial na Suíça. Continuou ensinando na Escola Internacional de Genebra e frequentou o colóquio de doutorandos de Paul Häberlin na Universidade da Basileia. Ela e os pais se engajaram em campanhas de ajuda para refugiados. Retrospectivamente, ela criticou sua vida naquela época, tendo em vista que vários parentes na Polônia perderam a vida nos campos de concentração.

> Nunca imaginei que alguém pudesse viver tão dividido como eu estava naquele tempo. [...] Cuidávamos dos refugiados, de seus documentos, do seu conforto etc. Mesmo assim, tenho a impressão de que vivi aquele período em um estado quase alheio ao mundo. Minha vida pessoal me consumia por completo, e não posso me perdoar por isso. Esse distanciamento em relação aos acontecimentos, mesmo durante a guerra, enquanto a família inteira da minha mãe era exterminada, é algo que hoje [1986] não posso entender e nem me perdoar. Eu estava distante dos eventos devido à minha vida pessoal. [...] e tenho a sensação de ter perdido o meu encontro com a história [...].

"Encontro", aliás, é um conceito-chave que abarca o pensamento de Jeanne Hersch naquele período. Em 1942 ela publica um romance intitulado *Begegnung* [Encontro], em que apresenta duas relações amorosas em épocas diferentes, tendo em comum a questão filosófica sobre "que unidade é possível em um momento quando as coisas, na verdade, ficam lado a lado no longo prazo. Em *Begegnung*, tentei concretizar uma unidade estética entre momentos estranhos entre si". A questão da unidade da vida é também o centro de sua dissertação de 1946, "L'être et la forme" [O Ser e a forma]. A questão central é a relação entre o que a pessoa faz e o Ser: "O que a pessoa pode realizar no Ser?" Jeanne Hersch explica:

> A primeira expressão [Ser] significa o ser atual, realizado, mas inacessível, ao qual a pessoa se aproxima por meio da forma. Mas a pessoa não pode realizar nada a partir do nada. Sempre parte de alguma coisa, e esse algo

[...] eu chamei de matéria. [...] Quando a forma se apodera de uma matéria de maneira perfeita, penetra-a, superando toda a indeterminação da matéria, então se aproxima da realização de um Ser. O Ser é uma matéria completamente formada.

Seu livro se volta contra o neoplatonismo ("a voracidade simples [...] com a qual se acessa diretamente o ser") e o materialismo positivista plano ("a hipertrofia da forma, que o homem afirma criar *ex nihilo*"). Assim, a concepção de Jeanne Hersch da relação entre matéria e forma está muito distante tanto do idealismo quanto do materialismo. Em vez disso, sua ideia de impor uma forma à matéria é uma definição do destino do homem, uma determinação de liberdade à qual o homem não pode escapar: "O homem não pode escapar da tarefa de ser livre. O que significa: ser livre? Significa: crie algo; mas volto a enfatizar, isso não significa criar *ex nihilo*." Às tendências modernas que querem subordinar a existência humana a uma ideologia e gostam de discursar sobre o "novo ser humano", Jeanne Hersch contrapõe:

> Não se pode voltar à existência humana sem amá-la. Aceitar o ser humano é aceitar a própria tarefa. Nossa condição humana pressupõe uma série de circunstâncias, mas temos que fazer algo com elas. É nossa obrigação buscar o máximo de "Ser" nessas condições, o que também significa um máximo de sentido. Ser e significado estão interligados.

No cerne da filosofia de Jeanne Hersch está a *liberdade*, como ela mesma explica:

> Porque é a liberdade que torna o ser humano único, algo que merece ser amado mais do que qualquer outra coisa. Não somos como todos os outros seres vivos, simplesmente impelidos de fora, prisioneiros no sistema de causas e efeitos. Tudo o que é causa e efeito não tem sentido em si mesmo. Para que o significado surja, deve haver uma meta. Para que um objetivo seja, uma liberdade deve se mover, deve ser direcionada para um valor, para algo que ainda não é e vale a pena vir a ser.

Jeanne Hersch não estava sozinha no discurso filosófico em defesa da liberdade humana naquela época. Hannah Arendt também aborda isso em seu grande tratado *Origens do totalitarismo* (1951-1955). Jeanne Hersch também se refere à existência de regimes totalitários, do nazismo (que vitimou grande parte de seus parentes maternos), mas também do bolchevismo e do stalinismo (diametralmente opostos à ideia dos membros do Bund de um socialismo de indivíduos livres e responsáveis). Além disso, é adversária do individualismo incompreendido, que floresceu principalmente nas sociedades ocidentais após a Segunda Guerra Mundial e que glorificou o consumismo material como autorrealização individual. O julgamento de Jeanne Hersch é duro e claro:

> Fazer o que quiser, como quiser, onde quiser? Isso não faz sentido. Isso não é liberdade, mas arbitrariedade. Confundir liberdade e arbitrariedade é cometer o erro filosófico mais elementar. A melhor maneira de entender a liberdade é por meio da necessidade. [...] Quando a liberdade se torna absoluta, ela coincide com a necessidade, e então estamos presentes nessa liberdade como um todo.

TRANSCENDÊNCIA E EXISTÊNCIA

A liberdade, segundo Jeanne Hersch, não é apenas impensável sem responsabilidade, também não existe sem verdade. "O sentido da verdade é existencial", afirma. Mas a verdade exige uma constante verificação individual, e é aqui também que reside a liberdade humana responsável:

> Não há verdade, a menos que eu me engaje em prol dela. Mesmo a frase mais objetiva não é verdadeira em si mesma; sem dúvida, prova ser verdadeira quando examinada, mas apenas para uma mente que está pronta para reconhecê-la.

Essa mente, que em sua liberdade responsável enfrenta todas as questões da existência humana, também não ignora a necessidade de transcendência e não se esquiva do contato com a transcendência, mesmo que não se queira ou possa reconhecer a existência de Deus no entendimento cristão. A velha questão da teodiceia — a pergunta de como um ser onipotente, considerado pelos humanos um Deus bom, permitiu e ainda permite tantas coisas terríveis na criação (por exemplo, na forma de desastres naturais), comumente um argumento principal para a justificação substantiva do ateísmo — não se coloca para Jeanne Hersch, embora ela não se considere nem judia nem cristã, e embora ela não ouse contradizer os defensores da teodiceia, a justiça de Deus:

> Há tanto tempo vejo coisas terríveis acontecerem, e sei que elas acontecem em todos os lugares também, e embora mesmo a menor delas seja insuportável, desisti completamente de responsabilizar Deus. Simplesmente não posso fazer mais perguntas. Estamos tão longe de poder pensar o mundo como criação inocente de um Deus inocente, que tudo o que posso fazer é deixar para lá. Não posso condenar o universo ou quem quer que o tenha feito. Existe algo completamente impenetrável aí. Nem tento entrar nisso, sinto-me esmagada pela evidência dos horrores.

Mesmo a experiência do sofrimento, o próprio e o dos outros, pode se tornar suportável, em um duplo sentido: ser suportado e vivenciado como resultado:

> O sofrimento suportado pode ter significado e valor. Aumenta a coragem da humanidade como um todo; [...] O heroísmo de um momento, a piedade de um breve instante, pensar no outro quando estamos em meio ao pior sofrimento, um bater de asas da alma na dor: nada disso se perde, uma vez que aconteceu.

O que é aparentemente insuportável, por outro lado, pode se tornar aceitável e suportável na aceitação da finitude (também um ato de liberdade humana!): "Em minha opinião, só pode haver um sentido do absoluto no quadro de uma ética do finito." Embora Jeanne Hersch não aceite para si a crença em um Deus personificado, como fazem judeus e cristãos, ou mesmo em uma encarnação de Deus (Jesus Cristo), atribui às religiões, especialmente à metafísica judaico-cristã, um papel importante na educação da humanidade para a liberdade. No entanto, ela critica o cristianismo de hoje por uma recusa generalizada de assumir responsabilidades e aprofundar o conhecimento:

> Mas sempre me senti em casa na grande metafísica bíblica: a afirmação de um Deus único, transcendente e oculto, com a recusa que essa afirmação contém. [...] Sinto uma profundidade exigente na ideia de que Deus se encarnou uma vez: é um nó de pensamentos e experiências de extraordinária riqueza, que os próprios cristãos muitas vezes não parecem ver com suficiente clareza.

Em sua opinião, o cristianismo de hoje sofre, por um lado, do clericalismo conservador, e por outro — onde tenta se livrar desse clericalismo —, de um achatamento da transcendência:

> Embora simpatize mais com a direção política de esquerda [...] Não aceito que se usem as convicções políticas para destruir a dimensão religiosa da transcendência, traduzindo-a em uma linguagem temporal e política — por exemplo, a marxista. Lamento isso profundamente e sempre lutei contra. [...] Uma crença deve estar firmemente ancorada e suficientemente subordinada à verdade para ter sempre ouvidos abertos para uma verdade mais bela do outro.

Na visão de Jeanne Hersch, o esforço humano pela transcendência não é uma contradição no pensamento existencialista. Ela dedicou seu livro *L'être et la forme* [O ser e a forma] "ao meu professor Karl Jaspers, que me apresentou ao pensamento existencialista, chamado assim porque faz um apelo à existência para buscar a transcendência nos limites do conhecimento". O pensamento de Jeanne Hersch não é apenas moldado pela filosofia existencial de Karl Jasper, mas, querendo ou não, também está associado ao segundo grande filósofo existencial do século XX, Jean-Paul Sartre. Apesar de certos paralelos no que diz respeito à atitude em relação à existência humana, Jeanne Hersch vê uma grande diferença entre a sua filosofia e a do pensador francês. É a lacuna entre a existência e o nada, entre a liberdade responsável e a quebra arbitrária da cadeia de causalidade.

O existencialismo, ou aquilo que é assim chamado, coloca a ênfase decisiva no surgimento da *existência*, sendo essencialmente sinônimo de *liberdade*. Etimologicamente, a palavra *existir* contém a ideia de estar em processo de rompimento, libertando-se da cadeia de causa e efeito para se afirmar como uma espécie de causa primária. Nesse sentido, portanto, existência não difere muito de ação livre. Desse ponto de vista, a tendência existencialista e, em particular, o pensamento de Sartre em sua obra *O ser e o nada* se aproximam do meu. Mas sempre senti a necessidade de traduzir seu "Nada". Segundo Sartre, a existência surge do nada. É separado de qualquer contexto causal pelo que ele chama de Nada. Acho a escolha dessa palavra bastante arbitrária. Mais tarde, ela permitiu-lhe todos os tipos de desenvolvimentos mais ou menos niilistas que não eram necessariamente parte disso no início.

Jeanne Hersch vê a existência humana moldada não apenas pela liberdade dentro da responsabilidade, com a possibilidade, até mesmo o dever, de buscar a transcendência, mas também com a chance de realizar a arte nesses "limites do conhecimento" enquanto necessidade e característica humana: "A obra de arte é encarnação completa e perfeita [...], a obra de arte sempre expressa a condição humana." Tanto a fé como a busca pela obra de arte perfeita são uma expressão da encarnação, da encarnação da existência, mesmo que em última análise permaneça inatingível. A arte exprime a condição humana, "pela diferença. Ela expressa o que a humanidade almeja: um ser realizado em que coincidem o ser e o significado, o desejo e a plenitude coincidem. Em outras palavras, o impossível".

À visão de mundo pessimista em seu fatalismo infundado, de Sartre e de outros existencialistas franceses, e à ilusão totalitária comunista de criar o "novo homem", Jeanne Hersch contrapõe uma atitude de ser que paira sobre o otimismo e o pessimismo e que, por sua vez, está fundamentada na possibilidade e no compromisso de liberdade e responsabilidade:

> No que diz respeito à minha imagem do ser humano, é bastante banal: o homem é um ser livre e responsável. Essa visão se contrapõe tanto ao otimismo quanto ao pessimismo. Ao otimismo porque este espera que surja uma nova humanidade, que seria o produto harmonioso da história ou das condições de vida. E ao pessimismo porque acredito que, enquanto houver uma centelha de vida no homem, ele não pode abrir mão de ser homem. Aliás, não entendo como se pode adotar uma ou outra atitude. Ambas me parecem inúteis. Ambas equivalem a renunciar à humanidade.

O homem, segundo Jeanne Hersch, não é a "coroação da criação", feito por Deus para governar o mundo, mas, por outro lado, é mais do que uma simples criatura sem consciência. Também difere existencialmente dos animais, é mais do que um capricho da evolução, mais do que uma máquina--ferramenta cartesiana:

> O homem é uma testemunha deste mundo, um ser capaz de contemplar, ver e compreender o mundo. Provavelmente é algo único para o universo ter seres humanos como testemunhas. É diferente de um rouxinol, uma lagarta ou uma vaca. A que o universo seria reduzido se não houvesse essas testemunhas na Terra? Acredito que o homem é algo extraordinário no mundo, é único.

O DIREITO DE SER UMA PESSOA

Sua amplamente aclamada dissertação *L'être et la forme* (1946) abre-lhe as portas para atividades acadêmicas: a partir de 1947, leciona na cátedra de Filosofia Sistemática em Genebra, inicialmente como professora particular (só parou de lecionar na École Internationale em 1956), desde 1956 como professora e de 1962 até sua aposentadoria, em 1977, como professora titular. Jeanne Hersch permanece essencialmente leal à sua cidade natal, Genebra, com exceção de alguns semestres passados no exterior, evidência de sua crescente reputação internacional: em 1959, leciona na Pennsylvania State University; em 1961, na Hunter College, da State University of New York; e em 1978, na Colgate University em Hamilton, Nova York, e na Université Laval em Québec, Canadá. A coroação de sua reputação internacional é, sem dúvida, a nomeação como diretora do Departamento de Filosofia da Unesco em Paris, em 1966. Ocupou esse cargo por dois anos, até 1968, e não só conquistou grande fama mas, acima de tudo, jogou mais foco na filosofia e, portanto, na necessidade de acompanhar eticamente os processos de decisão política e de localizá-los historicamente. Uma expressão disso é a coleção abrangente *Le droit d'être un homme* [O direito de ser uma pessoa] (1968), editada por ela. A ocasião para a publicação dessa obra básica foi o vigésimo aniversário da adoção da Declaração dos Direitos Humanos das Nações Unidas (1948), por Eleanor Roosevelt, ex-primeira-dama dos Estados Unidos. Jeanne Hersch falou sobre a tarefa e a motivação para esse compêndio de textos históricos de todos os povos do mundo sobre o tema dos direitos humanos:

> Há pessoas que afirmam que os direitos humanos expressam uma concepção puramente ocidental e que sua difusão mundial significa puro imperialismo. Se eu pudesse mostrar, com base em textos de todas as tradições possíveis, que as pessoas sempre e em toda parte lutaram pelo que é exigido dos direitos humanos, pelo reconhecimento do que é devido a todo ser humano como tal, se eu pudesse mostrar que em todas as culturas há vestígios desse anseio, veríamos que a declaração dos direitos humanos é uma exigência humana geral.

O departamento de Jeanne Hersch escreve para todas as comissões nacionais da Unesco nos países-membros das Nações Unidas, pedindo o envio de textos sobre o tema dos direitos humanos escritos antes de 1948 e que testemunhem um debate cultural. A resposta é contundente:

> Os países que mais nos enviaram textos foram os oprimidos, como a Tchecoslováquia ou a Grécia, na época uma ditadura militar. Foi como abrir a tampa de uma panela de pressão e deixar o vapor escapar. O resultado foi incrivelmente diverso. Recebemos provérbios africanos, inscrições egípcias esculpidas em pedra do terceiro milênio antes de Cristo, fragmentos de legislação, canções folclóricas e assim por diante. Todos os aspectos dos direitos humanos vieram à tona, todas as questões relacionadas a eles, como a necessidade de educação, o direito à saúde, o direito a uma sentença judicial e assim por diante. [...] O livro foi traduzido para sete idiomas.

No entanto, Jeanne Hersch rejeita estritamente qualquer igualdade coletiva ligada a raça e etnia (e, portanto, a igualdade dos direitos humanos) ligada a um determinado nível intelectual. Em vez disso, vê o dever do indivíduo livre e responsável na constituição dos direitos humanos:

> Quem afirma que as raças são intelectualmente iguais assume que o conceito de inteligência é clara e universalmente definido e que existem critérios de igualdade no campo da inteligência; mas nenhuma das duas hipóteses é o caso. A inteligência é algo tão variado e complexo que é extremamente difícil fazer comparações e ainda mais medi-la. [...] Assumir tal relação entre inteligência e direitos humanos, na verdade, significa que dentro de uma mesma raça alguém cujo QI seja superior ao de outro tem o direito de reivindicar mais direitos humanos. Mas os direitos humanos de forma alguma dependem do nível intelectual de um indivíduo ou de uma comunidade. [...] Os direitos humanos baseiam-se na capacidade de cada indivíduo de se tornar livre e responsável, ou seja, em um segredo fundamental inerente a cada um de nós.

DEMOCRACIA, LIBERDADE E PODER

Por meio de seu múltiplo engajamento social ao longo de toda a sua vida, Jeanne Hersch prova que a filosofia não se passa na "torre de marfim" do pensamento puro, mas, ao contrário, tem seu lugar em meio a uma vida pública marcada pela ação na *pólis*. Integra várias associações e comissões filosóficas e sociopolíticas, incluindo a comissão suíça da Unesco entre 1970 e 1976, e seu conselho executivo de 1970 a 1972. Como presidente da Fundação Karl Jaspers, na Basileia, inicia a edição de partes de seu legado filosófico e traduz várias de suas obras para o francês, a fim de tornar seu professor mais conhecido além do Reno. Faz parte ainda de várias associações de escritores e filósofos suíços e fundações de caridade.

Em 1956, é publicado seu estudo *Idéologies et réalité* [Ideologias e realidade]. Nele, defende a tese fundamental de que

> por um lado, a democracia política não é de forma alguma um somatório de direitos formais que não influenciam a vida concreta das pessoas e as condições sociais de um país, e sim a condição concreta para o progresso econômico e social; que a democracia política, por outro lado, é a única a responder ao anseio fundamental das pessoas que ao mesmo tempo querem ser livres, isto é, pensar, falar e agir como decidem fazer de acordo com sua necessidade mais profunda, e contribuir para a comunidade à qual pertencem.

Jeanne Hersch vê a tarefa da filosofia na sociedade moderna sempre associada à questão social ainda não resolvida, que nunca pode estar desconectada da prática democrática:

> Desde muito cedo ficou claro para mim que muitas pessoas, desde o nascimento, são impedidas de participar desse desenvolvimento devido às suas condições sociais; faltaram alimentação adequada, lazer necessário, o ambiente certo. Para mim, essa é a desigualdade mais séria. Por isso, eu me interessei pela política, porque é por meio dela que as pessoas tentam influenciar suas próprias condições de vida e as de seus semelhantes.

JEANNE HERSCH (1910-2000)

O pensamento político de Jeanne Hersch é marcado por suas próprias características sociais:

> Desde a infância, sempre ouvia meu pai dizer que o progresso social está intimamente ligado aos direitos democráticos. Nunca duvidei dessa verdade. [...] É preciso ter um controle para cada pessoa nas questões decisivas. O sistema democrático atende a essa necessidade. Para mim, é acima de tudo um sistema de controles mútuos. Todo poder deve ter a possibilidade de ser compensado por outro, limitado no tempo, sujeito a controles e passível de ser contestado [...].

Como filósofa e cidadã comprometida, Hersch vê a democracia em constante perigo de vários lados — e, apesar de seu credo socialista, defende valores burgueses conservadores que devem parecer suspeitos e até mesmo preocupantes a muitos de seus contemporâneos (especialmente os da geração de 1968): "Não creio de forma alguma em uma igualdade física, intelectual e moral entre pessoas. A única igualdade em que acredito de maneira absoluta é a de que existe, em todo ser humano, essa misteriosa possibilidade de se tornar uma pessoa *livre* e responsável." A tentativa mais bem-sucedida de proteger a forma democrática da sociedade contra a fome de poder do capitalismo ela não vê no sistema político da economia planejada comunista, e sim em um equilíbrio pacífico de interesses mútuos de poder, em uma espécie de economia social de mercado:

> Acredito que, nos regimes em que a democracia política está garantida, onde apenas a economia não está democratizada e há décadas não se democratiza, é preciso lutar contra o poder econômico. E como esse foi o caso, leis políticas tiveram que ser promulgadas. [...] Ainda acredito [...] que a desigualdade das forças econômicas que se enfrentam ameaça o funcionamento da democracia, se as decisões não forem tomadas com base em opiniões reais e nas decisões do povo, mas são influenciadas pela enorme desigualdade dos recursos disponíveis. [...] Eu não fui simplesmente a favor da abolição do livre mercado e o sou cada vez menos [...]. Por outro lado,

hoje, mais do que nunca, sou da opinião de que o setor privado — isto é, as empresas — deve começar a pensar sobre objetivos, condições e os rumos da produção. Acordos deveriam ser feitos para adequar essa produção, que assumiu proporções fantásticas, às necessidades do povo.

Jeanne Hersch vê a democracia em perigo no momento em que, em nome das virtudes democráticas, ela não se defende adequadamente de seus inimigos:

> É por isso que não considero de forma alguma que a democracia deva ser levada cada vez mais longe, até o suicídio. Acho importante estabelecer certos limites: a democracia não é um sistema em que cada um pode fazer o que quiser. Pelo contrário, é um sistema em que nenhuma pessoa reconhecida como tal — e espero que todas as pessoas sejam reconhecidas como seres humanos — pode ser excluída de sua parte de controle.

A democracia deve permanecer aguerrida para não entregar a liberdade aos adversários da liberdade — afirmação que hoje é mais relevante do que nunca diante de certas radicalizações sociais de esquerda e de direita:

> Eu disse que, devido ao fato de a liberdade ser valorizada por seus defensores e de eles quererem preservá-la, compete a eles decidir quanta liberdade pode ser concedida aos oponentes da liberdade em dada situação sem decretar o suicídio da liberdade. Então eu disse: são os democratas que têm o direito de decidir em que medida os não democratas podem se beneficiar da democracia.

Jeanne Hersch deliberadamente opõe a palavra "liberdade", que agora mais do que nunca se torna um bordão e uma frase vazia na discussão da mídia, às palavras da moda, "desenvolver sua individualidade":

> Desenvolver-se não significa fazer nada arbitrário; pelo contrário. Para ser livre e responsável, deve-se primeiro tornar-se mestre de si, e para tornar-se mestre de si, deve-se respeitar tudo o que se considera essencial. Além disso, essa liberdade responsável não pertence a um só; também pertence

ao outro. Isso significa que o comportamento livre e responsável também inclui o respeito pela possível liberdade e responsabilidade do outro. Em última análise, é isso que se entende por moral. Portanto, não se trata mais de mera liberação sexual ou algo assim, mas de respeitar no outro aquilo que pode se tornar, nele, liberdade responsável.

A socialista Jeanne Hersch usa até o conceito cristão de "alma" com referência ao seu conceito de liberdade: "Mas o que é a alma senão um poder da liberdade? Para mim, a base mais profunda da tradição da Igreja é totalmente compatível com a doutrina dos direitos humanos."

Jeanne Hersch vê com simpatia protestos e atitudes de negação em relação aos excessos do capitalismo, especialmente entre a geração mais jovem. A revolta é também uma expressão da busca de sentido, e, assim, uma questão de filosofia traduzida na prática política:

> Como sabem, os jovens hoje protestam porque têm a impressão de que um imenso aparelho de produção funciona às cegas sem procurar sentido, sem orientação de ninguém. É como um trem sem condutor. Quando você considera que esse aparelho consome a maior parte de nossa energia e de nosso tempo, e que desempenha um papel tão dominante em nossa sociedade, é imperativo pensar sobre a questão do significado.

Essa crítica ao capitalismo, combinada com a busca por sentido, recentemente tem sido associada cada vez mais a demandas ecológicas. Jeanne Hersch também vê isso como desafio positivo:

> Mas considero essencial reduzir a jornada de trabalho paralelamente ao aumento da produtividade e na proporção desse aumento. A produção também terá que ser alinhada de acordo. [...] Acho que realmente chegamos a um ponto em que a anarquia da concorrência, vista de todos os pontos de vista concebíveis, não funciona mais por si só, mesmo que certas restrições legais sejam gradualmente impostas a ela. Tomemos os problemas da poluição ambiental. Seriam muito mais fáceis de resolver se não fosse tamanha competição entre

os fabricantes de automóveis. Mas eles existem, e também existem entre os países. Impede que as empresas tomem medidas contra a poluição que, devido aos custos, poderiam reduzir a sua competitividade. Portanto, acordos interindustriais devem ser feitos entre fabricantes e os governos dos países.

Para Jeanne Hersch, o engajamento social de qualquer tipo que seja não é apenas um direito político de cada indivíduo ou uma oportunidade de fazer valer os próprios interesses; ao contrário, a interferência é desejada, mesmo um pré-requisito para o funcionamento de uma sociedade: a pessoa apolítica (como por muito tempo foi um ideal na cultura burguesa, já que a política e o poder que a acompanha eram compreendidos como algo sujo e poluente) tem um efeito destrutivo no sistema democrático:

> Muitas pessoas gostam da ideia de que não têm nada a ver com poder, imaginam o poder em seu aspecto mais bárbaro e acreditam estar completamente livres dele. Mas estar livre do poder significa estar livre de toda ação. Em última análise, significa se tornar irresponsável. Se alguém quer ser responsável, precisa de poder e vai dar um jeito de conquistá-lo.

Uma possibilidade de influenciar o poder político como indivíduo é se engajar em um partido democrático: durante muitos anos, Jeanne Hersch foi membro do Partido Socialista e, depois, do Partido Social-Democrata, ambos na Suíça. Justificou seu envolvimento da seguinte forma:

> Quando me considero socialista, quero dizer que sou uma democrata; que, na minha opinião, a justiça social ainda não foi suficientemente realizada e que ainda temos que lutar para melhorar as condições de trabalho e de vida de grande parte da população [...].

Influenciar os órgãos democráticos usando redes sociais e profissionais sempre foi um imperativo cívico e humano para Jeanne Hersch ao longo de sua vida, seja como professora e conferencista de filosofia (ou seja, o amor pela sabedoria e a ciência do pensamento puro), seja como testemunha crítica do judaísmo em um século de *pogroms* e do Holocausto, como representante de uma comissão suíça da Unesco, membro de partidos socialistas e social-Democratas na Suíça, ativista em várias organizações de ajuda, jornalista sociopolítica e, ao mesmo tempo, crítica do uso descuidado da mídia moderna, crítica — com formação em história — dos sistemas totalitários (nazismo, mas também stalinismo e maoísmo), observadora independente do conflito Leste-Oeste, favorável a um forte sistema de defesa nacional para proteger a sociedade democrática e o valor humanístico, humanista declarada e europeia, conferencista e autora de programas de rádio, tradutora de escritores e filósofos do alemão e do polonês para o francês e uma curiosa que faz comparações entre as disciplinas científicas e as artes: filosofia, teologia, física atômica, arte cinematográfica, música, literatura e pintura, ou simplesmente como amiga leal (por exemplo, de intelectuais como Karl Jaspers, Czeslaw Milosz, Ernest Ansermet, Josef Czapski, Gabriel Marcel, Gaston Fessard, Raymond Aron, Robert Oppenheimer e outros).

Para Jeanne Hersch, durante toda a vida a filosofia foi vista como compromisso e consciência de uma ética baseada na liberdade individual e responsável a serviço de toda a humanidade. Essa reflexão sobre as pessoas e o mundo não termina às portas do tabu ou do inimaginável: para ela, filosofar também significa um exame destemido e responsável das coisas últimas:

> O que é novo hoje é que o grau de conhecimento e poder a que chegamos exige que coloquemos limites para nós mesmos. A recusa em definir esses limites significa nada mais do que uma nova maneira de esquecer a condição humana — especialmente fingir que podemos escapar da morte. [...] Não se trata de adquirir uma formação "profissional" [em filosofia], mas de aprender a pensar a partir de conceitos filosóficos básicos, por exemplo, sobre o sentido do fato de as pessoas serem mortais, sobre a necessidade e a inevitabilidade dessa finitude.

Jeanne Hersch viveu uma vida longa, plena de trabalho, recheada de encontros felizes com outras pessoas na base de pensamentos, descobertas e conversas filosóficas. Admirada por amigos e discípulos, respeitada pelos adversários, morreu aos 90 anos no dia 5 de junho de 2000, no início de um novo milênio que pode parecer perturbador com seus conflitos, problemas e desafios, mas que devemos enfrentar destemidos, como ela pregava, enquanto pessoas independentes, pensantes, razoáveis, conscientes da própria liberdade e responsabilidade e da liberdade e dignidade dos outros seres humanos.

Posfácio à edição brasileira
E as filósofas brasileiras?
Esboço de uma história

Por Nastassja Pugliese*

"Nós não temos a profissão das ciências nem obrigação de sermos sábias, mas também não fizemos votos de sermos ignorantes."**
(Teresa Margarida Silva e Orta, *Aventuras de Diófanes*, 1752)

Há uma profunda injustiça no fato de considerarmos os marcos de fundação da filosofia no Brasil como ligados à produção que ocorria nas universidades europeias ao longo do século XVI, à participação nos seminários e escolas jesuíticas nos séculos XVII e XVIII, aos cursos das escolas de direito e à inserção no debate acadêmico das poucas instituições de ensino superior no século XIX, fechadas para mulheres. Se tomamos estes marcos excludentes do debate acadêmico voltado para interpretação e comentário de autores

---

* Professora de Filosofia da Educação na Universidade Federal do Rio de Janeiro, membra do Programa de Pós-Graduação em Lógica e Metafísica do Instituto de Filosofia e Ciências Sociais e do Programa de Pós-Graduação em Educação da Faculdade de Educação, nos quais pesquisa História da Filosofia Moderna. Coordena o grupo de pesquisa Outros Clássicos: História da Filosofia e Educação (FE/UFRJ – CNPq).
** Sousa, Moizeis Sobreira de; Silva, Fabio Mario da. "Problemáticas da autoria e da camuflagem feminina em *Aventuras de Diófanes*, de Teresa Margarida Silva e Orta". *Cadernos Pagu*, n. 49, 2017. Disponível em: <https://doi.org/10.1590/18094449201700490017>. Acesso em: 12 out. 2021.

clássicos, já de princípio não é possível considerar como filosóficas as obras publicadas por mulheres da época. Deste modo, elas são deixadas de fora pelo critério de demarcação, e não pelo interesse filosófico daquilo que produziram ou deixaram de produzir.

Por outro lado, se pensarmos a filosofia como um exercício linguístico de construção e reconstrução de questões fundamentais, não faz sentido narrarmos uma história sobre seu percurso que se restrinja à experiência de um grupo único — e extremamente restrito — que podia frequentar universidades do outro lado do Atlântico, cursar o ensino formal superior, ler e fazer comentários técnicos a Aristóteles, Tomás de Aquino e Kant. Quando entendemos a filosofia como um exercício racional voltado para questões ligadas aos fundamentos das coisas, neste sentido, dizer que mulheres fazem filosofia é afirmar uma obviedade. Não só mulheres, mas homens, mulheres, brancos, negros, indígenas, imigrantes e refugiados; pois há filosofia na África, nas Américas, na Ásia e na Oceania, hoje e ontem, ao longo de todos os séculos.

A filosofia, sob esse ponto de vista, é entendida como uma experiência propriamente humana que organiza as linhas mestras das diferentes culturas e pode ser mapeada ao longo da história e em suas especificidades nos diferentes agrupamentos humanos. Procurar pelo fundamento, pela origem, pelas explicações mais gerais sobre as coisas e a existência é um exercício de curiosidade e espanto que faz parte de um instinto natural que pode ser desenvolvido em diversas direções. Filosofar, assim como fazer arte ou fazer ciência, é um modo de olhar e investigar as coisas que também pode ser feito fora das instituições de ensino. Certamente, a filosofia não acadêmica não tem a mesma forma e não segue o mesmo estilo que a filosofia acadêmica. Esses aspectos variam com a intenção e o modo de expor o conteúdo, às vezes ligados às leituras obrigatórias nas instituições de ensino, outras vezes na formação possível ao espaço privado. Mas a desobrigação de se fazer comentário filosófico ou da expressão filosófica determinada pela escrita acadêmica permitiu o florescimento da filosofia em suas diversas roupagens literárias.

POSFÁCIO À EDIÇÃO BRASILEIRA

Ao estudarmos as obras escritas por mulheres do Brasil, vemos que a filosofia pode ser feita nas margens de um rio, como disse Emília Freitas, ou durante viagens, como fez Nísia Floresta, ou semanalmente em publicações periódicas, como fez Francisca Senhorinha, ou no quarto, na escrivaninha, como fizeram Teresa Margarida e Maria Firmina dos Reis. As formas da filosofia, portanto, não se restringem ao tratado científico, aos princípios, aos comentários ou aos métodos e manuais, mas também incluem a ficção, a literatura fantástica, o romance, os manifestos, panfletos, artigos de jornal e diários.

Para esboçar essa história — a da filosofia brasileira escrita por mulheres —, é preciso perguntar como foi possível realizar publicamente este esforço intelectual natural — do qual todos nós somos capazes — em um contexto no qual a participação na vida pública era cheia de limitações. Quais as brechas, quais as subversões, quais os atos de rebeldia necessários para que uma mulher publicasse suas teses filosóficas no século XIX no Brasil? E quais as expansões que nós, enquanto historiadores e pesquisadores da filosofia, temos que realizar para não excluirmos de nossas pesquisas e de nossas narrativas, mais uma vez, as mulheres inviabilizadas enquanto autoras da cultura filosófica intelectual brasileira? Como contar a história das contribuições das mulheres brasileiras sem esquecer e apagar, novamente, as mulheres indígenas, as mulheres negras e tantas outras refugiadas de nações pobres da Europa, ou mesmo mulheres imigrantes de nações vizinhas da América Latina que constituem esse grupo heterogêneo e diverso que chamamos de "mulheres brasileiras"? Uma dose um pouco maior de reflexões metodológicas prévias vai nos ajudar a remontar as bordas desse quebra-cabeça.

O começo das contribuições filosóficas de mulheres (e de homens, certamente) no Brasil se dá antes da chegada das caravelas e da ocupação europeia em nosso continente. A produção filosófica indígena do período pré-colonial é escassa em termos de registros. Com uma cultura predominantemente oral e uma variedade de línguas, temos alguns poemas cosmogônicos antigos que narram a mitologia e a gênese dos povos. A questão da autoria das obras, neste caso, não se coloca do mesmo modo que a questão da autoria das obras filosóficas brasileiras posteriores, ou mesmo das obras europeias da época, pois estes registros, estes poemas cosmogônicos e narrativas mitológicas, expressam o pensamento de um povo, de um grupo, e não são fruto da criatividade ou da ciência de um único indivíduo.* Ainda assim, o lugar das mulheres indígenas na filosofia pré-cabralina e pré-colonial, ou seja, na tradição filosófica indígena oral, pode ser analisado a partir do modo como as figuras femininas se apresentam (ou são apresentadas) nas narrativas às quais temos acesso hoje. Podemos perguntar qual espaço ocupam na sociedade, se mães, geradoras, guerreiras, como preservam e modificam os saberes tradicionais, quais suas aspirações e lugares de reconhecimento, e como essa vivência se expressa nos mitos, nas lendas e nas narrativas.

Os saberes tradicionais indígenas, os poemas cosmogônicos, podem ser analisados a partir da contribuição coletiva das mulheres indígenas como autoras da história do pensamento e da cultura brasileiras, a partir de como agem (ética), de como reclamam por espaços em cantos (política), de como cultivam saberes sobre o mundo circundante (filosofia natural e epistemologia) e qual lugar de reconhecimento recebem nos mitos fundadores de sua cultura (metafísica). O modo de ser das indígenas brasileiras foi usado como parâmetro para se conceber a educação moral das mulheres no século XIX no Brasil, e elas aparecem como tema em diversos romances fundadores da literatura filosófica feita por mulheres em nosso país, e é também aí que se encontra sua importância. Há muito o que ser dito e investigado nesta direção.

---

* Este panorama dá uma possível chave de análise para o reconhecimento da contribuição das mulheres indígenas à produção filosófica — oral — existente antes dos europeus colonizarem Pindorama e transformarem o território em Brasil, ou seja, antes de 1500. Enquanto na Europa do século XVI as universidades já estavam a todo vapor, servindo não apenas de espaço para o registro, manutenção e preservação da memória intelectual, cultural e coletiva de suas nações, mas também como espaços de produção de conhecimento e geração de novas ideias e teorias, o Brasil não contava com a mesma organização social e as mesmas estruturas de preservação da cultura. O período pré-cabralino no Brasil, ou seja, o longo período anterior à chegada e ocupação colonial europeia, foi marcado por um tipo de produção filosófica de bases distintas daquelas que vieram com as primeiras escolas jesuíticas em nossas terras. E, por isso, o critério de interpretação destas contribuições não pode ser o mesmo que o utilizado para interpretar obras escritas e autorais.

POSFÁCIO À EDIÇÃO BRASILEIRA

Mas, como dizíamos, nem toda filosofia produzida no Brasil foi feita à margem da filosofia tradicional. As discussões ocorridas na Europa também estavam presentes por aqui, e as ideias viajavam como navegantes que atravessam oceanos. Assim, o cânone tradicional da filosofia também tem conexões profundas com a produção filosófica brasileira, o que pode ser visto desde os primeiros séculos da ocupação colonial de seu território, mas que toma corpo ao longo do Brasil Império e no período pós-colonial, depois da proclamação da independência. Ainda assim, mesmo que escassa, devemos nos perguntar o que houve no período colonial em termos de produção filosófica, e qual era o papel possível para as mulheres intelectuais na época.

O início da filosofia escrita no Brasil, como se conta na literatura secundária disponível,* é marcado pela chegada dos jesuítas e pela criação dos primeiros cursos de filosofia, fundados na Bahia entre 1572 e 1575. A experiência educacional missionária dos jesuítas, organizada na *Ratio Studiorum*, constitui um dos primeiros documentos a partir dos quais se analisa a construção da filosofia no Brasil. Influenciados por Aristóteles e Tomás de Aquino, os jesuítas inauguram a escrita filosófica no Brasil com os debates característicos da Reforma e da Contrarreforma católicas, inspirados no modelo de argumentação aristotélica e na estrutura tomasiana dos comentários. Perguntas filosóficas sobre a natureza da alma dos habitantes do Novo Mundo, bem como sobre a humanidade dos "selvagens", animavam as investigações. Estas questões eram importantes na medida em que suas respostas determinaram a possibilidade de catequização dos habitantes nativos e, em seu teor prático-político, eram análogas às questões feitas a respeito da possibilidade de as mulheres participarem da vida eclesiástica.

Apesar de ter tido o apoio de diversas mulheres na aristocracia europeia para estabelecer e solidificar a ordem, a Companhia de Jesus não as admitia como jesuítas. Há um único caso registrado de uma mulher jesuíta, Joana

---

* Ver *A filosofia brasileira*, de Antonio Paim (ICALP, 1991), *Filosofia brasileira: ontogênese da consciência de si*, de Luiz Alberto Cerqueira (Vozes, 2002), *Filosofia no Brasil: legados e perspectivas – ensaios metafilosóficos*, de Ivan Domingues (Unesp, 2017) e *O discurso e a história: a filosofia no Brasil do século XIX*, de Júlio Miranda Canhada (Loyola, 2021).

da Áustria, princesa de Portugal nascida em 1535, quase uma década antes da chegada dos jesuítas no Brasil. Joana da Áustria, mãe do rei d. Sebastião de Portugal, atuou como princesa regente no reino da Espanha e fundou o convento Nossa Senhora da Consolação para a ordem das Clarissas Descalças. Joana da Áustria correspondeu-se com Ignácio de Loyola, o fundador da ordem dos jesuítas, que argumentava contra a admissão de mulheres na ordem por razões culturais e canônicas,* mas que permitiu sua admissão se esta fosse mantida em segredo e se ela utilizasse um pseudônimo masculino. Adotando, então, o pseudônimo Mateo Sánchez, Joana da Áustria é ordenada jesuíta. Sua correspondência com Ignácio de Loyola é material a ser investigado para compreensão de seu impacto no estabelecimento da Companhia.

A filosofia no início da formação do Brasil limitava seu exercício à análise de textos e discussão de controvérsias teológicas, aplicando a lógica aos objetivos da religião e tendo a *Política* de Aristóteles como obra de referência. Entre os séculos XVI e XVII, pode ser reconhecida a influência do aristotelismo católico português, com a metafísica pensada com um tipo de lógica aplicada aos temas da teologia. Como os jesuítas eram pregadores, também contribuíram para a retórica e a oratória, sendo o estilo filosófico da época marcado pelos sermões e homilias. Podemos ver o lugar da figura feminina em *Os sermões* de padre Antonio Vieira, obra que contribui para a construção do repertório cultural brasileiro a respeito do papel social das mulheres no Brasil. Por exemplo, no *Sermão da Ascensão de Cristo Senhor Nosso*, a mulher é concebida à imagem e semelhança de Eva, caracterizada por sua astúcia que levou o homem ao vício, por suas desgraças e por todos os defeitos consubstanciados na primeira mulher. No *Sermão do Espírito Santo*, Vieira defende a tese de que a mulher deve manter-se restrita à casa

---

* Olwen Hufton analisa a presença das mulheres patrocinadoras da formação da Companhia de Jesus e mostra a importância que as mulheres na aristocracia europeia tiveram na construção dos colégios e na arrecadação de recursos para o estabelecimento da ordem. Ver "Altruism and reciprocity: the early Jesuits and their female patrons". *Renaissance Studies*, v. 15, n. 3, p. 328-53, set. 2001.

e que seu destino é o lar.* As pregações a respeito da mulher a descreviam ao modo de Aristóteles, como aquela que possui racionalidade incompleta, por ser de uma constituição física mais frágil e que, por isso, precisa da tutela — educacional, econômica e política — de seu marido.** Ainda que no presente momento a análise possível seja a do lugar das mulheres nos escritos filosóficos de atores tradicionais da época, não podemos abandonar a hipótese de que há escritos autorais femininos ao longo do século XVI. Sabemos — a exemplo da freira mexicana setecentista Sor Joana Inês de la Cruz — que há uma tradição importante de escritos filosóficos produzidos em conventos. Como era comum a autoria feminina associada aos espaços dos mosteiros em textos narrativos de experiências místicas, é possível que, com maiores investigações, ainda encontremos registros das primeiras filósofas da religião no Brasil.

O monopólio jesuítico da instrução no Brasil, de 1572 até 1759, termina com a expulsão da ordem dos jesuítas por meio do alvará de 29 de junho de 1759. A expulsão foi fruto da reforma pombalina, um processo de secularização da educação que buscou construir escolas úteis para os objetivos do Estado colonial português, em vez de servir aos interesses teológicos e à catequese. Deste modo, a escolarização passa a ser voltada para a formação de mão de obra culta para a corte portuguesa, direcionada para o domínio jurídico e político. Dividida em Estudos Menores e Escolas Maiores, ambas

---

* Marques, António Soares. "A mulher nos sermões do P. António Vieira". *Mathesis*, n. 2, p. 121-141, 1993.

** Uma vez que a estrutura educacional jesuítica tornava mais difícil a participação e a contribuição de mulheres — dadas as diferentes circunstâncias entre os debates acadêmicos na Europa e o debate acadêmico no Brasil voltado para a prática e para a dinamização do processo de colonização cultural —, é provável que haja exceções aqui que eram menos possíveis de serem permitidas na Europa. Há registros de mulheres que tinham direito de propriedade no Brasil e atuavam como governantas políticos em suas províncias. Soma-se a isso o fato de que Portugal e Espanha, os reinos da Península Ibérica, tinham uma formação católico-mediterrânea que construiu uma cultura letrada e filosófica mais conservadora em comparação às produções francesa, inglesa e alemã. Ainda assim, espera-se que, com o aprofundamento das pesquisas em arquivos, haja um resgate de figuras de exceção, como Joana da Áustria, princesa de Portugal, que estão para serem descobertas nas investigações sobre a filosofia e a produção intelectual feita por mulheres ao longo da história do Brasil.

de fundação régia, os objetivos eram formar súditos esclarecidos e manter o controle social da colônia, formando profissionais especializados que teriam cargos no reino. A reforma preconizada por Sebastião José de Carvalho e Melo, o marquês de Pombal, contra o aristotelismo escolástico e de caráter anticlerical, no século XVIII, foi resultado das disputas políticas estimuladas pelo Iluminismo português. Com a ascensão despótica de Pombal, houve também a ascensão da burguesia, que buscava promover os ideais de cultura e civilização europeia por meio do esclarecimento, promovendo o ensino público, as pesquisas com valorização da racionalidade, da experiência, do rigor na linguagem e no método.

Um iluminista português que ajudou a difundir o cartesianismo na reforma pombalina foi Luís Antonio Verney. O autor escreve a obra *O verdadeiro método de estudar* (1746), que foi base da política educacional em Portugal e nas colônias, empreendida pelo marquês de Pombal, que por ter estudado na Inglaterra, como Verney, era também um "estrangeirado",* isto é, alguém fora do lugar na cultura conservadora portuguesa.

É nesta época que encontramos os primeiros registros de uma obra filosófica escrita por uma brasileira: *Máximas de virtude e formosura ou Aventuras de Diófanes*, de 1752, escrito pela paulista Teresa Margarida Silva e Orta sob o pseudônimo Dorotéia Engrassia Tavareda Dalmira. O romance setecentista feminista foi publicado pela primeira vez com o título *Máximas de virtude e formosura* e depois, à medida que foi sucessivamente reeditado, passou a ter sua autoria atribuída ao iluminista português (e estrangeirado) Alexandre de Gusmão, passando a ser conhecido pelo título *Aventuras de Diófanes*.** O título reflete as tensões de gênero presentes na autoria e no

---

* Verney é um exemplo do que se denomina, no Iluminismo português, como os "estrangeirados", aqueles que contribuíam para o desenvolvimento cultural do país depois de terem tido contato com o Iluminismo francês, inglês ou germânico, em suas viagens de estudo. A partir de suas experiências educacionais, nas quais tinham contato com a revolução científica nas universidades europeias, eles voltavam para Portugal e, apesar de contribuírem intelectualmente para a cultura e a política do país, constituíam uma elite de pensadores que não se integrava completamente à sociedade portuguesa, profundamente marcada pelo conservadorismo católico.

** Mais informações sobre as edições e sucessivas ocultações da autoria de Teresa Margarida podem ser encontradas em Souza e Silva (2017).

enredo da obra, pois, apesar de trazer o nome de um homem — Diófanes, o rei de Tebas —, o enredo é centrado nas aventuras de Hemirena, sua filha. Ao longo do livro, que narra as provações pelas quais Hemirena deve passar para tornar-se uma mulher virtuosa e para demonstrar sua virtude, a personagem central faz uso do disfarce de gênero como estratégia de agenciamento, deixando claro que para conquistar sua liberdade e cumprir sua missão ela precisa fingir-se outro. O romance descreve as expectativas de gênero na cultura europeia do século XVIII, em uma narrativa ficcional movida pelo argumento de que a identidade de gênero é uma construção social a ser subvertida de modo performático. Na narrativa, aparece a tese de que mulheres e homens são capazes das mesmas virtudes, ainda que papéis sociais e estereótipos de gênero indiquem o contrário. Teresa Margarida mostra, fazendo uso de recursos como a fuga e o disfarce, que as mulheres precisam resistir aos infortúnios por meio do cultivo das virtudes e, ao exercitarem sua capacidade de ação, conquistar sua liberdade de escolha. No romance, vemos a descrição e a crítica do que é considerado à época como as características essenciais que determinam a natureza feminina. Deste modo, a obra se apresenta como um texto sobre a diferença entre os sexos, sobre performance de gênero e direitos.

TERESA MARGARIDA SILVA E ORTA (SÃO PAULO, C. 1711 – LISBOA, 1793)

Teresa Margarida nasceu em São Paulo, Brasil, por volta de 1711. Sua mãe, uma aristocrata brasileira, casou-se com seu pai, de origem navarra, que chegara ao Brasil aos 12 anos. Ele, depois de casar e tornar-se um rico homem de negócios, voltou para Portugal levando a família. Teresa Margarida da Silva e Orta imigrou para Lisboa ainda menina e ingressou, junto com sua irmã, em um convento. Aos 16 anos, ela se casou contra a vontade do pai, o que causou disputas judiciais com o pai e o irmão sobre sua herança. Amiga de Alexandre de Gusmão, secretário do rei d. João V e membro do Conselho Ultramarino, recebeu dele auxílio para publicar sua obra em Lisboa, em 1752. Em 1753, ficou viúva e com problemas econômicos, mas foi reconhecida pela qualidade de sua contribuição intelectual, sendo considerada membra do Iluminismo português. Teve doze filhos e, por sua crítica às estruturas monárquicas e sob alegação de ter mentido ao rei d. José I, foi presa pelo marquês de Pombal e passou sete anos fechada no convento de Ferreira. Ganhou indulto concedido por d. Maria, que acatou a petição, escrita em forma de poema, feita pela presa. Com a abolição do feudalismo, em 1790, a chegada ao trono de d. Maria em 1777 e os efeitos da Revolução Francesa de 1789, a obra de Teresa Margarida ganhou ampliada dimensão política. Teresa Margarida morreu em 1793. Até hoje seu texto é considerado um dos mais antigos escritos por uma mulher. Falta a ela, ainda, o reconhecimento como intelectual, bem como maiores estudos sobre sua contribuições enquanto filósofa brasileira.*

O romance de Teresa Margarida é classificado por ela mesma como uma ficção inspirada em *As aventuras de Telêmaco*, de Fénelon, que, por sua vez, se baseia na *Odisseia*, de Homero. As obras são muito diferentes entre si, mas o ato de ela localizar sua contribuição e marcar a geografia narrativa no campo do imaginário grego é uma indicação de que sua abordagem terá um apelo universal e de que seu romance tratará de questões fundamentais (a natureza, a diferença entre os sexos e suas manifestações políticas). O uso dos temas clássicos como motivo para expressar teses filosóficas e a

---

* É apenas em 1993, no bicentenário de sua morte, que a brasileira Ceila Montez edita a *Obra reunida* de Teresa Margarida da Silva e Orta com os manuscritos produzidos pela filósofa quando estava presa no mosteiro de Ferreira. Teresa Margarida saiu do Brasil quando tinha 6 anos de idade e teve sua instrução realizada em conventos em Portugal. Como a alcunha "europeia" agrega valor à sua escrita, não é valorizada como escritora e pensadora brasileira. Sua primeira publicação ocorre quando ela tinha por volta de 40 anos e encontra-se viúva e reclusa, tendo passado a maior parte de sua vida em Portugal. Além disso, como houve atribuição de autoria da obra a Alexandre de Gusmão, há um extenso debate tanto sobre a autoria da obra quanto sobre a nacionalidade da autora. Ver mais informações no trabalho de Eva Loureiro Vilarelhe, "Fabricação de ideias e identidade na historiografia literária lusa e brasileira: Começa a literatura brasileira com um romance, feminista e político escrito por uma mulher?" In: *VIII Congresso Luso-Afro-Brasileiro de Ciências Sociais*, Coimbra, 2004. Disponível em: <https://www.ces.uc.pt/lab2004/pdfs/Eva_Loureiro_Vilarelhe.pdf>. Acesso em: 12 out. 2021.

POSFÁCIO À EDIÇÃO BRASILEIRA

adoção do clássico como ambientação narrativa são fatores encontrados em outras obras escritas por mulheres nos séculos XVIII e XIX no Brasil. O mais importante, entretanto, não é a ambientação narrativa destas obras, e sim a compreensão de que um romance literário pode ser um ato político fundador.*

Escritos em momentos de construção de um Estado-nação, nas fases iniciais do estabelecimento de suas leis e costumes, os romances e as obras literárias do Brasil pós-independência descrevem modos de comportamento moral que — esperava-se — deveriam contribuir para solidificar a experiência comum, sendo, portanto, um ato político fundador da identidade nacional. As obras descritas aqui têm todas este caráter de ficção fundacional, que ultrapassa o imaginário literário para habitar o imaginário social. Neste sentido, funcionam como portadores de ideias que causam transformações no modo de ser e na cultura, atuando como verdadeiros argumentos que foram bem-sucedidos por terem se instalado no repertório coletivo, mas sem que o adversário percebesse, necessariamente, que foi convencido. Esse foi um tipo de estratégia empregada pelas filósofas brasileiras: usar a literatura para sensibilizar (e acabar convencendo) e ocupar a imprensa para aumentar o acesso e ampliar o círculo de leitores.

Neste contexto de produção, o século XIX, encontramos círculos intelectuais feministas, estimulados tanto pelas inúmeras guerras locais durante o período imperial quanto pelos ideais republicanos compartilhados com o Iluminismo francês e inglês. Por exemplo, Ana de Barandas, junto a outras gaúchas, formavam um pequeno grupo de escritoras e intelectuais que divulgavam teses filosóficas que davam os fundamentos dos direitos das mulheres e contribuíram para questões sobre a identidade nacional. Ana de Barandas escreve diálogos sobre a condição feminina e procura encontrar na ficção um modo de imaginar uma autonomia feminina no amor e alguma forma possível de liberdade individual. A crônica "Diálogos"

---

* Devo esta interpretação a uma conversa com meu colega Nicolas Lucero, professor de literatura hispânica na Universidade da Geórgia, que me apresentou o texto de Doris Sommer, "Foundational fictions: when history was romance in Latin America". *Salmagundi*, n. 82/83, p. 111-141, 1989.

(1835 ou 1836), inspirada pela obra *Direitos das mulheres*, traduzida por Nísia Floresta, é um debate entre personagens de posições contrárias: um ultraconservador, um conciliador e uma mulher feminista. Neste "Diálogos", Ana de Barandas apresenta a tese de que a presença de uma mulher sábia testa as virtudes dos homens, pois pode ofender aqueles que são orgulhosos, ambiciosos, autoritários e vingativos. Nesta obra simples e curta, Barandas explora o diálogo como estratégia retórica e oferece um contra-argumento, ainda que sem citá-lo, à tese rousseauniana, presente no *Emílio*, de que as mulheres devem ser educadas para agradar, e por isso não devem sustentar posicionamentos controversos.

ANA EURÍDICE EUFROSINA DE BARANDAS (PORTO ALEGRE, 1806 – PARAÍBA DO SUL, 1863)

Nascida em 8 de setembro de 1806, em Porto Alegre, Ana da Fonseca Barandas adotou Ana Eurídice Eufrosina de Barandas como seu nome literário. Era filha do segundo casamento de uma mãe brasileira, já viúva e com três filhos, e de um pai, médico cirurgião português, também viúvo do casamento anterior, que se instalou no Rio Grande do Sul. Ana de Barandas morava em um chácara na zona rural rodeada por bosques, campos e hortas. Em suas biografias, salienta-se o fato de que seu pai era um homem de posses e possuía muitos escravos. Ana de Barandas não recebeu herança, pois era mulher, e a tradição observada era de que o filho homem deveria reter os bens dos pais. Não se sabe das posições de Barandas sobre a escravidão, mas ela buscava — ainda que de modo menos robusto que suas contemporâneas — mostrar em seus escritos o caráter opressor da estrutura patriarcal da sociedade gaúcha de sua época. Não há registros sobre sua educação, apesar de sabermos que ela atuou como professora e recebia uma pequena retribuição financeira por seus serviços. Ana de Barandas casou-se com José Joaquim Pena Penalta, advogado português, com quem teve cinco filhos. Ana de Barandas era a mais letrada da família e conhecia obras clássicas, a julgar pelas citações e pelos relatos que ela mesma descreve em seus textos. Considerada autora do primeiro diálogo teatral feminista do Brasil, Ana de Barandas escreveu *O ramalhete ou Flores escolhidas no jardim da imaginação* (1845), *Eugênia ou A filósofa apaixonada*, além de odes e quadras, poemas e sonetos. Por volta de 1836, Ana de Barandas mudou-se para o Rio de Janeiro fugindo, segundo consta, da Guerra dos Farrapos.

A importância de trazer Ana de Barandas, de quem pouco temos registro, para a história da filosofia escrita do ponto de vista das mulheres brasileiras é menos ligada à originalidade de seus escritos do que à evidência da existência de um círculo intelectual feminista em formação no Brasil do século XIX. Ana de Barandas morou na mesma rua que Nísia Floresta, a rua Andrade Neves, em Porto Alegre, e, assim como Floresta, saiu do Rio Grande do Sul para o Rio de Janeiro por causa da violência trazida pela guerra civil. O que se inaugura é um círculo intelectual composto por mulheres que ocuparam a imprensa ao longo do período imperial. Estas mulheres marcaram a história por terem atuado na mesma frente, usando os jornais para expor ideias que fundamentariam a conquista por direitos.

Escrever romances como modo de exposição de ideias filosóficas não foi o único recurso utilizado para vocalizarem suas teses e serem recebidas pelo público. A expansão da imprensa periódica e a apropriação dos semanários e dos jornais para a divulgação de ideias libertárias foram traços marcantes da filosofia produzida por mulheres no Brasil ao longo do século XIX. Mas antes de falar sobre isso, é preciso passarmos por uma história, ainda muito mal contada, sobre uma tradução. Aliás, um modo importante pelo qual ideias atravessam países e culturas é por meio de traduções, já que é pelo ato de traduzir que ideias e teses têm seu escopo e domínio de discussão ampliados. Esta importante tradução, feita por Nísia Floresta, marcou a obra tanto de Barandas como da maioria das filósofas feministas que vieram depois delas.

Considerado um marco inicial do feminismo no Brasil e na América Latina, um "texto fundante"*, a tradução *Direitos das mulheres e as injus-*

---

* Esta expressão é usada por Constância Lima Duarte em diversos textos e pode ser encontrada na obra *Nísia Floresta Brasileira Augusta: uma mulher à frente do seu tempo*. Natal: Editora Fundação Ulysses Guimarães, 2016, p. 171.

tiças dos homens, feita por Nísia Floresta e publicada em 1832, é uma obra central na narrativa da história da filosofia no Brasil. Até hoje, entretanto, quando abrimos coletâneas de textos feministas que marcaram a história, encontramos descrições como: "Dez anos depois do Brasil ter-se tornado uma nação independente, em 1822, lá apareceu uma tradução de *Reivindicação dos direitos das mulheres*, de Mary Wollstonecraft".* A tradução para o português, extremamente influente nos círculos intelectuais brasileiros e fonte de conceitos, temas, teses e argumentos que fundamentavam os direitos das mulheres que estavam sendo demandados ao longo do século XIX, não era uma tradução de Wollstonecraft. Isso quer dizer que as ideias que se espalharam e geraram tração, adaptação e movimento no contexto crítico do Brasil pós-colonial não pertenciam à escritora inglesa, mas a uma autora anônima, de pseudônimo Sophia, que assinou um conjunto de panfletos revolucionários ingleses no século XVIII.** Essa reviravolta na autoria do texto fundante do feminismo no Brasil, como comumente chamam a obra *Direitos*, não é um fato menor, pois traz para o cenário uma nova chave de interpretação da produção do período: o cartesianismo prático.

Os panfletos de Sophia fazem parte da chamada "guerra de panfletos", nos quais encontramos defesas da igualdade entre os sexos e crítica a argumentos misóginos e sexistas em defesa da tese da inferioridade intelectual das mulheres que circulavam na imprensa inglesa. Estes panfletos, cuja autoria desconhecemos, trazem reproduções de argumentos encontrados na obra *De l'égalité des deux sexes* [Da igualdade entre os sexos], do padre francês, cartesiano, François Poulain de la Barre. Poulain de la Barre inaugurou o "cartesianismo prático", uma tradição de interpretação política das teses metafísicas de Descartes. Levando até as últimas consequências teses como a separação de mente e corpo, Poulain de la Barre aplicou-as no contexto social, mostrando que, se a razão é autônoma em relação ao corpo, e se ela

---

* Freedman, Estelle. *The Essential Feminist Reader*. Nova York: Modern Library, 2007, p. 17.
** Esta descoberta, feita por Pallares-Burke em 1995, ganhou detalhes em 2014 com o texto de Botting & Matthews sobre a influência de Wollstonecraft no Brasil e na América Latina a partir da história material da obra *Direitos* e das razões pelas quais Floresta é conhecida, de certo modo erroneamente, como a Wollstonecraft brasileira.

é característica natural dos seres humanos, então não há como se justificar que a diferença física entre os sexos implique uma diferença nas capacidades intelectuais e racionais. Assim, pelo fato de Floresta ter traduzido um dos panfletos de Sophia contendo tais teses, podemos dizer com evidências textuais e documentais que o feminismo brasileiro do século XIX foi marcado pelo cartesianismo prático, isto é, por uma interpretação política de teses metafísicas cartesianas.

Floresta ajudou a difundir a ideia de que a inteligência não tem sexo, e por isso toda a distinção entre homens e mulheres no que diz respeito às suas capacidades racionais ocorre devido a condições sociais desiguais, incluindo e, principalmente, a diferença de acesso às instituições educacionais, o direito à educação e exercício dos ofícios do magistério superior e a prática das ciências por parte das mulheres. Floresta, então, em seu *Opúsculo humanitário*, panfleto de sua autoria, explora a tensão entre Velho e Novo Mundos, mostrando que enquanto o Velho Mundo se emancipa, o Novo ainda clama por mudanças. Floresta denuncia que as mazelas sociais do Brasil são fruto dos mecanismos coloniais que operam com base no racismo, na opressão patriarcal e na dominação dos povos indígenas. Assim, ela mostra que as teses cartesianas da igualdade radical entre os seres humanos só serão verdadeiramente espelhadas na sociedade quando a igualdade entre os gêneros e as raças estiverem garantidas no direito civil. A influência de Floresta é incalculável, e sua crítica à modernidade europeia e ao Iluminismo europeu (que, na medida em que consideram apenas a si mesmos civilizados e colonizam o restante do mundo, não podem ser considerados um povo realmente civilizado) é realmente um marco e uma contribuição fundamental da filosofia brasileira — um marco muito mais radical do que nos mostram os livros de história da filosofia no Brasil.

NÍSIA FLORESTA
(PAPARI, 1810 – ROUEN, FRANÇA, 1885)

Dionísia Gonçalves Pinto nasceu em 1810 em Papari, Rio Grande do Norte. Usou diversos pseudônimos em sua escrita (B.A., Nísia Floresta Brasileira

Augusta e variações), sendo Nísia Floresta o que ficou mais marcado na história. Casou-se aos 13 anos, mas voltou para a casa dos pais alguns meses depois. Mudou-se com a família para Pernambuco e casou-se com Manuel Augusto de Faria Rocha, com quem teve dois filhos, Lívia e Augusto. Aos 22 anos, em 1832, publicou a tradução *Direitos das mulheres e injustiça dos homens*, uma obra que ganhou três edições seguidas na época. Viveu em Porto Alegre até se transferir para o Rio de Janeiro com a família. Foi na capital carioca que cria o Colégio Augusto, escola para meninas com currículo diferente do comum, incluindo o ensino por imersão de diversas línguas estrangeiras, bem como o ensino de geografia e história. Publicou várias obras de filosofia da educação de cunho moral, como *Conselhos à minha filha*, um livro que foi traduzido e adotado em escolas na Itália algumas décadas depois, enquanto Floresta ainda era viva. Escreveu o poema indigenista *A lágrima de um caeté*, no qual denuncia a perda de dignidade dos indígenas brasileiros pela expropriação de suas terras. No *Diário do Rio de Janeiro*, publicou, em forma de folhetim, a obra *Opúsculo humanitário*, seu manifesto/panfleto no qual tece uma crítica à educação colonial. Inspirada na obra *Cabana do Pai Tomás*, de Harriet Beecher Stowe, Floresta escreveu o romance *Páginas de uma vida obscura*, uma narrativa que denuncia a opressão da escravidão. Floresta mudou-se para a Europa, onde publicou seus textos em diversos idiomas. Escrevia diários de viagem com críticas à cultura europeia, trocava cartas com figuras importantes da época, como Augusto Comte, e conquistou o reconhecimento de seus contemporâneos.

Floresta é citada por Gilberto Freyre e Luis Câmara Cascudo, além de ser reconhecida como uma exceção em sua época. Ela é descrita como sendo uma feminista em um contexto no qual as mulheres (com posses, como ela) não saíam de suas casas e não participavam da vida pública. Floresta viajou o mundo apenas na companhia da filha, assistiu a cursos em uma universidade francesa, participou dos círculos intelectuais europeus e casou-se duas vezes, tendo sido acusada por "abandono do lar". Figura central na filosofia política brasileira do século XIX, ela coleciona pioneirismos. Entretanto, ainda que possamos argumentar que foi a primeira mulher a publicar um livro no Brasil, a primeira pedagoga brasileira, a primeira filósofa, não faz sentido defender pioneirismos e genialidades individuais em um contexto de argumentação a favor do resgate de vozes silenciadas na história. Para não correr o risco de apagar uma segunda vez outras mulheres que dialogaram, que apoiaram as teses feministas e a crítica ao Iluminismo europeu, limitado a defender o esclarecimento e a instrução de uns poucos homens nobres, interessa aqui mostrar que Floresta foi parte de um momento histórico, de um movimento* sustentado por diversas mulheres intelectuais. Este movimento, literário e profundamente filosófico, instaurou os fundamentos dos direitos das mulheres e de outros grupos sociais brasileiros à margem da história no período imperial de construção da identidade nacional. Procurando convencer, dando razões que justificam a importância do princípio da igualdade, estas mulheres filósofas queriam transformar os hábitos culturais e os princípios legais que animavam a sociedade brasileira pós-colonial.

Durante o período imperial, a vida das mulheres brancas era limitada pela autoridade patriarcal severa. Viajantes que descreveram o Brasil do 1800 contam que as mulheres não podiam se apresentar a estranhos, sentar à mesa durante refeições com hóspedes estrangeiros e eram constantemente segregadas do convívio social. O enclausuramento das mulheres era tal que em algumas casas havia cômodos específicos para as mulheres, de modo a manter a privacidade e também facilitar a vigilância. Os periódicos surgidos na época são então voltados para as mulheres com este perfil, subjugadas pelo poder do chefe de família e — como as outras mulheres, pobres e não brancas — sem acesso à educação.**

---

* Maria Lúcia Garcia Pallares-Burke, em conferência de abertura do colóquio *Vozes: mulheres na história da filosofia*, ocorrido em maio de 2021 na UFRJ, remotamente devido à pandemia de COVID-19, apresentou a tese de que ao longo do século XIX houve uma "mini-*querelle de femmes*" no Brasil. É mais ou menos isso que também defendo aqui, apesar de que chamarei o movimento do modo como Francisca Diniz, integrante deste momento histórico, o classifica: o Século das Luzes. Pallares-Burke, no entanto, também argumenta, mas dessa vez de modo direcionado ao papel representado por Nísia Floresta e Lopes Gama, que o Iluminismo não apenas chegou da Europa ao Brasil, mas que teve suas ideias adaptadas para a realidade local. Ver "Globalizing the Enlightenment in Brazil". *Cultural History*, v. 9, n. 2, p. 195-216, 2020.
** Para mais informações, ver dissertação de Fernanda Alina de Almeida Andrade, "Estratégias e escritos: Francisca Diniz e o movimento feminista no século XIX (1873-1890)" defendida na Universidade Federal de Minas Gerais em 2006, orientada pela Profa. Dra. Thaís Velloso Cougo Pimentel no Departamento de História.

Com a modernização e o avanço da vida urbana no Rio de Janeiro, a então capital do Brasil, testemunhou-se o surgimento de um grande contingente de mulheres leitoras, editoras de jornais e escritoras dos mais diversos gêneros literários. É neste contexto de efervescência intelectual feminina que se encontram obras importantes que devem ser resgatadas e interpretadas à luz da história da filosofia.* Por exemplo, sabemos de uma obra que mistura identidade nacional, conflito trágico, liberdade e política e que é contada por meio da interpretação de vivências das mulheres indígenas. D. *Narcisa de Villar*, escrita por Ana Luísa de Azevedo Castro assumindo o pseudônimo de Indygena do Ypiranga, é uma lenda colonial narrada por uma mulher indígena a uma menina. Publicada em folhetim entre 13 de abril e 6 de julho de 1858 no jornal carioca *A Marmota*, a obra é um exemplo da profusão temática e da riqueza política da produção intelectual feminina no século XIX. Considerada como uma obra do gênero gótico feminista da literatura oitocentista brasileira, a lenda é ambientada em florestas, em tempestades no mar, e, longe da atmosfera bucólica do romantismo, criou uma descrição da natureza selvagem, misteriosa, habitada por espectros e aparições. O conceito de trágico do modo como ele se expressa na obra de Castro, as interações morais entre as personagens, a visão do patriarcado e sua influência no apagamento dos saberes originários da cultura indígena ajudam a localizar conceitualmente a relevância desta obra, que diverge das narrativas tradicionais sobre a produção intelectual no Brasil pós-independência.

A produção de romances de folhetim e o uso da imprensa para divulgação de teses políticas e interpretações críticas da cultura colonial é o solo no qual emergiram conceitos, argumentos e os fundamentos filosóficos deste momento, que é importante ser chamado pelo seu nome de batismo: o Iluminismo brasileiro. Francisca Diniz, no editorial de 7 de setembro de 1873 intitulado "A educação da mulher", inaugura as páginas de seu periódico *O Sexo Feminino* conclamando que o século XIX é o "século das luzes

---

* A maior parte dessas obras é estudada desde os anos 1980 por estudiosas da literatura brasileira. Assim, a história da filosofia a partir do ponto de vista das mulheres filósofas muito se beneficia de estudos transversais e interdisciplinares.

brasileiro", e que a maior luta do Iluminismo brasileiro é o fim da estrutura colonial e patriarcal. Francisca Diniz, com clara inspiração na tradução de *Direitos*, de Floresta, afirma que a maior fonte da opressão sofrida pelos homens é fruto do fato de manterem as mulheres na ignorância e partirem sempre do pressuposto de que as mulheres são "trastes de casa", objetos domésticos. O editorial, muito significativo, traz essa autodenominação importante: Francisca Diniz chama de demanda central do Iluminismo a luta pelo direito à educação das mulheres e por sua emancipação.

Neste sentido, devemos reconhecer, em primeiro lugar, que *houve* um Iluminismo brasileiro e, em segundo lugar, que sua contribuição-chave para o Iluminismo em geral foram os argumentos e os movimentos intelectuais em torno da defesa dos direitos das mulheres e as mais diversas formas de opressão colonial. As filósofas do Iluminismo brasileiro do século XIX eram feministas, abolicionistas e, por vezes, indigenistas. E elas demandavam instrução para conhecer mais profundamente os seus próprios direitos, usando como estratégia de autonomia econômica e intelectual a conjunção do magistério com a carreira de escritoras.

FRANCISCA SENHORINHA DA MOTTA DINIZ (SÃO JOÃO DEL-REI, DESCONHECIDO – RIO DE JANEIRO, 1910)

Nascida em São João del-Rei, em Minas Gerais, não se sabe quando ao certo, Francisca Senhorinha foi casada com um advogado com quem teve duas filhas. Ela atuou como jornalista, colaborando com um semanário de modas. Foi professora do primário, diretora de escola e escreveu o romance *A judia Rachel* (1886), sobre uma mulher em busca de si mesma e com consciência revolucionária. A obra trata de temas como o luto, a melancolia, a memória e a liberdade. Fundou o primeiro periódico brasileiro para mulheres sobre temas de seus interesses políticos e culturais. A publicação *O Sexo Feminino – Semanário dedicado aos interesses da mulher* funcionava como um periódico de formação, voltado para educação, instrução e emancipação feminina. O periódico tratava de temas como a importância da educação física, moral e intelectual das mulheres, e sua importância para o aprimoramento de si e da sociedade. Os textos do periódico incluíam críticas à prática do dote, críticas ao sistema escravagista e à pena de morte, bem como textos em defesa do sufrágio feminino e descrições de como se organizavam e o que defendiam os movimentos feministas em outros países. Também escreveu nos semanários *A Primavera* e *A Voz da Verdade*. Suas duas filhas, ambas escritoras, ajudaram-na a conduzir a Escola Doméstica do Colégio Santa Izabel, com um currículo avançado para a instrução de meninas. Em seu primeiro editorial, Francisca Diniz argumenta que as mulheres deveriam, além do que constava no currículo básico e desigual da época, aprender literatura e filosofia.

Com a proclamação da República e o fim do Império brasileiro, em 15 de novembro de 1889, o periódico *O Sexo Feminino* (1873-1889) publica um histórico editorial, escrito por Diniz, que provoca: "Teremos o nosso 15 de novembro de 1889?", questionando em ato as conquistas republicanas e o fato de não contemplarem as mulheres. Neste editorial, as propostas iluministas passam a incluir cada vez mais grupos sociais. Dessa vez, aponta o projeto de criação de uma escola destinada a dar formação às mulheres pobres, tornando-as cidadãs instruídas. A ideia de formar mulheres para o trabalho era parte da proposta de levar dignidade à classe operária. Depois dessa edição especial, o jornal passa a se chamar *O Quinze de Novembro do Sexo Feminino* (1889-1890).

A expansão dos ideais iluministas brasileiros para todas as dimensões da vida social no país ajudaram a barrar todos os tipos de opressão colonial, incluindo sua maior amarra: o instituto da escravidão. Nesse contexto de crítica das teses humanistas do Iluminismo europeu por meio da análise social brasileira, encontramos o exemplo de Maria Firmina dos Reis. Com o romance *Úrsula* (1859), escrito sob o pseudônimo de "uma maranhense", Firmina oferece crítica explícita à escravidão, fazendo uso da forma do romance para apresentar teses sobre liberdade, identidade e dignidade. *Úrsula* é um livro no qual as personagens negras são construídas desde o reconhecimento de si e da consciência da situação social e das possibilidades de resistência.* Maria Firmina dos Reis constrói as condições para o reconhecimento público da mulher negra como intelectual, como autora de si e produtora da história do Brasil. No contexto do Iluminismo brasileiro, Firmina radicaliza a noção de "igualdade entre homens", entendendo-a não apenas como igualdade entre homens e mulheres mas, e principalmente, entre pessoas de diferentes raças, entre brancos e negros, propondo uma contundente crítica ao instituto da escravidão e à cultura colonial racista e patriarcal.

MARIA FIRMINA DOS REIS
(SÃO LUÍS, 1822 – GUIMARÃES, 1917)

Nascida na Ilha de São Luís no Maranhão em 11 de agosto de 1822, ano da proclamação da Independência do Brasil e início do período Imperial, Maria Firmina dos Reis escreve *Úrsula* (1859), o primeiro livro contra a escravidão do ponto de vista dos negros escravizados. Em sua certidão de batismo, não consta o nome do pai, apenas o de sua mãe, Leonor Felipa, ex-escrava, alforriada. Também não constava a sua data de nascimento, tendo sido necessário entrar com autos de justificação frente à Câmara Eclesiástica/Episcopal para comprovar sua idade e concorrer à vaga de professora primária. Viveu a maior parte de sua vida como professora de primeiras letras, concursada da cadeira de Instrução Primária. Publicou, além de *Úrsula*, o conto "A Escrava" na *Revista Maranhense*, o "Hino da Abolição dos Escravos", textos diversos para imprensa e para antologias. Escreveu poesias e compôs músicas ("Auto de bumba-meu-boi", "Valsa"). Em 1880, Maria Firmina dos Reis funda uma escola mista com alunos brancos e negros, gratuita para aqueles que não podiam pagar. Ganha reconhecimento,

---

* Para mais informações, ver o projeto https://mariafirmina.org.br/ e o texto de Jéssica Catharine Barbosa de Carvalho. "Vozes que resistem: *Úrsula* e *A Escrava*, de Maria Firmina dos Reis". *Revista Firminas*, São Paulo, v. 1, n. 1, p. 117-38, jan./jul., 2021.

ainda em vida, como abolicionista, intelectual, poeta e escritora. Viveu 95 anos, tendo dedicado a vida ao ensino e à literatura. Em sua certidão de óbito consta o nome de seu pai.

Enquanto Maria Firmina inaugurava o espaço de fala da mulher negra consciente de seu papel na construção da história intelectual e cultural do Brasil, Juana Manso criava *O Jornal das Senhoras* (1852-1855), dinamizando a circulação de periódicos feministas. Com sua presença neste cenário, dado que era argentina exilada no Brasil e naturalizada brasileira, Juana Manso complexifica o debate sobre identidade nacional e transnacionalidade. Fomentando o debate sobre os aspectos públicos e privados da vida das mulheres na América Latina, Manso abriu mais espaço para discussão de temas como o racismo cultural, os efeitos nocivos da colonização, a opressão patriarcal, o papel da Igreja, da família e das instituições educacionais na construção das identidades nacionais das nações em construção. Todas essas mulheres participaram deste movimento, que procurava fazer valer a afirmação humanista da igualdade entre os homens e mulheres de todas as raças e classes sociais. Essa foi a maior contribuição do Iluminismo brasileiro para a filosofia, a crítica da expressão limitada das teses iluministas por parte dos europeus, que atuavam em suas colônias com violência e a favor da desigualdade.

Na segunda metade do período oitocentista, Josefina Álvares de Azevedo ganha destaque por sua defesa da emancipação feminina por meio do direito ao voto. Se as mulheres no Brasil só conquistaram este direito em 1932, é preciso reconhecer o quanto Josefina Álvares de Azevedo estava à frente de seu tempo. Erudita, conhecedora da história e do cânone tradicional, argumenta que as mulheres "visavam mais a filosofia em si mesma do que os próprios filósofos", ou seja, estavam mais interessadas em fazer agir o espírito do que ilustrar-se sem propósito. Josefina Álvares de Azevedo era a favor do divórcio, abolicionista e defensora dos direitos das mulheres à educação e à emancipação civil, tendo participado ativamente em campanhas. Sua produção intelectual tinha a intenção de propagandear e defender a igualdade e a pauta dos direitos das mulheres. Dramaturga, fez uso de outro recurso de publicização importante, o teatro, abrindo espaço para novas audiências e novos papéis sociais para as mulheres. Ao propor levar em cena suas ideias políticas, fez do palco teatral o *locus* do embate político e o utilizou como espaço para reflexão sobre a situação social feminina, explorando mais um recurso de divulgação do feminismo e da promoção da luta por direitos. A filosofia performática de Josefina traz novos elementos para o tradicional gênero dialógico, introduzindo a comédia e o riso como afetos políticos transformadores. Além disso, em sua obra *Galeria ilustre* (1897) — em forma de catálogo biográfico, um gênero clássico na história da filosofia inaugurado por Diógenes Laércio —, Josefina Álvares de Azevedo oferece uma pequena coletânea biográfica das contribuições intelectuais, culturais e políticas de grandes mulheres da história.

JOSEFINA ÁLVARES DE AZEVEDO
(RIO DE JANEIRO, 1851-1913)

Os dados biográficos são inexatos, mas Josefina Álvares de Azevedo provavelmente nasceu em Itaboraí, no Rio de Janeiro, em 1851, e faleceu em 1913. Foi uma dramaturga oitocentista, que usou a linguagem cênica para expor ideias controversas. Escreveu a obra teatral *O voto feminino* (1890), texto central do feminismo brasileiro, usando o teatro e a comédia como mecanismo de divulgação de ideias políticas. Jornalista, foi fundadora e editora de um dos jornais feministas mais importantes do século XIX, *A Família*, lançado em 1888 em São Paulo. Em 1881 publica a compilação *A mulher moderna*, onde reúne textos publicados sob o título "Emancipação da mulher" no periódico *A Família*. Em 1897, editou a *Galeria ilustre, mulheres célebres*, compilando a vida de grandes heroínas como Joana D'Arc, Heloisa, Cleópatra, George Sand e inclusive a jovem índia Pocahontas. Embora a informação seja ainda alvo de debates, era conhecida como suposta irmã de Álvarez de Azevedo. Se por um lado Sacramento Blake afirma que ela era irmã, pelo lado paterno, de Manuel Álvares de Azevedo

(1831-1852), Vicente de Paulo V. de Azevedo contesta esta informação com base em uma carta de uma irmã do poeta. Entretanto, de acordo com o depoimento textual da própria Josefina, ela não era irmã, mas prima do poeta Álvares de Azevedo.*

O uso da dramaturgia e do teatro para a divulgação de ideias e para a exploração do gênero dialógico foi uma marca da escrita de Josefina Álvarez de Azevedo. Uma outra forma da imaginação filosófica política se expressar é nos romances utópicos, como nos mostra Margaret Cavendish no século XVII. A utopia feminista é um gênero de escrita que faz uso da possibilidade de se explorar o possível para avaliação do que é ou não necessário. O fantástico é utilizado como um instrumento de quebra das hierarquias ontológicas de modo que se tornam humanos objetificados, enquanto objetos são animados. O primeiro livro do gênero fantástico no Brasil foi escrito por uma mulher, Emília Freitas, em 1899, que descreve a sua própria obra como sendo um romance psicológico. Trazendo questões sobre solidariedade feminina frente à violência e à opressão, suas personagens femininas incluem desde a mulher misteriosa vista como uma deusa encantada até mulheres trabalhadoras, engenheiras, médicas, generais, cientistas. O livro *A rainha do Ignoto* conta a história de uma sociedade secreta de mulheres resgatadas da violência colonial e patriarcal liderada por uma rainha misteriosa. A sociedade é narrada como um espaço no qual todas as mulheres praticam todas as funções e vivem de modo autossuficiente. O interesse filosófico na obra *A rainha do Ignoto* não se exaure no modo de atuação pública das personagens femininas, mas se encontra também na própria natureza conceitual do gênero fantástico. Enquanto em diversas obras, na introdução, vemos referências aos modelos que as inspiraram (por exemplo, Fénelon para Teresa Margarida, Harriet Beecher Stowe para Floresta), Emília Freitas abre

---

* Para mais informações, ver a dissertação de Valéria Andrade Souto-Maior, "O florete e a máscara: Josephina Alvares de Azevedo, dramaturga do século XIX", dissertação de mestrado apresentada na UFSC sob orientação da Profa. Dra. Zahidé Lupinacci Muzart, em 1995. Agradeço a Yasmim Pontes, do grupo Outros Clássicos: História da Filosofia e Educação (FE/UFRJ – CNPq), a indispensável ajuda para encontrar obras originais, bem como teses e dissertações sobre as autoras aqui citadas, em arquivos digitais e bibliotecas.

o prólogo marcando que seu livro não teve moldes. Além disso, aspectos trágicos e a concepção de liberdade que aparecem na obra de Freitas, bem como o conceito de verdade e sua contestação moral, oferecem contribuições conceituais importantes.

EMÍLIA FREITAS
(ARACATI, 1855 – MANAUS, 1908)

Nascida em 11 de janeiro de 1855 no Ceará, Freitas foi abolicionista, feminista, romancista, jornalista e filósofa. Com a morte de seu pai, a família muda-se para Fortaleza, onde Emília estudou francês, inglês, história, geografia e aritmética em uma escola particular. Cursou a escola Normal e, quando da morte da mãe, mudou-se para Manaus, onde exerceu o magistério no Instituto Benjamim Constant, uma escola para instrução de meninos. Depois de casar-se com o jornalista Antonio Vieira, Emília voltou ao Ceará e participou ativamente da Sociedade das Cearences Libertadoras, tendo discursado em 1893 a favor da liberdade, contra a escravidão e a opressão patriarcal. Freitas faleceu em 18 de outubro de 1908 em Manaus, para onde voltou depois de ficar viúva. Escreveu um livro de poesias, *Canções do lar*, em 1891 e dois romances, *A rainha do Ignoto* (1899) e *O renegado* (sem data). Publicou prosas e poemas em diversos jornais, como *O Libertador*, *O Cearense*, *O Lyrio* e *A Brisa*.

Freitas traz para o debate político um novo gênero literário, por meio do qual explora o fantástico e o utópico. Emília Freitas, imaginando cenários possíveis, contribui para a expansão de nosso imaginário filosófico forjado na ficção, o que logo se tornaria realidade: a participação das mulheres nas profissões liberais e na vida pública do país.

Vale lembrar que uma crítica às demandas do feminismo liberal brasileiro, semelhante às críticas ao feminismo liberal norte-americano, é acerca da identidade das mulheres que demandavam por participação na vida pública e no espaço de trabalho. Essa demanda indica que suas aspirações eram próprias de sua classe, e não diziam respeito às mulheres negras recém-saídas do regime de escravidão, que — ao longo de todo o período colonial escravocrata — sempre trabalharam (de modo forçado) e não podiam ter a liberdade de escolher a vida doméstica em família.* A demanda do feminismo liberal brasileiro do século XIX, entretanto, não era só uma demanda por participação na vida pública. Era uma demanda política por reconhecimento intelectual, de modo que elas não fossem reduzidas ao mero interesse econômico que mobilizavam socialmente. Este tipo de demanda do movimento filosófico feminista brasileiro no século XIX é também fruto da influência de *Direitos das mulheres e injustiças dos homens*, tradução de Floresta, e se expressa na literatura de Freitas.

A título de conclusão, vale notar que o Iluminismo brasileiro do século XIX gera frutos teóricos, uma vez que no início do século XX surge um número ainda maior de escritoras e filósofas. No início do século XX também passamos a ter mulheres acadêmicas contribuindo para as mais diversas áreas da ciência, das artes e da vida pública. A partir da proclamação da República e com o fim do Brasil Império, surge um outro momento da história do Brasil que precisa ser analisado separadamente, não só por suas características próprias, mas por ter mais proximidade com o nosso momento contemporâneo. Assim, deixaremos de fora dessa breve narrativa de resgate autoras-filósofas importantes da virada dos XIX e XX, tais como Júlia Lopes de Almeida (1862-1934), e também figuras fundamentais para consolidação da filosofia na academia (e fora dela) ao longo do século XX, como Cecília Meireles (e sua contribuição para o movimento escolanovista), Clarice Lispector (e seu existencialismo) e as primeiras professoras dos departamento de Filosofia nas universidades do Brasil, como Gilda de Mello e Souza. O movimento filosófico contemporâneo que mais lamento ter que deixar de fora deste esboço para uma história da filosofia o Brasil é o feminismo negro, que tem como autoras centrais Beatriz Nascimento e

---

* O distanciamento do mundo do trabalho é uma característica de classe e raça, mostrando que estes periódicos eram voltados para o público letrado e rico. Por isso que, também, os temas deste feminismo explícito, liberal e republicano no Brasil valorizam a esfera doméstica como espaço a ser preservado, mas ao mesmo tempo politizado.

POSFÁCIO À EDIÇÃO BRASILEIRA

Lélia Gonzalez. Uma análise mais rica do impacto das filósofas feministas negras para a filosofia contemporânea no Brasil depende do estudo histórico de eventos como a Era Vargas, a ditadura militar, o processo de redemocratização e as estruturas político-econômicas da atualidade. Essa fundamental página de nossa história, ligada ao movimento abolicionista e às conquistas de direitos do último século, ainda está sendo escrita e, também por isso, não pode ser associada rapidamente ao Iluminismo brasileiro sob pena de perder sua originalidade e particularidade.

Finalmente, neste esboço procurei mostrar, em linhas gerais, como, em cinco séculos de existência do Brasil como nação, como país de unidade territorial marcado pela colonização mas também pelas luta e resistência de seu povo na busca da construção de sua própria identidade, suas intelectuais conseguiram contribuir de modo original para a história, de mais de 26 séculos, da filosofia no Ocidente. O que fica da interrupção narrativa e da escolha pela descrição dos eventos até o fim do período imperial é o fato de que mantemos em aberto a possibilidade de se contar a história a partir de outros marcos e de outros eventos. Assim, a pergunta pelas necessidade da história e de sua unidade, a pergunta pelo que há nas entrelinhas, no não narrado, no que veio antes do começo, e no que virá depois, mostra sua força. Ainda que a história da filosofia a partir do ponto de vista das mulheres brasileiras seja uma agenda de pesquisa que já nasce incompleta, ela também é capaz de, como queria Emília Freitas, expandir o nosso imaginário e nosso repertório filosófico. A presente reconstrução já nasce falha e datada, mas também termina com a esperança de que essa consciência abra espaço para novas e transformadoras pesquisas, uma vez que fazer história da filosofia também é ter um olhar crítico frente ao nosso presente.

Bibliografia selecionada

HELOÍSA

BAUMGÄRTNER, Paul (org.). *Petrus Abaelardus: Briefwechsel zwischen Abaelard und Heloise*. Leipzig, 1894.

BROST, Eberhard (org.). *Petrus Abaelardus: Die Leidensgeschichte und der Briefwechsel mit Heloisa*. Munique, 1987.

FELD, Helmut. "Heloise: Philosophin und Geliebte". In: _____. *Frauen des Mittelalters. Zwanzig geistige Profile*. Colônia, Weimar, Viena, 2000, p. 78-98.

FRED, W. (org.). *Die Briefe von Abälard und Heloise*. Leipzig, 1911.

GILSON, Étienne. *Heloise und Abälard*. Freiburg, i. B., 1955.

MCLEOD, Enid. *Héloïse*. Paris, 1941.

PERNOUD, Régine. *Heloise und Abaelard. Ein Frauenschicksal im Mittelalter*. Munique, 1991.

THOMAS, Rudolf (org.). *Petrus Abaelardus (1079-1142). Person, Werk und Wirken*. Trier, 1980.

HILDEGARDA DE BINGEN

BEUYS, Barbara. *Denn ich bin krank vor Liebe. Das Leben der Hildegard von Bingen*. Munique, 2001.

FELD, Helmut. "Hildegard von Bingen: Die Prophetin vom Rupertsberg". In: _____. *Frauen des Mittelalters. Zwanzig geistige Profile*. Colônia, Weimar, Viena, 2000, p. 99-119.

FELDMANN, Christian. *Hildegard von Bingen. Nonne und Genie*. Freiburg i. B., 1995.

SCHIPPERGES, Heinrich. *Hildegard von Bingen: Ein Zeichen für unsere Zeit*. Frankfurt/M., 1981.

_____. *Hildegard von Bingen*. Freiburg i. B., 1997.

CRISTINA DE PISANO

AUTRAND, Françoise. *Christine de Pizan*. Paris, 2009.

KOTTENHOFF, Margarete. *"Du lebst in einer schlimmen Zeit": Christine de Pizans Frauenstadt zwischen Sozialkritik und Utopie*. Colônia, 1994.

PERNOUD, Régine. *Christine de Pizan: Das Leben einer außergewöhnlichen Frau und Schriftstellerin im Mittelalter*. Prefácio de Margarete Zimmermann. Munique, 1990.

PINET, Marie-Josèphe. *Christine de Pisan, 1364—1430. Étude biographique et littéraire*. Paris, 1927.

PISANO, Cristina de. *Das Buch von der Stadt der Frauen*. Munique, 1992.

WILLARD, Charity. *Christine de Pizan. Her Life and Works*. Nova York, 1984.

ZIMMERMANN, Margarete. *Christine de Pizan*. Reinbek, 2002.

ÉMILIE DU CHÂTELET

BADINTER, Élisabeth Émilie. *Weiblicher Lebensentwurf im 18. Jahrhundert*. München, 1984.

BODANIS. *Émilie und Voltaire. Eine Liebe in Zeiten der Aufklärung*. Reinbek, 2007.

BÖTTCHER, Frauke. *Das mathematische und naturphilosophische Arbeiten der Marquise du Châtelet (1706-1749): Wissenszugänge einer Frau im 18. Jahrhundert*. Berlim, 2013.

CHÂTELET, Émilie du. *Rede vom Glück. Discours sur le bonheur. Mit einer Anzahl Briefe der Madame du Châtelet an den Marquis de Saint-Lambert*. Berlim, 1999. [Ed. bras.: *Discurso sobre a felicidade*. São Paulo: Martins Fontes, 2002].

EDWARDS, Samuel. Die göttliche Geliebte. Voltaire und Émilie du Châtelet. Stuttgart, 1971.

HAGENGRUBER, Ruth (org.). Klassische philosophische Texte von Frauen. Munique, 1998.

_____. Émilie du Châtelet between Leibniz and Newton: The Transformation of Metaphysics. Berlim, 2012.

_____. Gegen Rousseau — für die Physik: Gabrielle Émilie du Châtelet (1706-1749). Das Leben einer Wissenschaftlerin im Zeitalter der Aufklärung. In: Konsens. v. 3, Nr. 18, 2002, p. 27-30.

REICHENBERGER, Andrea. Émilie du Châtelets Institutions physiques. Über die Rolle von Prinzipien und Hypothesen in der Physik. Berlim, 2016.

RICARDA HUCH

BRONNEN, Barbara. Fliegen mit gestutzten Flügeln. Die letzten Jahre der Ricarda Huch 1933-1947. Zurique, 2007.

HUCH, Ricarda. Briefe an die Freunde. Org. e prefácio de Marie Baum. Reeditado e com posfácio de Jens Jessen. Zurique, 1986.

_____. Erinnerungen an das eigene Leben. Prefácio de Bernd Balzer. Colônia, 1980.

_____. Gesammelte Werke in 11 Bänden. Org. de Wilhelm Emrich. Colônia, 1966–1974.

KOEPCKE, Cordula. Ricarda Huch. Ihr Leben und ihr Werk. Frankfurt/M., 1996.

LEMKE, Karin. Ricarda Huch. Die Summe des Ganzen. Leben und Werk. Weimar, 2014.

MUSEU NACIONAL SCHILLER. Ricarda Huch. 1864-1947. Exposição no Arquivo Literário da Alemanha no Museu Nacional Schiller em Marbach am Neckar, 7 de maio a 31 de outubro de 1994. Schiller-Nationalmuseum Marbach. Marbacher Kataloge 47. Org. de Ulrich Ott e Friedrich Pfäfflin. Curadoria e catálogo: Jutta Bendt e Karin Schmidgall. Colaborou Ursula Weigl. Marbach am Neckar 1994.

SAFRANSKI, Rüdiger. Romantik. Eine deutsche Affäre. Munique, 2007.

WEISENBORN, Günther (org.). Der lautlose Aufstand. Bericht über die Widerstandsbewegung des deutschen Volkes 1933-1945. Nach dem Material von Ricarda Huch. Prefácio de Martin Niemöller. Hamburgo, 1953.

EDITH STEIN

ENDRES, Elisabeth. *Edith Stein. Christliche Philosophin und jüdische Märtyrerin.* Munique e Zurique, 1987.

FELDMANN, Christian. *Edith Stein.* Reinbek, 2004.

_____. *Liebe, die das Leben kostet. Edith Stein – Jüdin, Philosophin, Ordensfrau.* Freiburg, Basileia, Viena, 1998.

HERBSTRITH, Waltraud. *Edith Stein. Ein Lebensbild in Zeugnissen und Selbstzeugnissen.* Mainz, 1993.

INSTITUTO INTERNACIONAL EDITH STEIN DE WÜRZBURG. *Edith Stein Gesamtausgabe (ESGA).* Obra organizada em nome do Instituto Internacional Edith Stein de Würzburg, por Michael Linssen OCD e Klaus Mass OCD, colaboradores científicos Hanna-Barbara Gerl-Falkovitz. Freiburg, Basileia, Viena, 2000 ff.

MÜLLER, Andreas Uwe; NEYER, Maria Amata. *Edith Stein. Das Leben einer ungewöhnlichen Frau.* Düsseldorf, 2002.

SIMONE WEIL

ABBT, Imelda; MÜLLER, Wolfgang W. (org.). *Simone Weil. Ein Leben gibt zu denken.* St. Ottilien, 1999.

ABOSCH, Heinz. *Simone Weil:. Eine Einführung.* Wiesbaden, s/d.

ARON, Raymond. *Mémoires.* Paris, 1983. [Ed. bras.: *Memórias.* Rio de Janeiro: Nova Fronteira, 1986].

BEAUVOIR, Simone de. *Memoiren einer Tochter aus gutem Hause.* Reinbek, 1968. [Ed. bras.: *Memórias.* Rio de Janeiro: Nova Fronteira, 2020].

CABAUD, Jacques. *Die Logik der Liebe.* Freiburg i. B. e Munique, 1968.

COLES, Robert. *Simone Weil. A Modern Pilgrimage.* Reading, 1987.

JASPERS, Karl. *Der philosophische Glaube.* Frankfurt/M. e Hamburgo, 1960.

KROGMANN, Angelica. *Simone Weil.* Reinbek, 1970.

MOULAKIS, Athanasios. *Simone Weil. Die Politik der Askese.* Stuttgart, 1981.

PERRIN, Joseph-Marie; Thibon, Gustave. *Wir kannten Simone Weil.* Paderborn, 1954.

PÈTREMENT, Simone. *La vie de Simone Weil, avec des lettres et d'autres textes inédits*, 2 vol. Paris, 1973.

SEELHÖFER, Dorothee. *Simone Weil. Philosophin — Gewerkschafterin — Mystikerin*. Kevelaer, 2009.

VICKI-VOGT, Maja. *Simone Weil. Eine Logik des Absurden*. Berna, 1983.

WEIL, Simone. *Die Einwurzelung. Einführung in die Pflichten dem menschlichen Wesen gegenüber*. Munique, 1956. [Ed. bras.: *O enraizamento, prelúdio para uma declaração dos deveres para com o ser humano*. Antropos, 2014].

_____. *Schwerkraft und Gnade*. Munique, 1952. [Ed. bras.: *A gravidade e a graça*. São Paulo: Martins Fontes, 1993].

WIMMER, Reiner. *Simone Weil. Person und Werk*. Freiburg, i. B., 2009.

HANNAH ARENDT

ARENDT, Hannah. *Eichmann in Jerusalem. Ein Bericht von der Banalität des Bösen*. Munique, 1964. [Ed. bras.: *Eichmann em Jerusalém*. São Paulo: Companhia das Letras, 1999.]

_____. *Elemente und Ursprünge totaler Herrschaft*. Frankfurt/M., 1955. [Ed. bras.: *Origens do totalitarismo*. São Paulo: Companhia de Bolso, 2013.]

_____. *Macht und Gewalt*. Munique, 1975.

_____. *Rahel Varnhagen. Lebensgeschichte einer deutschen Jüdin aus der Romantik*. Munique, 1959.

_____. *Vita activa oder Vom tätigen Leben*. Stuttgart, 1960. [Ed. bras.: *A condição humana*. Rio de Janeiro: Forense Universitária, 2016.]

_____. *Vom Leben des Geistes*. Munique, 1979. [Ed. bras.: *A vida do espírito*. Rio de Janeiro: Civilização Brasileira, 2009.]

BLUME, Dorlis; BOLL, Monika; Gross, Raphael (org). *Hannah Arendt und das 20. Jahrhundert*. Munique, 2020.

EILENBERGER, Wolfram. *Zeit der Zauberer. Das große Jahrzehnt der Philosophie. 1919-1929*. Stuttgart, 2019.

HAHN, Barbara. *Hannah Arendt — Leidenschaften, Menschen und Bücher*. Berlim, 2005.

NORDMANN, Ingeborg. *Hannah Arendt. Zur Einführung.* Frankfurt/M., 1994.

VOWINCKEL, Annette. *Hannah Arendt. Grundwissen Philosophie.* Leipzig, 2006.

YOUNG-BRUEHL, Elisabeth. *Hannah Arendt. Leben, Werk und Zeit.* Frankfurt/M., 1986.

SIMONE DE BEAUVOIR

ARON, Raymond. *Erkenntnis und Verantwortung. Lebenserinnerungen.* Munique e Zurique, 1985.

BAIR, Deirdre. *Simone de Beauvoir. Eine Biographie.* Munique, 1990.

BAKEWELL, Sarah. *Das Café der Existenzialisten. Freiheit, Sein und Aprikosencocktails.* Munique, 2016.

BEAUVOIR, Simone de. *Alles in allem.* Reinbek, 1996.

_____. *Auge um Auge. Artikel zu Politik, Moral und Literatur, 1945—1955.* Reinbek, 1992.

_____. *Das Alter.* Reinbek, 1990. [Ed. bras.: *A velhice.* Rio de Janeiro: Nova Fronteira, 2018.]

_____. *Das andere Geschlecht.* Reinbek, 2007. [Ed. bras.: *O segundo sexo.* Rio de Janeiro: Nova Fronteira, 2008.]

_____. *Das Blut der anderen.* Reinbek, 1967. [Ed. bras.: *O sangue dos outros.* Rio de Janeiro: Nova Fronteira, 1984.]

_____. *Der Lauf der Dinge.* Reinbek, 1966. [Ed. bras.: *A força das coisas.* Rio de Janeiro: Nova Fronteira, 2019.]

_____. *Die Mandarins von Paris.* Reinbek, 2014. [Ed. bras.: *Os mandarins.* Rio de Janeiro: Nova Fronteira, 2016.]

_____. *Die Zeremonie des Abschieds und Gespräche mit Jean-Paul Sartre. Agosto-Setembro 1974.* [Ed. bras.: *Cerimônia do adeus.* Rio de Janeiro: Nova Fronteira, 2015.]

_____. *Ein sanfter Tod.* Berlim, 2007. [Ed. bras.: *Uma morte muito suave.* Rio de Janeiro: Nova Fronteira, 2018.]

_____. *In den besten Jahren.* Reinbek, 1961 [Ed. bras.: *A força da idade.* Rio de Janeiro: Nova Fronteira, 1984.]

_____. *Kriegstagebuch*. Setembro 1939 - Janeiro 1941. Reinbek, 1994.

_____. *Memoiren einer Tochter aus gutem Hause*. Reinbek, 1961. [Ed. Bras.: *Memórias de uma moça bem-comportada*. Rio de Janeiro: Nova Fronteira, 2017.]

_____. *Sie kam und blieb*. Reinbek, 1991.

_____. *Soll man de Sade verbrennen? Drei Essays zur Moral des Existenzialismus*. Reinbek, 1983.

KIRKPATRICK, Kate. *Simone de Beauvoir. Ein modernes Leben*. Munique, 2020.

MOI, Toril. *Simone de Beauvoir. Die Psychographie einer Intellektuellen*. Frankfurt/M., 1996.

SARTRE, Jean-Paul. *Der Existentialismus ist ein Humanismus und andere philosophische Essays 1943-1948*. Reinbek, 2014.

_____. *Briefe an Simone de Beauvoir und andere*. V. 1: 1926-1939. Reinbek, 1984.

Sartre, Jean-Paul. *Briefe an Simone de Beauvoir und andere*. V. 2: 1940-1963. Reinbek, 1985.

_____. *Das Sein und das Nichts. Versuch einer phänomenologischen Ontologie*. Reinbek, 1991. [Ed. bras.: *O ser e o nada, Ensaio de ontologia fenomenológica*. Petrópolis: Vozes, 2015.]

ZEHL ROMERO, Christiane. *Simone de Beauvoir*. Reinbek, 1978.

JEANNE HERSCH

DUFOUR, Gabrielle; DUFOUR, Alfred. *Schwierige Freiheit. Gespräche mit Jeanne Hersch*. Munique, 1990.

_____. *Antithesen. Der Feind heißt Nihilismus*. Schaffhausen, 1982.

_____. *Das philosophische Staunen. Einblicke in die Geschichte des Denkens*. Munique e Zurique, 1981.

_____. *Die Hoffnung, Mensch zu sein. Vorträge und Aufsätze*. Zurique, 1976.

_____. *Die Ideologien und die Wirklichkeit*. Munique, 1957.

_____. *Die Illusion: der Weg der Philosophie*. Berna, 1956.

_____. *Die Unfähigkeit, Freiheit zu ertragen. Vorträge und Aufsätze*. Zurique, 1975.

_____. *Karl Jaspers*. Munique, 1980.

_____. *L'être et la forme*. Neuenburg, 1946.

_____. *Le droit d'être un homme*. Paris e Lausanne, 1968. [Ed. bras.: *O direito de ser homem*. Ed. Conquista, 1972.]
_____. *Quer zur Zeit*. Zurique, 1989.
_____. *Von der Einheit des Menschen*. Zurique, 1978.
PIEPER, Annemarie; WEBER, Monika. *Jeanne Hersch. Erlebte Zeit. Menschen im Hier und Jetzt*. Zurique, 2010.

Este livro foi composto na tipografia Minion Pro,
em corpo 11/15, e impresso em
papel off-white no Sistema Cameron da
Divisão Gráfica da Distribuidora Record.